精品一流在线课程
设计与开发

张一春 / 著

清华大学出版社
北 京

内 容 简 介

国家正在努力推进本科"双一流"建设和高职"三教"改革，推进信息技术与教育教学深度融合，全面提升高校教师专业化水平和创新能力。一流高校需要有一流专业，一流专业需要有一流课程，一流课程需要有线上"金课"。本书是一本系统介绍一流课程和在线课程建设，理论指导和实践开发相结合的实用教材，也是开展信息化教学及资源建设的指导书。

本书根据在线课程建设的要素，从基本理念、教学设计、设计制作、资源开发、微课制作、教学实施、教学管理、移动应用、资源工具九个方面系统介绍一流课程和在线课程的设计、开发与应用，为教师开展在线课程建设和教学应用提供建议与对策。

本书不仅可帮助教师和学生了解一流课程和在线学习、提高在线课程设计和开发水平、有效开展信息化教学改革与创新、更好地推进一流课程建设，也可为视频公开课、资源共享课、教学资源库、慕课、微课等数字化教学资源建设提供帮助，还可为企业教学资源开发者、教育教学改革和研究者、在线课程平台的使用者提供帮助。

本书封面贴有清华大学出版社防伪标签，无标签者不得销售。

版权所有，侵权必究。举报：010-62782989，beiqinquan@tup.tsinghua.edu.cn。

图书在版编目（CIP）数据

精品一流在线课程设计与开发/张一春著. —北京：清华大学出版社，2022.2（2024.2重印）
ISBN 978-7-302-59894-7

Ⅰ．①精… Ⅱ．①张… Ⅲ．①网络教学－课程设计 Ⅳ．①G434

中国版本图书馆 CIP 数据核字(2022)第 010629 号

责任编辑：陆浥晨
封面设计：傅瑞学
责任校对：宋玉莲
责任印制：丛怀宇

出版发行：清华大学出版社
网　　址：https://www.tup.com.cn, https://www.wqxuetang.com
地　　址：北京清华大学学研大厦A座　　邮　　编：100084
社 总 机：010-83470000　　邮　　购：010-62786544
投稿与读者服务：010-62776969, c-service@tup.tsinghua.edu.cn
质 量 反 馈：010-62772015, zhiliang@tup.tsinghua.edu.cn

印 装 者：天津安泰印刷有限公司
经　　销：全国新华书店
开　　本：185mm×260mm　　印　张：17.75　　字　数：386千字
版　　次：2022年2月第1版　　印　次：2024年2月第3次印刷
定　　价：69.00元

产品编号：093245-01

前　言

近年来，在党中央、国务院的高度重视和坚强领导下，在广大教育工作者和社会各界共同努力下，我国教育信息化取得了开创性、全方位、历史性成就。教育信息化在教育现代化发展中的战略地位已经确立，信息技术与教育教学不断深入融合，对教育改革发展的支撑作用日益凸显。随着《中华人民共和国国民经济和社会发展第十四个五年规划和2035年远景目标纲要》《中国教育现代化2035》《教育信息化中长期发展规划（2021—2035）》等文件的出台，以加快信息化时代教育变革为主题，以新一代信息技术为引擎，以融合创新发展为路径，更新教育理念、变革教育模式、优化教育结构，普及开放、智能、泛在的学习环境，建成资源丰富、学习便利的终身学习体系，形成协同育人的教育新生态已成为全社会的共识和奋斗目标。

目前，国家正在努力推进本科"双一流"建设和高职"三教"改革，推进信息技术与教育教学深度融合，全面提升高校教师专业化水平和创新能力。一流高校需要有一流专业，一流专业需要有一流课程，一流课程需要有线上"金课"。《教育信息化"十四五"规划》指出，要建成高质量数字资源体系，推动在线课程等资源的开放共享；要积极鼓励学科优秀教师参与数字资源开发，推进定制化课程开发，实现课程资源的高质量、多样化与个性化供给；要深化网络学习空间应用，构建线上线下混合教学的有效模式，推进常态化应用。因此，如何提高教师一流课程和在线课程建设能力与水平，帮助他们更好地建设优质课程，推动优质教学资源共享，提高教学质量和人才培养质量，是当下教育教学改革的一个重要课题。

本书是一本系统介绍一流课程和在线课程建设，理论指导和实践开发相结合的实用教材，也是开展信息化教学及资源建设的指导书。本书是《精品在线开放课程设计与开发》一书的姊妹篇和升级版，本书详细介绍了精品一流在线课程建设的理念、方法与策略，并根据在线课程建设的要素，从基本理念、教学设计、设计制作、资源开发、微课制作、教学实施、教学管理、移动应用、资源工具等九个方面系统介绍一流课程和在线课程的设计、开发与应用，为教师开展在线课程建设和教学应用提供建议与对策。

本书是集体智慧的结晶，由张一春教授研究团队完成。全书由张一春负责策划、撰写及统稿；初稿撰写人员分工：第一章（魏兰兰）、第二章（王珣、邓敏杰）、第三章（刘春芝、徐洁）、第四章（王瑞喆）、第五章（唐丽、李慧娟、王岚、路爽）、第六章（徐洁、刘春芝）、第七章（汤玲）、第八章（王瑞喆）、第九章（王珣、王瑞喆）。

徐杰、钟秋菊、孙莹也参加了相关研究与实践工作。

本书以学习者的视角按照在线课程开发的流程编写，将理论与实践相结合，操作与练习为一体，结构新颖、内容充实、图文并茂、简便实用，体现精品特色。本书不仅能帮助教师和学生了解一流课程和在线学习、提高在线课程设计和开发水平、有效开展信息化教学改革与创新、更好地推进一流课程建设，也能为视频公开课、资源共享课、教学资源库、慕课、微课等数字化教学资源建设提供帮助，还能为企业教学资源开发者、教育教学改革和研究者、在线课程平台的使用者提供帮助。

本书参考与引用了大量文献与资料，在此对资料作者表示感谢，其中的主要来源已在参考资料目录中列出，如有遗漏，恳请谅解。特别感谢陆浥晨编辑的辛勤劳动和清华大学出版社及超星公司的大力支持。本书也是教育部"科创融教"职业教育改革创新课题（HBKC216053）、江苏省未来网络科研基金项目（FNSRFP-2021-YB-13）、江苏省高等教育教改研究立项重中之重课题（2021JSJG010）的研究成果之一。由于作者经验与学识所限，书中谬误在所难免，欢迎读者批评指正。

作　者

2021 年 8 月于随园

目 录

第一章　精品一流在线课程的基本理念　\\\1
　　第一节　了解一流课程 ··· 1
　　第二节　在线课程的内涵与特征 ·· 11
　　第三节　在线课程的平台系统 ·· 21

第二章　精品一流在线课程的教学设计　\\\40
　　第一节　在线课程的设计方法 ·· 40
　　第二节　在线课程的整体设计 ·· 48
　　第三节　在线课程的要素设计 ·· 52

第三章　精品一流在线课程的设计制作　\\\59
　　第一节　在线课程的开设发布 ·· 59
　　第二节　在线课程的内容制作 ·· 69
　　第三节　在线课程的资源建设 ·· 72

第四章　精品一流在线课程的资源开发　\\\80
　　第一节　教学音频的采集制作 ·· 80
　　第二节　教学视频的编辑制作 ·· 95
　　第三节　其他课程资源的制作 ·· 105

第五章　精品一流在线课程的微课制作　\\\120
　　第一节　教学微课的基本知识 ·· 120
　　第二节　微课视频的拍摄制作 ·· 129
　　第三节　微课视频的录屏制作 ·· 140

第六章　精品一流在线课程的教学实施　\\\149
　　第一节　在线课程的活动组织 ·· 149
　　第二节　在线课程的评价测验 ·· 162

第三节　在线课程的教学服务 ·· 171

第七章　精品一流在线课程的教学管理　\\\177

第一节　在线课程的数据管理 ·· 177
第二节　在线课程的课程管理 ·· 191
第三节　在线课程的质量管理 ·· 201

第八章　精品一流在线课程的移动应用　\\\209

第一节　在线课程的移动课堂 ·· 209
第二节　在线课程的移动资源 ·· 217
第三节　在线课程的移动交互 ·· 224

第九章　精品一流在线课程的资源工具　\\\235

第一节　在线课程的基本理论 ·· 235
第二节　在线课程的常用工具与技术 ··· 241
第三节　在线课程的拓展资源 ·· 265

参考文献　\\\272

第一章

精品一流在线课程的基本理念

现代信息技术与教育教学深度融合，引发了教学组织模式和教学服务模式的创新。作为互联网与教育结合的产物，在线课程的"开放""共享"理念突破了传统的教育观念，突破了原有的教学模式，对教育教学改革产生了深刻影响。在线课程的发展促进了教学方式方法和学习方式朝着教学方式混合化、教学资源开放化、学生学习个性化、学习过程社会化方向转变，推动着课程和教学内容、教学方式方法改革以及学习方式方法变革，实现了优质教学资源共享，促进了教育公平，提高了教育教学质量。

第一节　了解一流课程

在教学改革与课程改革的背景下，国家提出了建设一流课程的目标，提高课程的教学质量，是我国教育工作者长期探索的教育命题之一。建设符合要求的一流课程，不仅要明确一流课程的内涵和类型，针对不同类型的课程的重点进行相应的课程设计，更重要的是把握一流课程"学生中心""产出导向""持续改进"的建设理念，从教育观念、教育目标、教师队伍、教学方法、教学评价、教学管理及激励政策等多个维度细化一流课程的建设内容，创新课程建设模式。一流课程建设必将是高校进步、专业建设、学科发展、教师成长与学生成才的基石。

一、教育教学的改革

1. 教学改革与课程改革

随着人类社会进入 21 世纪，教育发展受到了挑战与冲击。为了进一步发展教育事业，促进学校增强质量意识，重视教学质量，深化教学改革，加强教学建设，全面适应新世纪社会主义现代化建设对各级各类高层次人才的需要，各级教育主管部门依据党中央、国务院一系列重大决策，组织实施了相应的项目和工程。极大地促进了教学改革，教育教学改革呈现出前所未有的发展势头。

《国家中长期教育改革和发展规划纲要（2010—2020 年）》强调：要深化教学改革；

推进和完善学分制，实行弹性学制；要注重学思结合，倡导启发式、探究式、讨论式、参与式教学，帮助学生学会学习；激发学生的好奇心，培养学生的兴趣爱好，营造独立思考、自由探索、勇于创新的良好环境。中共中央、国务院印发的《中国教育现代化2035》中明确提出"推进教育治理体系和治理能力现代化"，这是我国历史上第一个以教育现代化为主题的中长期战略规划。《中国教育现代化2035》提出了八大基本理念和七项基本原则：八大基本理念即"更加注重以德为先，更加注重全面发展，更加注重面向人人，更加注重终身学习，更加注重因材施教，更加注重知行合一，更加注重融合发展，更加注重共建共享"；七项基本原则即"坚持党的领导、坚持中国特色、坚持优先发展、坚持服务人民、坚持改革创新、坚持依法治教、坚持统筹推进"①。教育现代化对于深化教育教学改革起着导向作用。这些政策都体现了国家对教育教学改革的迫切愿望。

课程改革是教学改革的重点。有学者基于对2000—2019年我国高等教育教学质量改革相关的政策文本分析②，发现关于"课程建设与教学应用"这个主题的文本占总文本数量的25.25%，从前期的"加强学风建设从而引导学生树立正确的观念以及促进教育资源库的研究开发和信息技术与其他课程的整合"到"优化课堂设计以及推动课程创新、内容创新和模式创新"，形成了打造"金课"，淘汰"水课"的教学改革氛围。

2018年9月，党中央召开全国教育大会，进一步提出了"坚持立德树人、深化教育改革创新"的要求，开启了加快教育现代化的新征程。目前，高校"一流课程建设"正在如火如荼地开展。其中，精品一流在线课程的建设和应用是落实新时期我国教学改革成果的重要途径；是发挥好每门课程的育人作用，提高高校人才培养质量，落实以"立德树人"为根本任务的战略举措。

结合世界一流大学的课程改革经验和互联网时代背景，课程建设与改革的总体思路是：变革教育理念，建立师生间交流互动的学习共同体；创新教育方法，构建线上线下、课内课外全方位学习平台；推动科教融合，培养学生实践能力和创新能力。课程改革从教学资源和教学模式改革两方面展开。一是多元化教学资源的建设，包括数字化课程资源库建设、网络在线开放课程建设、多形态立体化教材建设，为学生提供丰富多元且开放交互的学习资源；二是教学模式改革，包括开放共享教学环境建设、课堂教学与考核模式改革、科教融合的教学体系建设，建立以自主探究为基础、科教融合为途径的创新型教学模式。以学生为中心，充分发挥学生的积极性和主观能动性，培养其综合素质和创新能力。③

---

① 中国教育现代化 2035[EB/OL].（2019-02-23）[2020-02-16]. http://www.moe.gov.cn/jyb_xwfb/s6052/moe_838/201902/t20190223_370857.html.

② 蔡旻君, 郭瑞璇, 李芒. 我国高等教育教学质量改革发展之变迁——基于2000—2019年的政策文本分析[J/OL]. 当代教育论坛: 1-11[2021-04-14]. https://doi.org/10.13694/j.cnki.ddjylt.20210409.001.

③ 齐乐华, 连洪程, 周计明. 立足课程建设与改革探索"智·能·知"创新人才培养[J]. 中国大学教学, 2020（12）：17-22.

2. 教学评价与质量提升

在 2018 年全国教育大会上，习近平总书记做出了"坚决克服唯分数、唯升学、唯文凭、唯论文、唯帽子的顽瘴痼疾"的重要指示。在现有人才培养体系下，教学评价内容主要关注的是学生对知识的掌握情况，有可能导致死记硬背、"机械刷题"等现象，对德智体美劳全面发展考查不足。要重构教育教学评价体系，利用信息技术深化教育评价改革，必须在教育评价内容、评价主体、评价方法、评价工具等方面提供具有针对性的解决方案，支持形成性和个性化的教学评价。

2020 年 10 月，中共中央、国务院印发的《深化新时代教育评价改革总体方案》，明确提出"坚持科学有效，改进结果评价，强化过程评价，探索增值评价，健全综合评价，充分利用信息技术，提高教育评价的科学性、专业性、客观性"[①]。传统教育教学评价存在评价方法单一、评价内容片面、重智育轻德育、重分数轻素质等问题，在以往的技术条件下这些问题难以解决。大数据、人工智能、区块链等新兴技术快速融入教育领域，为推动教育教学评价改革创新提供了条件，有助于开展面向教育教学全过程的纵向评价以及包括德智体美劳全要素在内的横向评价，有助于推动评价方式和评价内容的重构，并为教育教学评价改革创新提供可行途径。[②]

课堂教学评价是以育人目标为导向，依据一定的客观标准，在全面收集课堂教学活动各方面信息的基础上，以师生为评价主体，由教育管理者和研究人员组织、相关他者协同，综合运用量化和质性的评价方法，对课堂教学中师生的教学行为及其效果进行的价值判断活动。[③]推动课堂教学评价改革，是教学质量提升的内在要求和重要手段。

课堂教学评价活动是教学质量的内在要求，对教学质量的理解是推动课堂教学评价改革行动的前提。一般而言，高质量的教学来源于个性化课堂。在这样的课堂里，学生拥有多样化的学习空间、学习的主动权和自觉意识，对学习抱有极大的兴趣；教师拥有自主选择教学行为艺术的机会，明确自身所扮演的指导者、组织者角色，能够全身心投入课堂教学。这让每个师生都能享有自主发展的权利，并有效达成基础性知识技能教学目标和发展性能力教学目标。在课堂教学师生的合作交往过程中，不仅要完成书本知识和间接经验的传递，更要建立知识与生活的联系，促进直接经验的积累和智力的发展。时代的发展不仅进一步拓宽了教学质量的视野，也对课堂教学评价提出了新的要求。

在实现教育现代化目标背景下，教学从注重效率转向强调公平、创新与整合，信息化教学资源的使用、学生发展核心素养的培育和社会主义核心价值观的践行成为教育领域探讨的热门话题，课堂因此加入了信息技术运用、生态理念嵌入、核心素养培

---

① 中共中央、国务院印发《深化新时代教育评价改革总体方案》. http://www.gov.cn/zhengce/2020-10/13/content_5551032.htm.
② 杨宗凯. 利用信息技术促进教育教学评价改革创新[J]. 人民教育，2020（21）：30-32.
③ 李森，郑岚. 促进质量提升的课堂教学评价改革[J]. 课程·教材·教法，2019，39（12）：56-62.

育、社会主义核心价值观践行的元素，而以主体需求满足为依据，结合先进信息评价手段对课堂教学方法、教学环境和教学组织，特别是师生主体培育等因素进行的评价成为课堂教学评价的核心。因此，课堂教学评价要重视教学主体培育的评价，要注重师德师风的评价，要将"思想水平、政治觉悟、道德品质、文化素养"的培养与提升作为评价学生质量的标准，以落实立德树人根本任务，促进学生身心健康成长。①

3. 信息技术对教学影响

《国家中长期教育改革和发展规划纲要（2010—2020年）》指出，"信息技术对教育发展具有革命性影响，必须予以高度重视。"②近年来，在大数据、云计算、移动互联等信息技术迅速发展的基础上，以及"互联网+"所倡导的开放、共享、创新、协调、绿色等理念的涌现，互联网激发了教育领域的深刻变革。

（1）教学模式发生了改变

教育信息化2.0时代，通过互联网、人工智能等新技术实现了对传统教学环境的重构，将教师从传统的教学模式中解放出来，增强了学生在课堂上的教学互动，让教与学变得简单、高效、智能，对于推进教学向智能和创新方向发展具有重大意义。信息技术下的教学模式可以有多种形式，如信息技术与个别化教学、信息技术与集中教学、信息技术下的远程教学等。不同的教学模式将促进学生在自主学习的过程中能够根据自身的学习需求各有侧重地有序展开个性化的探索和认知。

信息技术促使教学范式发生了根本性变革，即以"教师为中心"转变为以"学生为中心"，以"知识灌输为中心"转变为以"能力、素质培养为中心"，以"课堂为主导"转变为以"自主学习"为主导。"自主、协作、探究"的学习方式能充分体现以教师为主导、学生为主体，线上线下混合式教学有机结合的教学理念，更好地实现课前知识输入，课中知识内化，课后知识巩固的有机融合。

（2）学生学习发生了改变

当代大学生是"互联网原住民"，他们与现代信息技术共生共长，尤其适应基于现代信息技术环境条件的教学方式和学习方式。利用信息技术改革推广启发式、探究式、合作式、参与式教学，可以提升学生信息化环境下自主学习的能力。

信息技术的迅速发展为促进学生的个性化发展提供了平台，例如，信息互联与教育资源的开放共享，让每个人都享有平等的资源和机会；大数据、学习分析技术以及各种自适应学习系统的出现，可以让学生进行自我量化、自我管理，有目的、有步骤地开展个性化学习；大数据支持的学生行为数据的深度挖掘与分析，可以让教师对学生的个性化发展提供有效的指导。技术对个性化学习的支持主要体现在学习目标个性化、学习内容个性化、学习活动（路径）个性化、学习评价个性化、学习资源个性化

---

① 杨小微，张权力. 教学质量改进的再理解与再行动[J]. 课程·教材·教法，2016，36（7）：17-24.
② 中华人民共和国中央人民政府. 国家中长期教育改革和发展规划纲要（2010—2020年）[EB/OL]. 2010. http://www.gov.cn/jrzg/2010-07/29/content_1667143.htm，2016-01-23.

等几个方面。

（3）师生关系发生了改变

师生关系包含师生之间的职责分配、角色定位。传统高校教学注重知识的传授，教师是知识的传授者，学生是知识的接受者，师生之间是教学的主客体关系，教师处于支配地位，学生处于被支配地位。传统师生关系处于信息不对等的环境，学生多为被动接受知识。

信息技术对师生关系的影响主要表现在以下几方面。第一，信息技术的发展打破了师生之间的信息不对等。在信息化技术的重要背景下，学生可以通过手机、电脑等移动设备获取网络信息资源，改变了师生之间的信息不对等现状。在教学过程中，学生可以通过网络迅速获取案例的背景知识、基本情况，有利于深化学生对知识内容的理解，对于提升学生的综合素养具有重要意义。第二，师生之间信息对等导致了师生地位的改变。师生交流由传统的教师主导转变为师生平等交流，教师从教学活动的主导者变成教学的引导者，学生从被动接受知识转变为积极学习知识，真正实现"教学相长"。第三，师生地位的变化导致职责分配的改变。在互联网教学活动中，教师不仅要做好备课工作，还要引导学生进行搜寻，健全学生的知识体系，提高学生的问题分析能力等。[①]

二、一流课程的内涵

1. 一流课程的背景

2018年6月21日，教育部在四川成都召开了"新时代全国高等学校本科教育工作会议"，时任教育部党组书记、部长陈宝生出席会议并发表讲话。会议强调高等学校要倾心培养社会主义建设者和接班人，要坚持"以本为本"，大力推进"四个回归"，加快建设高水平本科教育，全面提高人才培养能力。会议发表了《一流本科教育宣言》，发布了《关于加快建设高水平本科教育全面提高人才培养能力的意见》征求意见稿，后被称为"新时代高教40条"。这次会议是改革开放40年来召开的第一次全国高等学校本科教育工作会议，吹响了建设高水平本科教育的集结号，做出了全面提高人才培养能力的总动员，开启了高水平人才培养体系建设的新征程。

为建设新时代的一流本科课程，教育部2019年10月30日发布《关于一流本科课程建设的实施意见》，为高等学校的一流本科课程建设提供了基本遵循。该实施意见提出"建成万门左右国家级和万门左右省级一流本科课程（简称一流本科课程'双万计划'）"总体目标，将"提升高阶性""突出创新性""增加挑战度"等内容作为一流本科课程建设的基本原则，将"理念转型、目标导向、能力提升、方法改革、评价变革"等方面作为一流本科课程建设的具体内容。毫无疑问，这个实施意见的出台，不仅彰显了国家推行高等学校教学改革的决心，还为高等学校一流本科课程建设提供了指导

---

① 康艳霞. 信息技术对高校教师教学的影响[J]. 信息与电脑（理论版），2020，32（1）：229-231.

思想与总体方向。

2019年1月24日，国务院印发了《国家职业教育改革实施方案》，其被称为"职教20条"，文件提出"适应'互联网+职业教育'发展需求，运用现代信息技术改进教学方式方法"，要"促进职业院校加强专业建设、深化课程改革、增强实训内容、提高师资水平，全面提升教育教学质量。"要"遴选认定一大批职业教育在线精品课程"。[①]

2021年4月12日，在北京召开了全国职业教育大会。中共中央总书记、国家主席、中央军委主席习近平对职业教育工作作出重要指示，强调在全面建设社会主义现代化国家新征程中，职业教育前途广阔、大有可为。要坚持党的领导，坚持正确办学方向，坚持立德树人，优化职业教育类型定位，深化产教融合、校企合作，深入推进育人方式、办学模式、管理体制、保障机制改革，稳步发展职业本科教育，建设一批高水平职业院校和专业，推动职普融通，增强职业教育适应性，加快构建现代职业教育体系，培养更多高素质技术技能人才、能工巧匠、大国工匠。李克强总理指出，要优化完善教材和教学方式，要努力培养数以亿计的高素质技术技能人才，为全面建设社会主义现代化国家提供坚实的支撑。国务院副总理孙春兰指出，要深化"三教"改革，"岗课赛证"综合育人，提升教育质量。因此，职业教育也需要精品、一流的课程资源，也需求改革教育教学方法，以此推动现代信息技术与教育教学深度融合，全面提升职业教育的信息化水平。

2. 一流课程的内涵

何为一流课程？教育部高教司司长吴岩认为，同时满足高阶性、创新性与挑战度的课程才是"金课"[②]，也就是一流课程。高阶性是指课程是知识、能力、素质的有机融合；创新性是指内容有前沿性与时代性，形式有先进性与互动性，学习结果有探究性与个性；挑战度是指课程的难度。有学者归纳出课堂之"金"的五种组成要素，即高阶课堂、对话课堂、开放课堂、知行合一、学思结合[③]。也有学者认为，凡是课堂教学目标明确、教学准备充分、教学内容前沿、教学方法灵活、教学过程实效、师生互动研讨，融知识、能力与素养于一体的课就是"金课"或一流课程[④]。

本书认为，一流课程是以先进教育思想和教学理念为指导，以使学习达到最佳效果为目标，经过精心的教学设计，以线上线下等多种教学方法和形式开展的教学活动。一流课程就是精彩的课、经典的课、一流的课。一流课程要做到：能够精准分析学习对象、精确选择学习内容、精巧设计学习过程、精心组织学习活动、精美制作学习资源、精湛进行教学讲授、精致开展评价管理、精品展现教书育人等方面。

尽管对一流本科课程尚未形成一个统一的定义，不同领域、不同学科的课程建设

[①] 国务院关于印发国家职业教育改革实施方案的通知（国发〔2019〕4号）。http://www.gov.cn/zhengce/content/2019-02/13/content_5365341.htm.

[②] 吴岩. 建设中国"金课"[J]. 中国大学教学，2018（12）.

[③] 李志义. "水课"与"金课"之我见[J]. 中国大学教学，2018（12）：24-29.

[④] 董立平. 关于大学课程建设与改革的理论探讨——基于中国大学"金课"建设的反思[J]. 大学教育科学，2019（6）：15-22+120.

要求也不尽相同，但是学术界与实践部门对一流本科课程建设的内在要求基本达成共识。一流本科课程的建设应当以"立德树人与全面发展"为教学目标，应当坚持"以学生发展为中心"的教学理念，建设中应体现出教学形式的互动性、教学内容的创新性、课堂教学的开放性与教学评价的多元性等课堂变革要素。

3. 一流课程的类型

在《关于一流本科课程建设的实施意见》中提出了五种类型的国家级一流课程，即线上一流课程（国家精品在线开放课程）、线下一流课程、线上线下混合式一流课程、虚拟仿真实验教学一流课程、社会实践一流课程，又称五大"金课"。

在这五大"金课"中，面向高校和社会学习者开放的线上一流课程最为大家所熟知。近年来，在教育部的大力推动下，线上一流课程建设成果斐然，已成为中国高等教育的一面旗帜。线下一流课程主要通过教学方法创新实现对传统课堂教学的改革，强调以学生为中心，激发课堂生机活力。线上线下混合式一流课程基于优质在线课程，并结合对校内课程的创新性改造，实现线上学习与线下面授相融合的混合式教学。虚拟仿真实验教学一流课程借助现代信息技术、人工智能技术与实验教学的深度融合，实现"网上做实验"和"虚拟做真实验"，有效解决了传统实验教学中"做不到""做不了""做不上"的问题。社会实践一流课程，以培养学生综合能力为目标，推动思想政治教育、专业教育与社会服务紧密结合，全面培养学生认识社会、研究社会、理解社会、服务社会的意识和能力。[①]

目前所有课程都面临线上线下混合式教学的变革，在学习型社会、终身教育、泛在学习、学分银行等众多理念的引领下，基于线上线下混合式一流课程建设将是教育教学改革和高质量人才培养的一个重要的领域和突破口。

三、一流课程的建设

1. 一流课程的建设理念

如何建设一流课程，《教育部关于一流本科课程建设的实施意见》（教高〔2019〕8号）[②]有如下明确规定。

（1）转变观念，理念新起来

以新理念引领一流本科课程建设。牢固树立"三个不合格"理念，竖起"高压线"：不抓本科教育的高校不是合格的高校，不重视本科教育的书记校长不是合格的书记校长，不参与本科教学的教授不是合格的教授。推动课程思政的理念形成广泛共识，构建全员、全程、全方位育人大格局。确立以学生为中心、以产出为导向、持续改进的理念，提升课程的高阶性，突出课程的创新性，增加课程的挑战度。

---

① 教育部推出首批国家级一流本科课程[J]. 陕西教育（综合版），2020（12）：5.
② 教育部. 关于一流本科课程建设的实施意见[EB/OL]. http://www.moe.gov.cn/srcsite/A08/s7056/201910/t20191031_406269.html，2019.

（2）目标导向，课程优起来

以目标为导向加强课程建设。立足经济社会发展需求和人才培养目标，优化重构教学内容与课程体系，破除课程千校一面，杜绝必修课因人设课，淘汰"水课"，立起课程建设新标杆。聚焦新工科、新医科、新农科、新文科建设，体现多学科思维融合、产业技术与学科理论融合、跨专业能力融合、多学科项目实践融合，建设一批培养创新型、复合型人才的一流本科课程。服务区域经济社会发展主战场，深化产教融合协同育人，建设一批培养应用型人才的一流本科课程。

（3）提升能力，教师强起来

以培养培训为关键点提升教师教学能力。高校要实现基层教学组织全覆盖，教师全员纳入基层教学组织，强化教学研究，定期集体备课、研讨课程设计，加强教学梯队建设，完善助教制度，发挥好"传帮带"作用。实现青年教师上岗培训全覆盖，新入职教师必须经过助课、试讲、考核等环节，获得教师教学发展中心等学校培训部门颁发的证书，方可主讲课程。实现教师职业培训、终身学习全覆盖，推动教师培训常态化，将培训学分作为教师资格定期注册、教师考核的必备条件。

（4）改革方法，课堂活起来

以提升教学效果为目的创新教学方法。强化课堂设计，解决好怎么讲好课的问题，杜绝单纯知识传递、忽视能力素质培养的现象。强化现代信息技术与教育教学深度融合，解决好教与学模式创新的问题，杜绝信息技术应用的简单化、形式化。强化师生互动、生生互动，解决好创新性、批判性思维培养的问题，杜绝"教师满堂灌、学生被动听"的现象。

（5）科学评价，学生忙起来

以激发学习动力和专业志趣为着力点完善过程评价制度。加强对学生课堂内外、线上线下学习的评价，强化阅读量和阅读能力考查，提升课程学习的广度。加强研究型、项目式学习，丰富探究式、论文式、报告答辩式等作业评价方式，提升课程学习的深度。加强非标准化、综合性等评价，提升课程学习的挑战性。"双一流"建设高校、部省合建高校要扩大学生课程学习选择面，强化课程难度与挑战度。

（6）强化管理，制度严起来

以提高制度执行力为重点严格课程管理。高等学校要严格执行教授为本科生授课制度，连续三年不承担本科课程的教授、副教授，转出教师系列。严格执行国家对高校的生师比要求，完备师资队伍。严格执行课程准入制度，发挥校内教学指导委员会课程把关作用，拒绝"水课"进课堂。严格考试纪律，严把考试和毕业出口关，坚决取消"清考"。严格课程质量评估，在专业认证、教学评估中增加课程评价权重。

（7）政策激励，教学热起来

以教学贡献为核心内容制定激励政策。加大课程建设的支持力度，加大优秀课程和教师的奖励力度，加大教学业绩在专业技术职务评聘中的权重，营造重视本科课程改革与建设的良好氛围。

一流课程建设的理念是对精品课程的重塑和超越。首先，一流课程建设体现从"教"

到"学"范式转型的理念。长期以来，我国高等教育理论研究与实践改革一直注重从教师投入、课堂教学、成绩提高、精英选拔性活动竞赛等方面，单向度地研究与管理教师的"教"，而忽视对学生"学"的研究与管理。[①]国家精品在线开放课程是以教师为中心开展教学，教学方式还是"满堂灌"，教师在视频教学中更是"一言堂"。五类一流课程建设覆盖了学生课堂和课外、理论与实践、自主和互助的学习要素，凸显以学生为中心的主体地位。

其次，一流课程建设突出信息化、智能化回归工具性的理念。以知识传授为主的传统教育教学模式，已难以适应当代信息技术社会对创新型人才培养的需求。科技已经越来越多地融入诸多学习场景，给教育带来根本性的变化。[②]现代教育技术只能是工具和手段，代替不了教师的职能。教育应该是一种浸入式学习历程和整体体验性教育，学校不能成为发放证书的培训机构。

最后，一流课程建设贯穿了以学习成果为评价标准的理念。当前学校实施的是从管理者和教师角度出发的内部教学质量保障体系。诸如校领导听课、督导评价、学生评教等极易虚化的评价做法，仅是对教师教学行为或绩效的评价。精品课程建设将资源的投入集中于改善教师的教学行为，缺乏对学生学习过程和学习成果等考量评价。教育部提出将一流课程建设作为高等院校专业认证的核心要素，使学习成果的评价标准落实到具体观测点上，形成可量化、可检测、可评价的硬杠杠和硬指标。[③]

2. 一流课程的具体要求

一流课程应在以下几个方面具备实质性创新，有较大的借鉴和推广价值。[④]

（1）教学理念先进

坚持立德树人，体现以学生发展为中心，致力于开启学生内在潜力和学习动力，注重学生德智体美劳全面发展。

（2）课程教学团队教学成果显著

课程团队教学改革意识强烈、理念先进，人员结构及任务分工合理。主讲教师具备良好的师德师风，具有丰富的教学经验、较高学术造诣，积极投身教学改革，教学能力强，能够运用新技术提高教学效率、提升教学质量。

（3）课程目标有效支撑培养目标达成

课程目标符合学校办学定位和人才培养目标，注重知识、能力、素质培养。

（4）课程教学设计科学合理

围绕目标达成、教学内容、组织实施和多元评价需求进行整体规划，教学策略、

[①] 董立平. 关于大学课程建设与改革的理论探讨——基于中国大学"金课"建设的反思[J]. 大学教育科学，2019（6）：15-22+120.

[②] 顾明远. 教育运用信息技术要处理好五个关系[J]. 教育与教学研究，2020，34（2）：1-2.

[③] 吴岩. 建设中国"金课"[J]. 中国大学教学，2018（12）.

[④] 教育部. 关于一流本科课程建设的实施意见[EB/OL]. http://www.moe.gov.cn/srcsite/A08/s7056/201910/t20191031_406269.html，2019.

教学方法、教学过程、教学评价等设计合理。

（5）课程内容与时俱进

课程内容结构符合学生成长规律，依据学科前沿动态与社会发展需求动态更新知识体系，契合课程目标，教材选用符合教育部和学校教材选用规定，教学资源丰富多样，体现思想性、科学性与时代性。

（6）教学组织与实施突出学生中心地位

根据学生认知规律和接受特点，创新教与学模式，因材施教，促进师生之间、学生之间的交流互动、资源共享、知识生成，教学反馈及时，教学效果显著。

（7）课程管理与评价科学且可测量

教师备课要求明确，学生学习管理严格。针对教学目标、教学内容、教学组织等采用多元化考核评价，过程可回溯，诊断改进积极有效。教学过程材料完整，可借鉴可监督。

3. 一流课程的评审标准

国家关于一流课程认定的文件指出，参加评审的一流课程须至少经过两个学期或两个教学周期的建设和完善，取得实质性改革成效，在同类课程中具有鲜明特色、良好的教学效果，并承诺入选后将持续改进。首批国家级一流本科课程共计5118门，包括1875门线上一流课程、728门虚拟仿真实验教学一流课程、1463门线下一流课程、868门线上线下混合式一流课程和184门社会实践一流课程。这是教育部在2018年新时代中国高等学校本科教育工作会议上明确提出"淘汰水课""打造金课"，启动一流本科课程建设"双万计划"以来，国家级五大"金课"首次一并亮相。首批国家级一流本科课程主要有四个显著特点。①

①课程质量高。一大批两院院士、资深教授踊跃参与一流课程建设。著名经济学家、北京大学教授林毅夫，"人民英雄"国家荣誉称号获得者、天津中医药大学教授张伯礼等知名学者领衔建设的课程也出现在名单中。

②课程类型多样。既有专业基础课、专业课，也有公共基础课、通识课、思想政治课；既有理论课，也有实验课、社会实践课。

③参与范围广。首批一流课程来自于639所本科院校，既有"双一流"高校课程，也有大量地方高校的特色课程，实现了所有本科专业类全覆盖，积极引导不同类型高校教师广泛参与一流课程建设，主动对接国家、行业、专业人才培养需求，深化教育教学改革。

④示范效应强。课程突出教育教学与信息技术、人工智能技术的结合，课程建设新理念与各学科专业的结合，有效推动优质资源和先进教育教学理念在更大范围内应用共享。

---

① 教育部推出首批国家级一流本科课程[J].陕西教育（综合版），2020（12）：5.

第二节 在线课程的内涵与特征

回顾国内外在线课程建设的发展历程，可以从历史的脉络中梳理、审视信息技术在课程改革与发展的不同阶段所处的地位和扮演的角色，结合在线课程的内涵与特征，并通过各阶段信息技术在课程教学应用中的实践，可以更好地探明信息技术与课程改革和发展的关系，为新时代我国精品一流在线课程建设的推进战略提供有益的启示和借鉴。

一、在线课程的起源与发展

1. 国外在线课程的发展

在网络还没有发明前，就有了开放课程（open course）。开放课程最早起源于英国，可追溯至 1969 年英国成立的开放大学开展的远距离教学。英国的 BBC 电视台于 20 世纪 90 年代开播开放大学节目，用来教授相关课程，形成了最早的开放课程。2006 年起，英国实施"开放学习"计划，在开放大学团队的主导下，基于资源共享原则，利用电脑通过网络虚拟空间开设了基于网络的在线公开课程。新颖的开放课程内容、师生之间的多元交互方式，以及便捷的课程参与方式，吸引了越来越多的大学生参与网络课程学习。

互联网出现后，开放课程便逐渐搬到了网上，形成在线课程（线上课程）。2001 年美国发起了 OER（Open Educational Resources）的运动。该运动由麻省理工学院（MIT）率先开始，随后哈佛大学、耶鲁大学、剑桥大学、牛津大学等著名大学纷纷加入，通过网络将一些优秀课程的教学计划、授课内容等资料免费开放。世界上任何国家、任何群体与个人通过网络便能免费享受这些世界一流大学的教学资源。MIT 项目自实施以来一直不断发展，从小规模试点课程开始，逐渐增加开放课程数量，并增设多种外文翻译，充分利用先进技术优势，将优秀的开放课程推向全球。2006 年苹果公司把美国一些著名学府如密歇根大学、威斯康星大学、杜克大学、乔治·华盛顿大学等的优秀课程资源集中，形成了 iTunesU 大学学习频道，免费向公众开放。由此，一个独特的知识共享、交流和学习的平台由此建成，大大推进了在线课程的发展。截至 2010 年，MIT 已对外公开 2000 余门课程，内容涵盖 MIT 的 5 个学院 30 个专业的所有学科。

随后许多世界名校纷纷响应，都推出了网上在线开放课程。经众多的字幕组翻译后，开放课程在国内得到了广泛的传播，使国内学习爱好者有幸学习到了耶鲁大学、哈佛大学、斯坦福大学、牛津大学等国外一流大学的精彩课程。继网络课程之后，大规模开放的在线课程在国际上迅速发展起来，随即 Coursera、Udacity、edX 这三大 MOOC 在线课程平台迅速亮相，提供除了教学视频外的丰富的教学资源及强大有效的学习管理，以新的形式吸引了全球的目光。

2. 国内在线课程的发展

面对世界上在线课程的飞速发展趋势，我国也开始尝试建设自己的在线课程。20世纪以来，我国在线开放课程的发展可划分为以下四个阶段。

（1）网络远程教育阶段（1999—2002年）

这个阶段主要以服务成人教育和继续教育为目标。

清华大学1997年依托中国教育科研网（Cernet）建成了"清华网络学堂"，初步实现远程实时交互教学和培训。同年10月，湖南大学成立多媒体信息教育学院，由院本部和16个网上教学点组成，初步形成网上大学的组织结构模式。在部分高校成功试验的基础上，教育部于1998年9月制定了《关于启动现代远程教育第一批普通高校试点工作的几点意见》，正式批准清华大学、北京邮电大学、浙江大学和湖南大学为现代远程教育第一批试点院校。

1999年1月，国务院批准教育部制定的《面向21世纪教育振兴行动计划》正式提出，要在我国实施"现代远程教育工程，形成开放式教育网络，构建终身学习体系"。1999年8月，教育部批准北京大学和中央广播电视大学开展现代远程教育。2000年，教育部发布《关于支持若干所高等学校建设网络教育学院开展现代远程教育试点工作的几点意见》（教高厅〔2000〕10号），首次明确决定支持若干所高等学校建设网络教育学院，开展现代远程教育试点工作，同时明确提出试点工作的五项主要任务是：开展学历教育、开展非学历教育、探索网络教学模式、探索网络教学工作的管理机制、做网上资源建设者。2002年颁发了《关于现代远程教育校外学习中心（点）建设和管理的原则意见（试行）》，以规范各院校的办学行为，确保远程教育的教学质量。至此，教育部分批批准试点现代远程教育的高校共68所，试点高校的网络教育学院共开设十大学科门类140余个专业，开发网络教学课件近万个，建设网络教育资源库近百个，有力地促进了网络教育和资源的建设与应用。

（2）网络课程探索阶段（2003—2010年）

这个阶段主要以资源建设促进网络教学为目标。

2003年教育部发布了《关于启动高等学校教学质量和教学改革工程精品课程建设工作的通知》（教高〔2003〕1号），全面启动了国家精品课程建设项目。2004年以后，教育部逐渐加大了对高校网络教育的重视程度，投入了更多的资源以帮助网络教育的发展，在政府的大力支持下，包括试点高校在内的所有高校纷纷开始建设网络教育环境，研究网络技术在教育教学中的应用。2007年，教育部联合财政部发布了《关于实施高等学校本科教学质量与教学改革工程的意见》（教高〔2007〕1号）、《教育部 财政部关于批准2007年度国家精品课程建设项目的通知》（教高函〔2007〕20号）等一系列文件，进一步加强了网络课程建设的力度和要求。截至2007年，我国建设了包含网络课程在内共4000门课程，这些网络教育课程已具有在线开放课程的雏形。当时的网络远程课程建设的主要任务是解决教育资源不足与不平衡、满足成人继续教育学历需求，以及解决国家人才缺口大等问题。因此，面向对象主要以成人教育和继续教育为主，实施机构主要为开放大学和高校内相对独立的网络教育学院。

（3）在线开放课程起步阶段（2011—2014年）

这个阶段主要以资源共享与促进公平为目标。

《国家中长期教育改革和发展规划纲要（2010—2020年）》《教育信息化十年发展规划（2011—2020年）》等一系列重要国家政策规划出台，将教育信息化作为实现我国教育现代化宏伟目标不可或缺的动力与支撑。2011年，教育部发布了《关于国家精品开放课程建设的实施意见》（教高〔2011〕8号），计划在"十二五"期间建设1000门精品视频公开课和5000门国家精品资源共享课，旨在"加强优质教育资源开发和普及共享，进一步提高高等教育质量，服务学习型社会建设"，由此拉开了新一轮国家精品开放课程建设的序幕。这是自2003年教育部发布《关于启动高等学校教学质量和教学改革工程精品课程建设工作的通知》之后，全面启动国家精品课程建设项目的又一重要战略举措。

这一阶段，600门国家精品视频公开课、2800门国家精品资源共享课陆续建设完成。在同一时期，在线开放课程作为信息技术与教育相融合的典型模式开始出现，国外三大在线开放课程平台Coursera、Udacity、edX正式创立并逐渐进入我国，国内在线开放课程平台如"学堂在线""好大学在线"等也相继成立。2013年教育部网络开放教育与高等教育改革研讨会的召开，以及"中国大学在线开放课程"平台正式上线，标志着中国"MOOC"元年时代开启。这一阶段，在线开放课程建设与应用从以往服务成人教育和继续教育，转向服务社会大众，满足多种类型的学习需求者，特别是开始触及高等学校内部，聚焦应用现代教育技术，颠覆传统课堂教学，提升教育质量，实现优质教育资源共建共享，促进教育公平在更广范围实现。

（4）在线开放课程发展阶段（2015年至今）

这个阶段主要以深化课堂教学方式变革为目标。

针对新时期我国高等教育的需求和特点，2015年，教育部出台了《关于加强高等学校在线开放课程建设应用与管理的意见》，标志着我国在线开放课程建设与发展进入了全面建设和深化应用阶段。通过"高校主体、政府支持、社会参与"的建设与发展思路，各高校依据自身的教学传统优势，结合自身的优质课程，自主进行在线开放课程建设，并借助专门平台，促进优质课程相互传播，影响范围进一步扩大。为促进在线开放课程建设与应用，教育部印发了《关于深化本科教育教学改革 全面提高人才培养质量的意见》《关于一流本科课程建设的实施意见》等一系列重要政策文件，开展国家精品在线开放课程评选，推进"一流本科课程'双万计划'"，全面建设"线上金课""线上线下混合金课"，取得显著成效。

在国家政策的推动下，各高校迅速掀起在线开放课程建设高潮，依托现代信息技术建设"金课"、促进教学方式方法改革成为当前高等学校内部人才培养模式改革的重要方向。截至2020年年底，我国已有超过1000余所高校的108万教师，在各类平台上开设超过110万门在线开放课程，超过25亿人次学习，数量和应用规模世界第一。

在线开放课程建设的主要目标在延续探索阶段所提出的资源共享和促进教育公平的基础上，进一步向高校内部延伸，进一步聚焦到促进"教"与"学"的"双重革命"上，实现从以"教"为中心向以"学"为中心的转变、从"知识传授为主"向"能力培养为主"的转变，以及从课堂学习为主向多种学习方式混合的转变。[①]

从 2000 年至今，官方文件对网络课程的描述有"网络课程""精品课程""精品开放课程""精品资源共享课""精品视频公开课""在线开放课程""一流在线课程"等，体现了人们对资源本质的理解和应用需求的演变，课程形态由封闭到开放到封闭开放相结合，服务对象由继续教育到学历教育到全体成员，课程类型由学历补偿到提高质量到终身教育，课程功能由教学到服务到发展，展现了在线开放课程发展的巨大变革[②]。

二、在线课程的概念与特征

1. 在线课程的相关概念

与在线课程相关的概念非常多，广义地理解，这些概念之间往往可能互换互通，但严格意义来讲还是有一定的区别与侧重。

（1）网络课程

网络课程是通过网络表现的某门学科的教学内容及实施的教学活动的总和，包括两个组成部分：一是按一定的教学目标、教学策略组织起来的教学内容；二是网络教学支撑环境。网络课程是在先进的教育思想、教学理论指导下的基于 Web 的课程，其学习过程具有交互性、共享性、开放性、协作性和自主性等主要特征。网络课程是最基本的教学单位，而教学资源则是网络课程建设的最基本素材，包括授课教案、教学课件、素材案例、实验演示、职业技能要求、作业练习、测验题等。网络课程强调基于网络建设的课程，但教学过程并不完全在网上，可以线上、线下或相结合。

（2）精品课程

2003 年教育部出台的《教育部关于启动高等学校教学质量与教学改革工程精品课程建设工作的通知》中指出：精品课程是具有"五个一流"，即一流教师队伍、一流教学内容、一流教学方法、一流教材、一流教学管理等特点的示范性课程。当时特指被评为国家级或省级奖的优秀课程，这些课程均建立了一个独立的课程网站来展示相关资源与内容，并在课程网站上开展简单的教学交流与互动。精品课程强调课程的优秀性，主体是线下教学，线上相辅。广义的精品课程是指优秀的课程。

（3）在线课程

在线课程本质就是网络课程，也称线上课程，是以互联网技术为实现方式、不受时间和空间限制、可提供多样化和个性化学习方式的、有完整课程结构的课程。在线课程主要通过网络展示教学内容和开展教与学，可使用台式电脑、移动终端设备进行

---

① 聂建峰，蔡佳林，徐娜. 我国高校在线开放课程建设与应用的问题分析和改进策略[J]. 国家教育行政学院学报，2020（4）：60-65+79.

② 杨晓宏，李运福. 我国网络课程研究热点与趋势分析[J]. 现代远距离教育，2018（03）：3-11.

学习。在线课程强调基于网络建设课程并实施在线教学。

（4）大规模在线开放课程

大规模在线开放课程（massive open online courses，MOOC），是以大规模参与人群借助互联网开放资源，在规定时间内进行课程资源阅读、主题讨论、参与者之间的交互活动等学习行为，以完成学习要求，通过学习评估，达到学习目标的一种新型在线学习课程。MOOC 的实质是大规模在线网络课程，以互联网为媒介，基于庞大的教育资源共享平台，把分布于世界各个角落对学习有需求的学习者联系起来，通过在线网络获得和接受课程。

（5）在线开放课程

在线开放课程本质是开放的在线课程（网络课程），是在一定范围内开放共享的课程，强调学习对象、学习方式、学习资源等具有开放特性，课程可持续更新和有持久生命力。

（6）国家精品在线开放课程

《教育部 2018 年工作要点》提出，要实施一流本科课程"双万计划"，即到 2020 年，计划建设 1 万门国家级和 1 万门省级一流线上线下精品课程，推动优质课程资源的开发和有效利用。国家精品在线开放课程是国家一流本科课程"双万计划"的重要组成部分，是开展线上线下混合式一流课程建设的重要支撑。

（7）一流课程

一流课程是实现"双一流"建设目标的基石。"一流课程"是指能够"适应创新型、复合型、应用型人才培养需要""两性一度""金课"标准的课程。一流课程是以先进教育思想和教学理念为指导，以使学生达到最佳效果为目标，经过精心的教学设计，以线上线下等多种教学方法和形式开展的教学活动。一流课程就是精彩的课、经典的课、一流的课。要做到：精准分析学习对象、精确选择学习内容、精巧设计学习过程、精心组织学习活动、精美制作学习资源、精湛进行教学讲授、精致开展评价管理、精品展现教书育人等方面。

（8）精品一流在线课程

精品一流在线课程本质上是优秀的在线课程，以先进教育思想和教学理念为指导，以使学生达到最佳效果为目标，经过精心的教学设计，以网络教学平台为主要载体，不受时空间限制、可提供多样化和个性化学习方式的课程。精品一流在线课程的核心是在线课程，其特质是优秀和一流。

以上相关概念关注角度不同，需在一定的范畴下使用。随着信息技术的变革和在线教育的发展，对在线课程的要求也随之变化，精品开放课程、在线开放课程、MOOC、在线一流课程等课程形态均是在线教育不断发展过程中产生的，是逐步演变且可相互转化的。

2. 在线课程的主要特征

在信息技术和数据分析技术不断发展、网民信息素养不断提升等综合因素的推动下，在线课程显现出以下特征。[①]

（1）学习者的多样化

在互联网时代，人们对在线教育逐渐如网购和网游一样熟悉。开放的在线课程，任何人都能方便地获取学习机会，但由于在线课程的用户数量巨大，且用户群体在年龄、认知水平和学习需求等方面存在很大差异，所以一些在线课程区分出了不同层次的目标人群，通过账号或许可的方式来限定学习者。

（2）课程内容的动态化

在线课程的课程结构和课程内容经过重新设计和制作，使课程更加适合网络学习。由于网络提供的资源建设的便利性，使在线课程的内容可以根据需要不断补充、修改、调整。课程可以设置多名教师或助教，学生也可以上传资源和材料。课程访问权开放，是大规模开放教育背景下的在线课程区别于传统课程的一个重要特征。

（3）课程结构的模块化

在线课程以模块化的方式组织内容，教学团队基于一定的逻辑顺序来设计学习资源的编列，最终形成了一套多入口却有序的学习任务序列。学习者在线学习的过程具有随机性、碎片化的特征，因此，目前的在线课程建设以模块化、单元化为结构，这样不仅有利于内容的修改和调整，也有利于为学习者提供个性化的学习条件。

（4）学习活动的社交化

大规模开放背景下的在线课程更擅长通过课程论坛实现教学双方以及学习者之间的远程互动与协作。课程中采用 Wiki、学习笔记等知识建构工具，引导各方教学参与者随时贡献有价值的学习资源与学习经验，并通过小组的不断修改与讨论，形成在线的课程知识库。

（5）教学评价的自动化

在线课程采用了大量的自动反馈功能，如在线随堂测验和考试，系统可以自动评判，给出分数。另外，通过同伴互评等多元评价，保障了学习者的学习效果，也促进了学习者批判性思维的形成。参加同伴互评的学习者通过审阅同伴的作业或作品，不仅能够丰富个人的认知图式，也有助于提高学习兴趣，减少独自学习的焦虑感。

（6）学习分析的数据化

在线课程基于大数据技术，记录采集了学习者的学习行为数据，可以对学习者开展学习分析，并将分析结果及时反馈到学习过程中，从而达到对整个在线学习过程的计划、检查、评价、反馈、控制和调节等目的。除了在线学习分析，也可以采用可视化技术，将抽象的分析结果形象地表示出来，以方便用户理解结果，从而更好地对在线教育过程进行调节和质量控制。

3. 在线课程的建设意义

建设在线课程，开展在线教学，具有重大的教学改革意义。

---

① 陈静，杜婧. 在线课程的进化特征及主流模式分析[J]. 现代教育技术，2017, 27（3）：112-118.

（1）促进教学公平

在"互联网+"的时代背景下，信息技术为教学手段的革新提供了划时代的技术支持，诞生了一种新的教育形式：在线开放课程教学。在线开放课程建设就是促进教学公平，倒逼教学手段改革、教学模式创新、教学内容改进。我国高校划分为多个层次，不同类别层次的划分也导致了教学资源配置的不均衡。教学资源的不均衡，一方面体现在硬件条件的配置，比如实验条件、师资力量等；另一方面体现在软件条件的辅助，比如管理体系、政策法规等。由于地域原因，甚至是在同一个城市同一个专业不同学校的学生，可能学到的本领也是千差万别的，再者教师教学水平、教学手段的差异性也会导致学生对知识领悟深度的不一样。因此，在线课程可以打破传统的课堂教学，让有求知欲的人能有多样化的选择。

（2）促进教学改革

我国传统教育基本都是以教师为中心的课堂教学，教学设计及评价标准单一且不灵活，难以为不同需求的学生提供有区别的教育，这在一定程度上阻碍了学生的个性发展。在网络共享平台上，来自各高校精心制作的教学视频，拥有不同的教学风格、教学深度和教学手段，适合不同的学习人群在任意时间、任意地点自由学习。在线开放课程的建设为实现教育公平提供了条件，无论是社会人员还是低层次高等院校的教师和学生，都有机会接触优势教学资源，并获得社会认可的学业证书，有效改善了高校入学机会不足、高等教育资源分配不均衡、教学目标与学生个性发展不匹配等问题，对高等教育的发展起到了很好的推进作用。

（3）促进人才培养

在线课程建设还肩负着传承中国传统文化和传播国民意识形态的任务。[①]在线课程建设首先产生在具有优势教育资源的西方国家，这些国家在全球传播着先进教育理念和思维模式的同时，也传播着中西文化中不兼容的因素，会对中国传统文化思想产生冲击。国家大力推行在线课程建设，打造精品在线课程也是向全球推广中国的意识形态、保护中国的传统文化。精品在线课程建设的一个核心内容就是通过在课堂中穿插思想引导和精神鼓励，培养学生的社会责任感和使命感。

在线课程可在合理利用现有优质教育资源的基础上，充分发挥传统课堂的优势，弥补传统课堂的不足，促进课程更好地发挥潜能，不仅能促进高校的教学改革、提高教学质量，还能提升高校的品牌效应。

三、在线课程的类型与模式

1. 在线课程的类型

根据在线课程的内容结构、学习方式及平台所提供的资源与功能来看，本书将其分为视频公开课型、资源库型、慕课型三种类型。

---

① 顾晓薇，晋孝川，王青. 国家精品在线开放课程建设研究[J]. 现代教育管理，2020（6）：77-83.

（1）视频公开课型

视频公开课型是指在平台上展示由围绕某个主题的系列化的教学或讲座视频组成的课程。比如网易公开课、新浪公开课等。这类在线课程主要以大众教育、普及性教育、人文教育等为主，促进文化的传播和科学知识的普及。课程的主要组成要素有五方面。

①课程信息：介绍课程的范围、特点、文化特色或学科特色等信息。

②内容介绍：每一讲的内容介绍和文化阐述。

③教学视频：课程核心内容讲解。学习者无须注册，直接在线点播学习，一般每段视频长为30~50分钟。

④评论：注册的学习者可以点评留言评论。

⑤学习记录：记录学习者观看过的每门课的课程视频、每个视频的观看时间长度。

（2）资源库型

资源库型是指基于网络建设的围绕某个主题的由丰富的、系统化的学习资源组成的课程，如中国大学精品资源共享课、教学资源库等。这类课程强调资源的完整性和丰富性，学习者可以在其中获得大量课程相关的教学资源。课程主要由以下要素组成。

①课程信息：主要介绍课程名称、主讲教师、学科分类、适用专业、课程介绍、教学大纲、教学日历、考评方式、学习指南等。

②教学团队：教学团队成员及成员的简历。

③课程讲义：将教师在传统面授课堂上的讲义同步迁移到在线课程中，并按章节大纲组织。

④知识点资源：与知识点相关的内容讲义、案例例题、作业训练、教学视频、参考资源等。

⑤课程视频：将教师在传统面授课堂上的教学录像进行录制、剪辑，辅以讲义画面和教学现场展示画面，以教师的课程设计为主线，按原有章节顺序发布到在线学习平台上。

⑥案例库：与课程相关的案例及资源库，丰富了课程内容，为学习者提供了更生动的学习材料。

⑦作业训练：按章节结构布置作业，但是这些作业只能展示作业题目和教师发布的相关的作业文件，学习者并不能在线答题和获得自动反馈。

⑧教材及参考书目：课程中的参考书籍及相关的参考资料等。

⑨课程论坛：支持学习者在线评论和讨论。

⑩其他内容：比如相关的课程信息、教学通知等。

（3）慕课型

慕课型是指平台提供丰富系统的学习资源，并有较好的学习管理，可以提供优质课程的学习资源、测验与考试、交流辅导等，帮助学习者通过在线课程平台完成课程的学习，如MOOC课程等。这类课程强调学生根据课程的内容和平台提供的学习管理帮助开展自主学习。

本书所指的在线课程均特指此类课程。

慕课型课程主要包括以下十个要素。

①课程公告：教学团队发布课程设置、教学计划、教学公告、通知等。

②课程信息：包括教学大纲、课程介绍、教学日历、讲义、各种相关链接地址的集中展示。

③教学大纲：课程的基本要求、学习时间安排、教学目标、学习资源等。

④电子教材：电子化教材、电子课本等。

⑤课程视频：包括课程综述宣传片、课程内容讲解视频和学习辅导视频。

⑥虚拟实验：理工科课程会提供在线虚拟实验环境，并为学习者提供在线实验操作的机会，以加深对知识的理解。

⑦测验考试：教师可以在讲座视频中设置与知识点相关的在线测验与考试，平台提供自动反馈的测验结果。

⑧学习分析：统计学习者的课程学习进度，包括各学周的视频学习数量、作业得分统计、测验正确率统计等，学习者甚至可以查看自己在所有选课学生中的相对排名。学习过程数据的记录和分析，能帮助学习者及时调整自己的学习计划，实现更有效的学习。

⑨交流论坛：以知识点为单元开展对课程各知识层面的讨论，对上述多种教学资源的内容都可讨论，支持学习者的在线协作，促进知识建构与协作学习。

⑩其他内容。

在线课程三种类型的比较如表 1-1 所示。

表 1-1　在线课程三种类型的比较

	视频公开课型	资源库型	慕课型
课程性质	无须注册，免费学习	需要注册，免费学习	需要注册，大部分免费学习。有些课程通过考核后需要付费拿证书
课程目标	通过观看视频，学习了解主题内容	学习相关内容，检索查找相关资源	完成课程的学习，取得成绩
课程内容	以视频为主，每段视频30～50分钟	以大量图片、音视频、动画、案例等资源为主	教学视频、教学课件、题目案例、相关资源等
评价反馈	较少提供评价反馈	较少提供评价反馈	提供较丰富的交流与评价反馈
内容编排	无教学大纲，按内容主题编排	有教学大纲，采用知识点顺序或资源类型编排	有教学大纲，严格按照教学大纲和教学设计编排
学习时长	无要求	无要求	有课时学习要求
学习方式	顺序观看视频	根据需要学习	严格按照学习要求和顺序进行
平台支持	通用平台	自建平台	通用平台

2. 在线课程的模式

在线课程在教学中应用时一般有以下几种模式。[①]

---

① 王竹立. 在线开放课程：内涵、模式、设计与建设——兼及智能时代在线开放课程建设的思考[J]. 远程教育杂志, 2018, 36（4）: 69-78.

（1）常规 MOOC 模式

这种模式就是按照 MOOC 最初的理想，对社会大众免费开放，实现精英教育大众化。通过线上定期发布教学视频和教学资源，并组织各种线上学习活动，按照预定计划完成课程的教学。随着学习者人数增多，需要按照一定比例配备相应数目的课程助教。这类课程一般不收费，只对需要证书或特别辅导的学员收取少量费用，由于辍学率太高，投入得不到回报，因此难以实现可持续发展。

（2）校内私播课模式

这种模式是将 MOOC 引入学校，只对校内学生开放，形成私播课（SPOC）。课程一般由学校或教育机构组织开发。一种是单纯的线上学习，即让学生通过在线课程自主学习，并完成课程中布置的练习或考评，即可获得一定学分。另一种是线上线下相结合，学生不仅要学习线上课程，还必须参加教师组织的课堂教学活动，把在线学习与课堂交流练习结合起来，实现深度学习目标。校内私播课模式，能结合线上学习和线下课堂教学两方面的优点，完成率较高，学分和成绩可信度也较高。

（3）商业 MOOC 模式

这是某些在线教育企业采用的模式。通过与名校名师合作，在线教育企业录制了大量的教学视频，并辅以一些自测验题，然后通过商业化运作，卖给其他学校使用。购买了课程的学校可以开展单纯的线上教学，也可与线下翻转课堂相结合实施混合式教学。其本质就是校内私播课加上商业化运作。由于很多学校同时使用，并具有一定的灵活性，也可以达到 MOOC 的大规模和开放性目标。

（4）校外私播课模式

开设常规 MOOC 的学校和个人，可考虑在常规 MOOC 模式的基础上，提高社会学习者的学习门槛（例如，要求有一定前期基础、学历要求、学习时间保障等），并收取一定费用，从而达到限制学习人数、便于交流与监管、保证学习质量、减少辍学率的目的。

（5）企业私播课模式

开发商业 MOOC 的企业，可考虑在对学校销售课程的同时，也向社会学习者开放课程，但需要对学习者提出一定的前期知识与学历要求等，并收取适当的费用，从而达到限制学习人数、便于交流与监管、保证学习质量、减少辍学率的目的。

（6）"1＋N" 模式

由一位名师通过视频直播自己的讲课，而在网络的另一端的实体课堂里还有一位辅导教师负责在现场为学生答疑解惑。这种课堂并不都是 "1＋1" 模式的，有时也是 "1＋N" 模式的，即一个名师上课同时有 N 个线下实体课堂在听，每个线下课堂里都有一位辅导教师。新东方、学而思等教育培训机构，大规模地采用了这种教学方式。[①]但这种方式对网络和设备有较高要求，对各方沟通、协调及时间安排上的一致性有较

---

① 芥末堆. 新东方、学而思双巨头是怎样在全国布局双师课堂的?[DB/OL]. [2018-05-30]. https://www.jiemodui.com/N/81025.html.

高要求，对线下辅导教师的要求也高。

因此，在线课程在应用时，应根据学校和使用者的具体情况，选择合适的方式建设在线课程。

第三节　在线课程的平台系统

随着在线课程的建设与发展，对在线课程的理解和应用会有不同，形成的在线课程的规范、格式、结构、应用方式等都有不同。明确在线课程的类型以及相应在线课程平台的功能，对于完善课程建设、优化课程应用模式具有重要意义。

一、在线课程的平台

网络课程都需要依托在线学习平台才能使用。在线课程的平台是在线课程的载体，是在线学习的场所，它是一个包括网上教学、辅导、自学、交流、作业、测验以及质量评估等多种功能和服务的综合教学服务支持系统。

在线学习平台是学习者进行网络学习的媒介，学习者可以在在线学习平台上获取学习资源，参与教学活动，与其他学习者进行交流讨论等。还可以通过记录学习者在线上参加学习课程的进度、教学活动、课后练习、模拟考试、互相交流等情况，实现对学习者学习情况的全程跟踪管理和对学习者学习需求的全面掌握。还可以通过对学习者的学习数据分析进行学习进度及方向上的调整，让学习者更加系统、全面、科学地学习。

在线课程的平台主要有以下五类。

①以直播为主，提供平台，主要解决教学互动问题，如腾讯会议、QQ、微信、ZOOM、CCtalk等。

②以资源为主，提供资源，主要解决教学内容问题，如资源库、精品课程、毕博等。

③以课程为主，提供课程，主要解决自主学习问题，如爱课程、超星尔雅、超星泛雅、学堂在线等。

④以管理为主，提供系统，主要解决组织管理问题，如钉钉等。

⑤以教学为主，提供工具，主要解决教学实施问题，如雨课堂等。

目前这些平台也在尽量开发增加相关功能，以便适用并兼顾多种需求。

1. 国内部分在线课程平台

（1）爱课程

爱课程是教育部、财政部"十二五"期间启动实施的"高等学校本科教学质量与教学改革工程"委托高等教育出版社建设的高等教育课程资源共享平台。承担国家精品开放课程的建设、应用与管理工作。爱课程集中了在线开放课程、视频公开课、资源共享课等多种形式的教学视频资源，包含了中国大学视频公开课、中国大学资源共享课和中国大学 MOOC 等，具有资源浏览、搜索、重组、评价、课程包的导入和导出、发布、互动参与和"教""学"兼备等功能。爱课程平台的各个模块都能实现动态化管理，教师可以根据教学的需求自由地选择开课时间和授课模式。平台地址为：https://www.icourses.cn/，平台首页如图 1-1 所示。

图 1-1 爱课程网站首页

（2）中国大学 MOOC

中国大学 MOOC 是高等教育出版社联手网易公司推出的一个大规模在线教育平台。平台拥有大量合作高校的千余门课程，涉及外语、计算机、法学、理学、工学、经济管理、文史哲、艺术设计、心理学、教育教学、医药卫生、农林园艺等学科。教师制作的在线课程可以发布在此平台上。教师新制作一门 MOOC 课程要经过课程选题、知识点设计、课程拍摄、录制剪辑、资源上传、课程发布等环节，课程发布后教师会参与论坛答疑解惑、批改作业等在线辅导，直到课程结束颁发证书。在线课程有公告、评分标准、课件、测验与作业、考试和讨论区六个板块，所有的考试、测验都通过线上平台来完成，另外具备在线同步（直播）课堂功能。学生可以利用课程平台完成课程的学习。平台网址为：https://www.icourse163.org/，平台首页如图 1-2 所示。

（3）超星尔雅

超星尔雅是超星公司打造的通识教育在线课程平台，展示综合素养、通用能力、成长基础、创新创业、公共必修、考研辅导六大类在线课程。作为核心的综合素养板块，由文明起源与历史演变、人类思想与自我认知、文学修养与艺术鉴赏、科学发现与技术革新、经济活动与社会管理、国学经典与文化传承六部分组成。超星尔雅旨在传播优质教育资源、促进教育公平发展、补足学校课程体系、满足学生个性需求、提升通识教育质量、推动教学改革创新、跨越时间空间限制、降低教学运行成本、推广运营自建课程、形成特色通识品牌。课程具有比较完整的课程结构，例如课程目标、主讲人、教学计划、时间安排、资源、答疑、讨论、作业等。平台网址为：http://erya.mooc.chaoxing.com/，平台首页如图 1-3 所示。

图 1-2　中国大学 MOOC 首页

图 1-3　超星尔雅平台首页

（4）超星泛雅

超星泛雅是超星公司打造的一款多功能在线课程学习平台，是以"平台＋资源＋

服务"为基本研发理念,以学习空间为平台支撑,整合海量教学资源(超星资源库+互联网资源+学校资源+个人资源),同时配备超星的客户服务团队,让资源展示、教学支持、师生互动等都能协同发挥最大作用。平台为用户提供全方位的网络教学服务,是一个能辅助培养学生自主学习、提升教师教学效率、优化学校教学管理的综合服务平台。平台网址为:http://fanya.chaoxing.com/,平台首页如图1-4所示。

图1-4　超星泛雅平台首页

(5)学堂在线

学堂在线是由清华大学研发的中文MOOC平台,是教育部在线教育研究中心的研究交流和成果应用平台。学堂在线有来自国内清华大学、北京大学、复旦大学、中国科技大学,以及国外麻省理工学院、斯坦福大学、加州大学伯克利分校等一流大学的超过3000门优质课程,覆盖13大学科门类。平台分为在线学习系统和课程管理系统。学生通过注册登录可自由选、听课和社区讨论,系统会根据听课进度给出练习题目及评分;教师则可通过系统上传上课视频、添加教学资料及练习题,并能通过大数据分析平台及时查看教学反馈情况。平台网址为:https://www.xuetangx.com/,平台首页如图1-5所示。

(6)毕博

毕博(Blackboard,BB)教学平台,是由美国Blackboard公司1997年开发、2003

年进入中国的在线教学管理系统，集课程建设、资源管理、移动学习、社区学习、交流互动、统计测评、在线课堂于一体，满足学生在课堂内外进行自主学习和协作学习的需求。教师可以在平台上开设网络课程，学习者可以自主选择要学习的课程并自主进行课程内容学习。不同学习者之间以及教师和学习者之间可以根据教、学的需要进行讨论、交流。平台网址为：http://www.blackboard.com.cn/，平台首页如图1-6所示。

图 1-5　学堂在线首页

图 1-6　毕博平台首页

（7）雨课堂

雨课堂是由学堂在线与清华大学在线教育办公室共同研发的在线教学平台，全部操作基于 PPT 和微信界面。通过创建虚拟课堂，雨课堂可以随时推送语音、视频、文档等各种学习资源到学生手机。雨课堂覆盖了课前—课上—课后的每一个教学环节，教学过程中可以实时答题、弹幕互动，并为师生提供完整立体的数据支持，个性化报表、自动任务提醒，让教与学更明了。该平台需要下载客户端或 APP 安装后使用，下载地址为：https://www.yuketang.cn/，下载页面如图 1-7 所示。

图 1-7 雨课堂功能区页面

（8）腾讯课堂

腾讯课堂是腾讯推出的专业在线职业教育平台，聚合大量优质教育机构和名师，聚合 IT 互联网、设计创作、兴趣生活、语言留学等多领域的职业教育课程。下设职业培训、公务员考试、托福雅思、考证考级、英语口语、中小学教育等众多在线学习精品课程，帮助广大学员提升职业和就业技能。腾讯课堂可以很方便地分享 PPT、分享屏幕、播放视频，在书写的时候提供了画板，还具有画中画的功能，以及签到、举手、发答题卡、预览、回放功能，支持微信小程序和企业微信整合使用、实现在线即时互动教学。平台网址为：https://ke.qq.com/，平台首页如图 1-8 所示。

（9）智慧树

智慧树是上海卓越睿新数码科技股份有限公司打造，是一个学分课程运营服务平台。智慧树帮助会员高校实现跨校课程共享和学分互认，完成跨校选课修读，服务大学生通过智慧树跨校修读并获得学分。用户可以自己做主播为他人授课，也可以观看其他人的直播课程。同时，它支持跨校授课、学分认证、名师名课名校、VIP 级课程学习等服务。平台还可以在线下载，离线观看，实现学习者随时随地轻松完成在线修读、作业、考试。平台网址为：https://www.zhihuishu.com/，平台首页如图 1-9 所示。

图 1-8　腾讯课堂平台首页

图 1-9　智慧树平台首页

（10）国家虚仿平台

国家虚拟仿真实验教学项目共享平台是由高等教育电子音像出版社有限公司负责建设运营的虚拟仿真实验教学课程共享平台，是虚拟仿真实验的综合性平台，是一个汇聚全部学科专业、覆盖各个层次高校、直接服务于高等院校和社会学习者使用的实验教学公共服务平台，旨在为实验教学各类型课程建设共享及应用提供全流程支撑服务，提高高等教育实验教学质量和实践育人水平。平台依托实验课程智能实验室，为实验教学线下课程、线上课程、线上线下混合式课程等"金课"的建设、应用及共享提供在线支持环境。平台收录了近年来各大高校通过省级评审的虚拟仿真实验，品类丰富，而且都可以使用。平台网址为：http://www.ilab-x.com/，平台首页如图1-10所示。

图1-10　国家虚拟仿真实验教学项目共享服务平台首页

2. 国外部分在线课程平台

（1）Coursera

Coursera由美国斯坦福大学的Andrew Ng和Daphne Kollerr于2012年4月创建，是服务于社会大众的免费在线公开课平台，它与斯坦福大学、密歇根大学、普林斯顿大学、宾夕法尼亚大学等世界顶尖大学合作，在线提供免费的网络公开课程，并开发了多语种字幕翻译。Coursera于2013年10月进驻中国，并上线了移动APP，提供来自世界各国名校的海量优质教学资源，Coursera需要在网站上注册并进行课程报名才能学习，有些课程需要缴纳一定数额的学费。平台网址为：https://www.coursera.org/，平台首页如图1-11所示。

（2）Udacity

Udacity创建于2011年，是一家面向社会大众的营利性在线网络教学平台。Udacity提供在线教学，并与业内许多公司合作，侧重在人工智能、数据科学、自动驾驶、自然语言处理、计算机视觉、AI量化投资、区块链、云计算等方面。它采用由教授简单介绍主题后便由学生主动解决问题的类似于"翻转课堂"的教学模式，平台上不仅有教学视频，还有自己的学生管理系统，内置接口、论坛和社交元素。平台网址为：https://www.udacity.com，平台首页如图1-12所示。

图 1-11　Coursera 平台首页

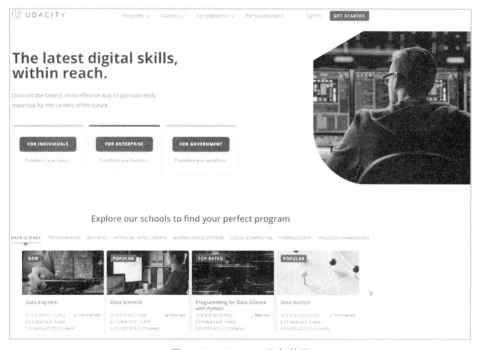

图 1-12　Udacity 平台首页

（3）edX

edX 是哈佛大学和麻省理工学院 2012 年 4 月共同创立的非营利网络教育项目，是一家面向社会大众提供在线课程教学并应用此平台进行教学法研究的大规模在线开放课程平台，包括哈佛大学、麻省理工学院、加州大学伯克利分校、清华大学、北京大学、香港大学、香港科技大学等全球顶尖高校组织的慕课（大规模在线公开课）。课程主题涵盖生物、数学、统计、物理、化学、电子、工程、计算机、经济、金融、文学、历史、音乐、哲学、法学、人类学、商业、医学、营养学等多个学科。平台网址为：https://www.edx.org/，平台首页如图 1-13 所示。

（4）Alison

Alison 于 2007 年在爱尔兰戈尔韦成立。该平台提供的一系列的免费课程，包括哥伦比亚大学、剑桥大学、耶鲁大学等学院机构以及微软、谷歌等公司的授权课程，成为 Alison 吸引学员的"秘籍"，可满足学习者许多不同的需求，让任何人在任何时间、任何地点、任何学科水平免费在线学习成为可能。平台网址为：https://alison.com/，平台首页如图 1-14 所示。

图 1-13　edX 平台首页

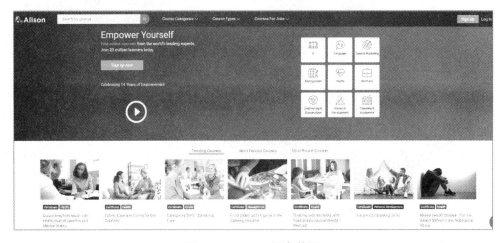

图 1-14　Alison 平台首页

（5）FutureLearn

FutureLearn 是英国首个提供免费、开放和在线的跨学府高等教育课程的网站。这些课程由英国多所著名大学提供，包括巴斯大学、伯明翰大学、布里斯托大学、卡迪夫大学、东安格利亚大学、爱丁堡大学、埃克塞特大学、格拉斯哥大学等。除此以外，英国文化协会、大英图书馆以及大英博物馆均与 FutureLearn 合作，共享内容和专业技术，通过 FutureLearn.com 的平台共同开发课程内容。平台网址为：https://www.futurelearn.com/，平台首页如图 1-15 所示。

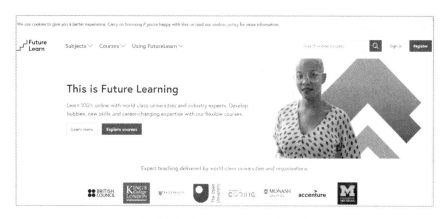

图 1-15　FutureLearn 平台首页

二、课程平台的功能

1. 在线课程平台的功能

在线学习平台能够为学习者提供更多更优质的学习体验，能够帮助学生在课下随时随地进行学习，这与它强大的功能密不可分。在线学习平台的功能一般有三大类：一是基础功能，即一般学习平台应具有的功能；二是特有功能，即某些学习平台所具有的功能；三是可拓展功能，即有发展潜力甚至可延伸组合的功能，如表 1-2 所示。

表 1-2　在线学习平台功能模块

功能类型	具体功能模块	功能特点
基础功能	学习资源模块	提供学习资源库、网络课程等
	资源、用户管理模块	用户管理、学习资源管理、学习申请管理、公告管理等
	交流协作模块	提供学习交流空间、工具等
特有功能	专题研讨模块	提供研讨任务、空间、工具等
	成果展示模块	展示学习者的优秀学习成果
可拓展功能	学习交互模块	实现灵活、适应性学习互动
	学习评价模块	实现动态评价、形成评价量规，对学习者进行诊断性、形成性、总结性评价等

网上教学平台最重要的功能是课程设计功能，有了这一功能，教育工作者不需太多培训就能有效地设计网上课程。课程设计功能主要有以下几个。[1]一是教学设计工具。教学设计工具能够将各种格式的课程材料（如 Word 文档、WordPerfect 文档、纯文本、HTML 文本等）转换为平台本身支持并使用的格式。同时，教师可以方便灵活地运用这类功能编辑课程的结构、学习单元以及其他资源。二是课程设计模板。通过运用课程设计模板，教师可以方便地开设一门网上课程，只需将与课程有关的材料放入事先设计好的模板中，软件系统就能自动地将这些材料组织成一个良好的网上学习环境。三是课程网站搜索引擎，它能使学生方便地在整个课程网站中搜索想了解的信息。

---

[1] 张伟远，王立勋. 网上教学平台的特征之国际比较[J]. 江苏广播电视大学学报，2003（5）：5-11+46.

网上教学平台的另一主要功能是交流和协作功能。由于学习网上课程时教师和学生之间缺乏面对面的交流，网上教学平台需要提供一个环境让教师和学生能够有效地进行互动。网上教学平台的交流和协作功能主要有以下几个。一是异步交流，包括网上讨论区和课程内部的电子邮件。通过异步交流工具，学生和教师可以在不需见面也不需在同一时间的情况下进行交流。二是同步交流，包括基于文本的实时聊天以及网上视听会议。要进行同步交流，学生和教师必须同时登录到网上的同一个地点（例如聊天室），以一种虚拟的面对面模式进行交流。三是文件共享。这一功能使学生与学生以及学生与教师能够在网上分享信息并相互协作，例如，学生可以通过文件共享将作业直接提交给教师，同时，教师也可以方便地将批改好的作业传回给学生。四是工作组，它特别适用于小组项目研究。工作组功能包括小组网站、小组讨论区以及小组文件共享区等。五是电子白板。这一工具在数学和自然科学方面的课程中尤其受欢迎，因为学生和教师可以同时在屏幕上观看一个数学公式或其他图形，而且可以同时进行添加和修改。

网上教学平台的第三个主要功能是课程管理功能。网上教学平台的课程管理功能主要有以下几个。一是课程单元管理。这一功能可以帮助教师灵活地管理学习单元以及其他资源（文件、图像、链接等）。一门课程可以分割为一系列单元，而各单元间可以相互联系。二是自测管理。教师可以通过这一工具创立及管理各种自测练习。三是作业评分管理系统。一些网上教学平台可以通过运用数据库技术自动批改学生的作业并评分。学生的分数被存入一个数据库中，教师可以非常方便地进行管理。四是学生网上活动追踪。学生与网上学习系统的互动情况被记录在网络服务器上，这些互动包括访问各网页的次数、自测的成绩、在网上学习和自测的时间长度等。

除了上述基本功能外，一些整合性的在线课程平台还拥有其独特的特有功能和拓展功能。在此以"中国大学 MOOC"平台和超星泛雅平台为例，对其功能系统进行简单介绍。

"中国大学 MOOC"平台，其功能可分为运营管理系统、教师发布系统和用户学习系统三大系统，如表 1-3 所示。教师使用中国大学 MOOC 的课程发布系统，可进行发布课件、发布作业、测验考试、线上讨论等一系列完整的 MOOC 课程教学活动，利

表 1-3 "中国大学 MOOC"功能系统分类介绍

系统分类	面向对象	功能
运营管理系统	高校管理员	为其提供管理学校信息、开设课程、开设学期、运营学期等完善的教务功能，同时提供了学生管理、教师管理等便捷的管理功能
教师发布系统	教师、助教	提供强大的教学功能，包含高校简洁的课程内容发布系统，多样化的教学工具，强大的数据反馈、分析和管理功能
用户学习系统	学习者	完整的学习体验：课件、视频、测验与作业、教师答疑、课后讨论等；丰富的在线学习形式支持：多倍速视频、自动判题系统、同伴互评等；多终端的随身学习支持：Web 端体验完整学习，移动端随时随地学习；权威证明：高校和教师权威认证的实名证书

用大数据支持教学服务的功能，能够针对线上学生的学习行为结果进行数据追踪统计，为教师和管理者提供完善的数据反馈结果，有利于更好地指导教学方案。平台还有强大的教务接口功能，可以完成师生身份认证、用户信息变更、课程学期数据和成绩数据同步等功能。

超星泛雅平台包含基础、资源和特色三大模块，整合了网络课程建设、教学互动平台、学习空间、全国课程资源中心、移动学习等14种功能，为学校量身打造一个能够辅助培养学生自主学习、提升教师教学效率、优化学校教学管理的新一代网络教学综合服务平台，如表1-4所示。

表1-4 超星泛雅网络教学平台功能介绍

模块	内容	简介
基础模块	网络课程建设	提供MOOC式的课程建设工具、支持课程网络课程形式
	教学互动平台	提供全面网络教学功能，包括作业、考试、通知、互动课堂、PBL教学、资料、统计等，知识单元化的MOOC课程支持辅助教学、闯关模式网络教学、混合式翻转课堂等多种教学模式
	学习空间	为用户提供个性化的主页，记录学习历程，可以融入SNS的概念，以满足师生之间、生生之间的学习互动交流
	教学管理评估	通过统计教学过程中产生的数据，可以对教师的教学情况、学生的学习情况、课程访问情况等进行全面的、可视化的统计分析，以帮助学校和教师更好地进行教学管理评估
	网络教学门户	提供能充分展示学校特色的门户首页，可实现新闻动态显示，具备信息发布和页面自定义、访问统计分析、统一检索等功能
资源模块	全国课程资源中心	整合了全国高校各院系的众多课程，并以课程为中心，整合与课程相关的各种精品资源，包括各高校的名师视频课程、网络精品共享课程以及与课程相关的图书、期刊等
	备课资源库	提供数量种类众多的电子图书、学术视频、课件等教学、学习资源，以供教师在教学和备课时使用
	泛雅课程共享中心	汇集所有联盟课程以及在泛雅平台上的优质课程
特色模块	移动学习	泛雅可支持各种移动终端，满足师生随时随地地移动学习
	本校资源管理平台	是面向高校教学管理部门及全校教师提供教学资源管理的服务平台，它通过对学校教师和院系手中的各种教学资源进行系统的归类和整理，并将文件加以统一的管理和存储，实现有效管理与控制
	专业教学资源库	帮助实现专业教学资源有组织的建设、管理及共享，针对不同专业创建独立网站进行资源管理
	质量工程	主要包括政策文件发布、在线项目管理、项目统计分析和项目成功展示等，同时，平台还提供附件文档的在线阅读、项目公文模板自定义等特色功能
	教师发展中心	可以展示学校教学风采，开展教师培训，促进教师间的交流与资源共享，管理教师学分及教学档案
	泛雅联盟	以庞大的泛雅用户群体作为联盟的用户基础，为联盟成员拥有海量的课程资源提供数据支持

2. 教学直播平台的功能

2020年年初，新冠肺炎疫情来袭，教育部紧急通知，号召全国师生利用多种技术平台和手段开展教学工作，"停课不停学"。随即全国数亿师生转战线上，教师变身主播，纷纷涌入各大平台，呈现空前绝后的在线教育热潮。

在移动直播技术的支持下，教师和学生能够通过移动终端随时随地互动，教师可以像在课堂中讲课一样教学，学生在远程听讲学习。通过这种"面对面"的及时交流与互动，可以解决远距离及一对多的教学。目前，支持直播教学互动的平台有很多，如腾讯会议、钉钉、腾讯课堂、企业微信、超星学习通、千聊、ClassIn、Cctalk等。网络直播课程适用于互动要求大，教学内容比较灵活的课程。对规范化的课程，可以采用先录制视频，课下安排学习任务，课堂上重点讲评，通过作业、项目、课堂交流、小测等形式考查和引导学生掌握相关知识点。[①]

因此在教学中，要结合网络教学和混合教学的实践经验，并根据平台功能来合理选择适合的直播教学平台。本书对部分直播型教学平台的特点和功能进行了比较，如表1-5所示。

三、在线课程的建设与应用

1. 在线课程的建设

（1）在线课程建设迅速

在国外在线课程的影响下，在政府、社会、企业、高校的共同推动和努力下，我国在线课程得到了快速发展。教育部至各级政府部门在政策上给予了指导与支持，为在线课程的全面发展提供了明确方向、必要条件和良好的发展环境，促进了高校的实践投入与研究热情，增强了企业在技术和资金上的投入意愿。高校承担了绝大部分的课程产出、管理与科学研究的角色，大量企业通过技术辅助、合作开发、独立运营等方式不同程度地参与到在线课程建设与管理中，初步形成了政府、社会、高校多主体协同创新的特色发展模式。

（2）课程种类及层次丰富

我国在线课程建设呈现出平台定位多元化、课程种类及层次丰富的特点。从学科门类来看，现有的在线课程涵盖了全部一级学科，而且有些平台开始推出面向职场的微专业课程。从课程层次来看，在线课程覆盖了从高中到大学乃至研究生（含博士）等各个层次的课程，同时也面向在职人员提供需要的培训课程。

（3）在线课程平台多元

在线课程平台的建设也迅速跟进，主要有由国内高校创建的、由教育行政部门创建的以及由门户网站创建的三类。如清华大学的"学堂在线"平台，北京大学的"北

---

① 孙青华，尹凤祥. 现代信息化教学平台的比较研究[J]. 深圳大学学报（理工版），2020，37（S1）：169-174.

表 1-5 部分教学直播平台功能比较

	腾讯会议	钉钉	超星学习通	雨课堂	中国大学MOOC直播平台	腾讯课堂	智慧树
视频直播	支持	支持	支持	支持	支持	支持	可支持（现阶段支持共享课直播需要配置）
语音直播	支持	支持	不直接支持但可以通过上传教师视频图片代替方式实现	支持	不支持单纯的语音直播	支持	支持（目前仅支持教师单向语音直播）
通知学生方式	不支持	发公告和通知	教师启动学习通客户端后，可通过课程通知、班级群通知学生，无自动提醒	可群发公告，教师开始直播后可设置自动提醒学生	可以通过课程通告、群发邮件、微信分享直播地址	开始直播前，通过分享二维码和链接到班级群聊	1. APP内提醒 2. 指定学生提醒 3. 短信或者其他方式提醒 4. 课程公告
屏幕共享	支持	支持	支持	不支持	支持	支持	不支持
PPT、学生端同步显示	支持	支持	支持	支持	支持	支持	支持
PPT上直播端写画、学生端同步显示	支持	支持	支持	不支持，但可以截图后发给学生	支持	支持	不支持
PPT动画效果	支持	支持	不支持	不支持	支持	支持	不支持
共享其他类型文档同步变化	支持	支持	支持图片、Word、PDF等格式	不支持	支持	支持通过屏幕共享给学生	支持Office

续表

	腾讯会议	钉钉	超星学习通	雨课堂	中国大学MOOC直播平台	腾讯课堂	智慧树
课堂互动	支持	支持	支持答题	支持签到（点名）截图发给全班；开弹幕；可在PPT里插入主观题、选择题、投票、视频、试卷等	支持文字形式提问，语音提问（有延迟）	支持签到、举手、答题卡	支持 1.可以手势签到进行点名 2.随机点名、抢票、答疑、资源分享、打分、群聊等
白板（板书）	支持	支持	不支持，但可以在PPT上写画	支持	支持	支持语音实时互动，不支持视频互动	暂不支持
学生发言	支持	支持	文字聊天，不支持视频对话，不支持音频对话	文字聊天，不支持音频对话，学生通过投稿方式上传小视频	支持文字聊天，支持上传已有图片和手机相机抓拍，不支持视频对话，不支持音频对话	支持语音实时互动，不支持视频互动	支持 文字聊天、语音、学生上传小视频
优势	1.全平台一键接入，手机或电脑都可以用 2.提供音视频智能降噪、美颜、背景虚化、锁定会议、屏幕水印等功能 3.提供实时共享屏幕，支持在线文档协作	1.电脑或手机均可使用 2.可共享屏幕和文件 3.可保护个人隐私不被泄露 4.仅主持人可在PC端发起录制，权限可调 5.有美颜、静音、管理等功能	1.电脑或手机均可直播 2.课程教师可以对多个班级学生进行直播 3.教师在PPT或文档上写画，学生端实时显示 4.文字框聊天形式发言，界面清爽	1.只能用电脑直播 2.学生既可以在手机微信雨课堂公众号上参加雨课堂，也可在网页上观看 3.微信作为常用工具，接收通知方便 4.弹幕形式发言	1.使用OBS等推流软件，直播教师可以自主录制直播视频 2.可以屏幕共享 3.仅对本平台上开设课程的教师提供直播，没有单独的直播申请	1.直播上课方式灵活，包括屏幕共享、PPT演示、播放视频、摄像头画面四种方式 2.一堂课可支持1万人同时在线观看 3.配备教学工具，灵活多样	1.基于移动互联网和云技术的幼教互动云平台 2.一个平台，三个端口：园长端、教师端、家长端，实现家园共育

京大学公开课"网站，国家开放大学的"五分钟课程"网等。教育部、财政部支持建设的"爱课程"网，集中展示"中国大学视频公开课"和"中国大学资源共享课"等。另外，网易网开设了"网易公开课""网易云课堂"等，新浪网的"新浪公开课"，腾讯网的"腾讯微课堂"，超星网的"超星慕课"等在线学习平台。

2. 在线课程的应用

当前在线课程发展和应用的过程中也存在一些不足与问题，需要引起注意。

（1）在线课程技术层面

一是在线课程建设技术性要求较高。授课教师必须具备录制、剪辑及常用办公应用软件应用的技术能力。而现实情况是大部分教师并不能熟练掌握这些技术，如果没有专业技术人员的支持，在线课程建设及后期维护的质量难以保证。因此，需要迅速提高教师的信息技术水平。

二是大规模应用与个性化需求的矛盾。在线开放课程的学生人数较多，与学生个性化需求之间一直存在矛盾。因此，要建立基于数据的教学过程监测、评估、诊断和预测技术体系，进而支持个性化教与学、教学质量评价、教学效果预测和精准教学管理，为学习者提供全方位、自适应、个性化的学习体验。

（2）在线课程教学层面

一是如何增强师生互动。由于在线课程中的教师和学生不能直接面对面，缺乏信息交互和情感交流，空间错位造成师生之间互动困难，教师和学生很少亲自沟通，缺少教师的言论和行动以及情感感染。另外，学生在线上学习过程中产生的疑问也有可能不能得到及时解答，势必会影响学生的学习进度从而降低学生的学习效果。[①]

二是如何契合学生需求。目前大多数在线课程是直接把线下教学资源"线上化"。教学过程中学生普遍反映内容单调，缺乏吸引力。教学资源也缺乏有效的资源共建共享机制，造成了一定的资源浪费。因此，要增加在线课程资源的数量、质量和共享。[②]

三是如何开展科学评价。教学的成果需要客观评价才能真正衡量教学过程的好坏。学生平时的作业及测验完成情况，参与讨论的过程都应该纳入考核体系。在线课程实施过程中师生交流及互动也要全程跟踪记录。目前，在线教学对学生的评价过程中普遍没有把参与学习讨论放入其中，缺乏全面的动态考核机制，不利于整个在线课程的顺利开展。[③]

（3）在线课程管理层面

一是在线课程教学管理不精准。与传统的课堂教学不同，在线课程中师生之间的教与学不是面对面进行的，教师授课过程可以被学生看到，但学生的听课过程与听课状态却不能被教师看到。教师对于学生的学习情况缺乏直观、有效的感知与管理，在

---

① 李虎. 高校在线课程应用现状与建设思路[J]. 财富时代，2020（10）：235-236.
② 何欣忆. 国内高校在线课程建设与应用现状综述[J]. 教育现代化，2018，5（35）：176-177.
③ 同①.

线教学管理受到限制，教师对在线课程教学过程中学生感知的了解与分析、教学管理能力等存在不足。这种通过互联网进行教学的方式使得教师无法对学生的状态及反应做出清晰的分析与评价。①

二是在线课程设计还不够优化。部分在线课程存在对于传统课程教学、知识学习的重复照搬，在线课程的建设标准需要完善。在线开放课程的评价标准较为宽泛，体现了教学资源和过程的整合，除了资源之外，还应强调"以学生为中心"的教学设计、教学活动过程和应用效果。②

三是在线课程的管理不够有效。在线课程缺乏传统课程教师通过提问、交流、观察学习行为等方式促进学生学习的效果。如果简单地对完成课程知识、技能等过程与结果进行管理，不能够有效地促进学生对于在线课程的学习。在线课程使教师将主动权还给学生，只是作为引导者和协助者帮助学生学习，这就对学生的自学能力提出了很高的要求。因此，部分自学能力不足的学生难以较好地完成学习任务。③

3. 在线课程的创新与发展

要想顺应在线教育潮流，推进教育信息化从起步和应用阶段走向融合和创新阶段，促进在线开放课程的发展，实现教育资源利用的最大化，进而推动整个教育变革，必须在以下几个方面重点突破。④

（1）探索构建在线课程教与学新模式

教与学层面的创新是技术应用到教育领域时最为显性、直观的变化。许多教育创新的一个显著特征是新技术和教学方式的变革之间的联系。正是基于教师、学习者、教学内容等教学要素及其关系的变化，在线课程的教学结构发生了变化，进而使在线课程需要采取一种全新的教学模式。这种全新的教学模式，需要打破传统的、以单一知识传授为主的教学模式，更加重视学习者在学习过程中积极性和主动性的发挥，更加重视教与学过程中的知识生产与创造；同时，这种教学模式把交互作为学习的核心与取得成功的关键，而且教学交互的主体和形式都应该达到前所未有的多样化。因此，"互联网+"时代的教与学模式应该是为更高层次学习的多样化学生群体设计的。

（2）探索打造在线课程技术支持环境

互联网不是单一工具层面上的技术，而是物质工具、方法技能和知识经验的综合体。因此，以互联网为典型代表的现代信息通信技术被应用到教育领域，不仅成为学习环境的构成要素，还影响学习环境搭建和支持能力，影响学习工具、学习资源等方法技能要素，进而影响学习和教学等学习主体要素。因此，在线课程的技术支撑环境

---

① 严梅. 应用型院校在线课程教学管理的困境与策略[J]. 中国成人教育，2020（7）：57-59.

② 李晓锋. 从精品开放课程到在线开放课程：精品课程建设理念与实践的转型[J]. 中国教育信息化，2021（1）：15-18.

③ 同①.

④ 赵宏，郑勤华，陈丽. 中国MOOCs建设与发展研究：现状与反思[J]. 中国远程教育，2017（11）：55-62+80.

的构成要素及基本功能，技术支撑环境的标准和机制，以及我国在线教育平台建设的策略与途径等都应该是在线课程发展和变革关注的重点。

（3）探索建立在线课程建设标准和质量保证体系

在线课程学习资源基本都是预设的，对于大规模学习者之间以及对由于资源交互所产生的新资源且考虑不足，而且预设的学习资源很难满足个性化学习需求，迫切需要在学习过程中根据学习者的需求动态生成学习资源。互联网时代课程资源将发生深刻变化，学习的连接和知识的生成都基于交互，因此，在网络空间中大量通过交互产生的生成性资源将成为课程资源的重要组成部分，它与预设资源相结合成为互联网时代课程资源的重要特征。在此基础上打造的标准化、开放、灵活、协同的在线课程资源建设模式，将成为影响在线教育持续发展的关键。因此，我国亟须健全在线课程及其资源的技术标准、内容标准、服务标准，引导建设高质量、跨平台、多终端、强交互、易扩展的课程资源。此外，有必要制定中国在线课程建设的课程认证标准，这是保障在线课程质量的基础，也是开展学习成果认证的基本依据，为学习成果认证、学分积累与转换提供基础支撑。另外，要充分考虑我国幅员辽阔、地区教育发展水平有差异的现实情况，允许各认证机构根据区域经济发展和专业发展的现实情况，合理制定课程认证标准。

第二章

精品一流在线课程的教学设计

在线课程的教学设计是影响在线课程质量的重要因素。在进行教学设计时,需要考虑课程分析、课程目标、课程内容、学习活动等环节,最终形成教学中所使用的课程方案。

第一节　在线课程的设计方法

一、教学设计的基础知识

1. 教学设计的含义

教学设计(instructional design),也称作教学系统设计(instructional system design),是以传播理论、学习理论和教学理论等为基础,运用系统论的观点和方法,分析教学中的问题和需求,确定教学目标,设计和开发解决教学问题的策略方案、实施解决方案、评价实施结果并对教学方案进行再修改,从而得到最佳解决方案的过程。它以系统科学方法论为指导思想,以对教学问题的分析为依据,目的是使教学效果最优化。

教学设计也是创建教学系统的过程,它把教学系统作为其研究对象。教学系统是对用于促进学习的资源和程序的安排。其中,课程设置计划、课程大纲、课堂教学过程、单元教学材料等被看成是不同层次的教学系统。教学设计作为一个系统计划的过程,它应用系统方法探究教学系统中的各个要素之间的本质联系,包括教师、学生、教学内容和教学媒体,以及教学目标、教学策略和教学评价等,并使之有机结合完成教学系统的功能。

教学设计一般可归纳为三个层次,分别是以"产品""课堂""系统"为中心的层次。它是一门应用性很强的学科,将教与学的理论与教学实践、设计实践等连接起来,侧重于问题求解中方案的寻求和决策过程。

所以,精品一流在线课程就是在课程内容、平台建设、教学实施、教学服务等方面都经过精心设计力争取得最优化成效的课程。

2. 信息化教学设计

信息化教学,是以现代教学理念为指导,以信息技术为支持,应用现代教学方法的教学，它要求观念、组织、内容、模式、技术、评价与环境等一系列因素的信息化。[①]所谓信息化教学设计，就是运用系统方法，以学生为中心，充分、合理地利用现代信息技术和信息资源，对教学目标、教学内容、教学方法、教学策略、教学评价等教学环节进行具体策划，创设教学系统的过程或程序，以更好地促进学习者的学习。信息化教学设计的目的是在教学设计理论的指导下，科学安排教学过程的各个环节和要素，实现教学过程和学习过程的优化。

信息化教学不只是在传统教学基础上对教学媒体和手段的改变，它更加注重信息技术对整个教学系统带来的改革和变化。信息化教学设计强调以学生为中心、自主探究学习、协作学习、意义建构、学习环境的构建、信息资源和多元评价方式的设计，强调学生信息能力和信息素养的培养，强调学生学习兴趣的提升，促进学生高阶能力的发展，从而优化教育教学效果。它实现了从传统教学的内容导向向教与学导向的转变，以及由学生被动接受向主动探究学习的转变。

精品一流在线课程就是信息化环境下的优质在线课程，因此在进行信息化教学设计时，需要注重情境的创设与转换，充分尊重工具和资源的多样性，以任务驱动和问题解决作为学习和研究活动的主线，学习结果采用灵活的、可视化的方式进行阐述和展现，鼓励合作学习，强调针对学习过程和学习资源的评价等。

信息化教学设计的过程基本上可以分为单元教学目标分析、学习任务和问题设计、信息资源的查找与设计、教学过程设计、学生作品范例设计、评价量规设计、单元实施方案设计、教学设计过程的评价和修改等环节。由于教学设计具有灵活性特征，因此在信息化教学设计的过程中，也需要在参照各步骤分析和操作的基础上，考虑信息化教学设计的开放性和动态性，并根据实际情况灵活调整其流程和工作。

3. 教学设计的模式

模式是再现现实的一种理论性的简约形式。教学设计的模式是一套程序化的步骤，是在教学设计的实践中形成的一种理论表现形式，同时，也是教学设计理论的简约体现。教学设计的模式主要由学习需要分析、学习内容分析、学习目标的阐明、学习者分析、教学策略的制定、教学媒体的选择和应用、教学设计成果的评价等内容构成，如图 2-1 所示。

①学习需要分析。教学设计的一项基础性工作，主要进行问题分析，通过问题的确定与原因分析，确定教学目标和教学内容。

②学习内容分析。以教学目标为基础，对学习内容的范围、深度和各部分间的联系等，进行详细剖析并规定性地说明过程。

③学习者分析。学习者分析即教学对象分析，需要考虑学习者的特点、初始能力，以及获取这些信息的方式、对教学设计的影响等。

④学习目标的阐明。这是对教学目标的详细说明，如陈述目标、确定目标、编写目标等。

---

① 张一春. 信息化教学技术与方法[M]. 北京：高等教育出版社，2013：8.

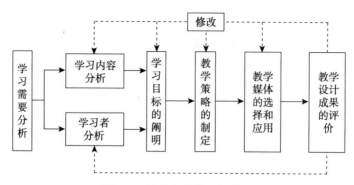

图 2-1 教学设计的一般模式

⑤教学策略的制定。这是一项系统考虑诸多因素并根据总体情况择优选择的工作，包括教学活动程序的安排、教学方法的选择、教学组织形式的考虑等。

⑥教学媒体的选择和应用。依据教学目标、教学内容、教学对象和教学条件等，对用于传递教育教学信息的工具的选择和应用。

⑦教学设计成果的评价。对教学结果及教学设计成果进行分析评价，包括诊断性评价、形成性评价、总结性评价等。

其中，学习者、目标、策略、评价构成教学设计四大基本要素。在实际的教学设计工作中，要从教学系统的整体功能出发，保证各要素间相辅相成，产生整体效益。此外，教学系统是开放的，教学过程也是动态化的，因而教学设计工作也具有灵活性。

4. 课程开发模型

课程开发模型起着指导课程开发活动的作用，ADDIE 模型是在线课程设计开发中最常采用的模型，如图 2-2 所示[①]。该模型包括分析（analysis）、设计（design）、开发（development）、实施（implementation）和评估（evaluation）五个步骤。

（1）分析

分析可分为学习者分析和内容分析。学习者分析是在线课程设计的重要步骤，整个课程设计要考虑学习者的特征。确定课程内容之前，一方面要预定通过学习者能够获得哪些技能和知识；另一方面要把课程内容分类，确定课程结构和单元等。

（2）设计

设计过程的目的在于生成用于指导教学开发的计划。设计过程的一般步骤包括：①将课程目标转换成主要教学目标；②确定教学的主要单元与主题、每一单元的主要结果以及大致花费时间；③通过明确每一单元的学习结果来充实单元目标；④把单元分解为课程或者学习活动；⑤设计出用于评价学生学习内容的方式。设计活动的结果是形成课程开发的蓝本，以便在开发过程中参考使用。

（3）开发

开发阶段是真正的生产课程内容的阶段，包括以下几个步骤。①内容准备，收集

---

① 张乐. 学习风格视角下在线学习内容设计、开发与应用研究[D]. 陕西师范大学，2017.

相关内容资料，或者亲自制作内容，包括文本、多媒体和其他资料。②脚本开发，课程脚本是描述课程最终结构、活动和内容的文档。③课件开发：制作课程的学习课件，可以有不同的格式。

（4）实施

实施阶段是将开发的教学资源成果进行实践，将其应用到教学活动中，以检验教学资源的教学效果，是否达到教学目标、完成教学任务。

（5）评估

评估阶段贯穿教学设计过程始终，并非完全独立于其他阶段。教学评估分为过程性评估和总结性评估两种。过程性评估在上述教学设计阶段内以及各阶段之间进行，一般通过调查问卷、面试或访谈等形式收集数据，在后期环节里不断修正完善教学设计方案，凸显 ADDIE 模型的内省循环特征。总结性评估在教学计划实施阶段完成后进行，就知识传递、学习成效、学习态度等方面进行考查和跟踪。

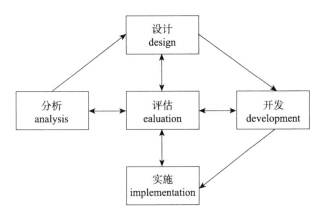

图 2-2　ADDIE 在线课程开发模型

二、在线课程设计的方法

1. 在线课程设计的原则

在线课程是在教学理论、学习理论等的指导下，教师与学习者通过网络实施教与学的一种全新的课程教学形式。根据课程目标以及教师在网络学习环境中提供的教学内容和教学活动，学习者以异步的自主学习为主进行学习。精品一流在线课程是在原有在线课程的基础上更加注重"精品性"和"一流"的一种在线课程形式。它是对原有网络课程、精品课程和精品开放课程的继承与发展，也是教育教学信息化不断推进的必然结果。

在线课程作为在线教育的核心资源，在设计与开发时，除了要遵循教学设计的原则、一般课程规划的要素外，还应遵守自身的特性原则。在线课程规划是在理解课程建设需求的基础上，对学习者特征、课程教学内容及资源与约束条件分析，确定课程目标和教学策略、教学评价，以及课程开发进度等，从而形成关于课程设计与开发整体蓝图的过程。

在线课程在设计与优化时需要遵循五项原则，即遵循课程内容具有可实践性、课程资源具有可生成性、简化课程内容、媒体与内容的有效结合、强调社会建构。①此外，在线课程还应遵守个性化、交互性、动态性、开放性、共享性、可评价性等系列原则。个性化是指在线课程强调以学生为中心，体现学生学习的个性化，以及学习服务提供的个性化；交互性是指注重人机交互、人际交互（师生交互、生生交互）和认知交互（学生与学习材料的交互），提高在线课程的交互性；动态性是指课程内容及时更新，不断吸收学科最新成果及前沿信息，保持学习内容的鲜活性以及课程使用与维护的动态性；开放性是指课程内容、课程资源等对学习者开放，让学习者按需参与，真正体现课程的开放性特征；共享性是指网络最大的优势在于资源共享，共享性也是在线课程规划时要体现的重要特征；可评价性是指课程建设也要重视评价反馈的规划设计，根据真实、有效的评价及其反馈情况，及时了解学生的学习情况，并动态调整课程内容与教学策略。

2. 在线课程设计的阶段

对于课程建设而言，课程规划只是一个开始。随着课程规划越来越成熟、规范，课程建设也越加完善、高效。在线课程建设包含课程设计、课程研发、资源建设、测验评估、运行管理五个阶段。

①课程设计阶段是根据前期课程规划的内容和对课程进行需求分析的结果，由课程教师与技术人员共同制定课程教学设计方案，确定在线课程的功能，总体策划并形成课程开发方案。

②课程研发阶段主要是对在线课程系统平台进行研发，目前可以采用自制系统或利用商业通用平台建设两种方式。研发内容包括界面设计、代码编写、框架搭建和网站体系中各项功能的完善，该部分需要课程教师协助技术人员完成。

③资源建设阶段主要是对文、图、声、像、动画等多媒体教学资源的采集与整理，并在研发的课程平台上完成教学资源的添加和教学活动的实现等，该阶段需要技术人员协助课程教师完成。

④测验评估阶段主要是由课程教师与技术人员共同对研发的课程平台系统进行技术和内容等方面的检测，通过课程试运行，评估各项功能是否达到开发方案要求，并对方案进行修改完善。

⑤运行管理阶段是将已完成并通过检测的在线课程正式公布投入使用，并由技术人员开展常规管理工作。

3. 在线课程设计的流程

在线课程建设是一项复杂的系统工程。要想优质、高效地完成在线课程的建设项目，必须保障一定的建设周期，其建设的基本工作流程如图2-3所示。

---

① 王卫军，杨薇薇，邓茜，等. 在线课程设计的原则与理念思考[J]. 现代远距离教育，2016（5）：54-60.

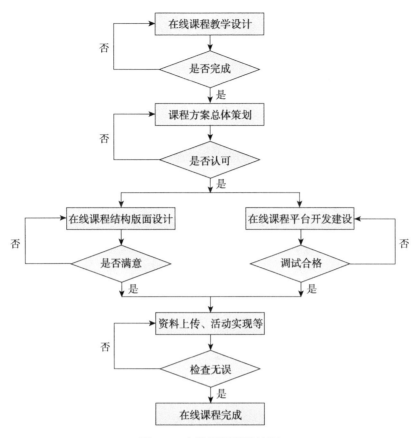

图 2-3　在线课程建设流程

在教学设计、信息化教学设计和信息化教学实施等理论与实践的指导下，结合在线课程的特征，在线课程的教学设计主要包括学习者分析、课程教学目标确定、教学资源组织与结构设计、教学过程设计、课程考核评价体系设计、课程实施方案设计、教学设计过程的评价与修改等环节。

三、在线课程设计的策略

1. 在线课程的设计策略

在线课程相对于传统教学来说，不仅是手段和媒介发生改变，更是从理念、方法、技术等方面都发生了转变。在线课程的设计，需要本着深化高等教育教学改革、推动信息技术与教育教学深度融合、促进优质教育资源的应用与共享、全面提升高校人才培养质量的宗旨，要着力推动虚拟现实技术、数字仿真实验、在线知识支持、在线测验考核、在线教学监测等技术在课程中的应用，要根据教学实际建立在线课程教学与学习的管理、激励和评价机制，并积极探索在课堂教学中如何有效地利用在线教学资源和技术手段开展实际教学，并鼓励学生使用在线课程开展自主学习。

在线课程建设过程中，要做好关键的"五步"。

第一步，解决"为什么"。在线课程要让学生学习什么？达到什么目标？这是教学的核心，要让学生在学习之前了解并一直努力达成，一般可以用思维导图、概念图来呈现整个目标和教学内容体系。

第二步，解决"看什么"。学生学习在线课程时，虽然不需要到教室里去，但是通过网络还是希望看到教师的教学过程，聆听教师的讲解，并不只是看文字。因此在线课程要通过短小的微课或教师讲课视频，让学生学习。

第三步，解决"学什么"。教学内容是在线课程的主体，教学内容并不只是简单地从书本搬家，而是要进行重新选择、组织、整理、呈现，要根据学生的学习情况，添加最新的相关知识前沿，并注意呈现方式与过程。一般采用文本或PDF形式提供。

第四步，解决"想什么"。学生学习之后，需要引导他们进行思考。有效的思考，是激发学生欲望和获得学习成果的重要途径。因此，在线课程要在各个学习环节设计有效的问题，引发学生认真思考。并且可以通过论坛和讨论，来帮助学生解决问题。

第五步，解决"做什么"。学生学习之后，需要加强训练，一般是通过练习测验，以及相关链接资源，让学生利用所学知识进行应用与实践。

另外，在整个在线课程建设中，要遵循"以任务为线索，以活动为纽带，以为学为思想，以应用为共享"的原则。"以任务为线索"，即教学内容的安排可以不要以书本章节为序，而是以问题导向、任务引领的方式组织，提高学习的效率和效果；"以活动为纽带"是指在教学过程的设计与教学活动的组织中，尽量以活动串联，激发学生的参与意识；"以为学为思想"是指教学过程要围绕学生的需求，"以生为本"来设计和组织资源和教学活动；"以应用为共享"是指在线课程具有开放性、共享性，要鼓励学生通过网络获取资源、交流讨论、共享经验、共同成长。

2. 在线课程设计的实施策略

在推动教育信息化的进程中，信息化教学也越来越受到教育决策者、教育管理者、一线教师等相关人员的重视。从教学设计和信息化教学设计的一般流程来看，教学设计的实施主要包括四个主要阶段，即前端分析（学习需求分析、学习内容分析、学习者分析等）、确定教学目标、制定教学策略、评估教学效果。在信息化教学中，信息技术是基础，信息化资源是核心，学生是学习的主体。因此，在信息化教学实施的过程中，尤其要注重学习资源的设计与开发、信息化教学模式的选择、学生支持服务的提供等。

（1）学习资源的设计与开发

在信息化教学中，教学资源又称为学习资源。信息化教学资源大致可以分为信息资源、媒体工具资源、环境资源、人力资源四类。其中，信息资源是信息化教学资源的主要组成部分，其设计与开发主要包括能够为教学所用的知识、资料等多媒体信息资源的获取、处理与应用等。工具资源涉及各种数字化的教学软件和工具等，在信息化教学中一般通过使用工具类的资源来设计与开发教学材料等。人力资源主要包括能够通过信息化手段联系到的教学角色，主要包括教师、学生、学习伙伴、教学辅助者等。此外，作为学习资源的一部分，环境资源主要是指构成信息化物理空间的硬件设备以及虚拟空间的软件设施等。随着信息技术的飞速发展，软硬件设施的更新频率也在加大，且学习媒体的选择及环境的营造更加丰富，因此，环境资源建设也越来越被大家所重视，如人工智能、混合现实、具身环境等已逐渐成为当今教育界的前沿和热点话题。

（2）信息化教学模式的选择

信息化教学模式是制定信息化教学策略和进行信息化教学实施的关键因素。信息化教学模式是以学生为中心，学习者在教师创设的学习环境中充分发挥自身的主动性和积极性，对当前所学知识进行意义建构并用所学解决实际问题。教师只有了解信息化教学模式，抓住信息化教学的特点，才能真正胜任信息化教学。

信息技术支持下的教学打破了传统教学中的时空限制，由此也逐渐突显出了一系列的信息化教学的实践模式。目前，在信息化教学实施过程中，常用的教学模式有翻转课堂教学模式、混合式教学模式、MOOC教学模式，以及基于探究、问题、案例或者项目的教学模式等。其中，由可汗学院等倡导的翻转课堂教学模式、由传统的面对面教学和信息技术支持的在线教学组成的混合式教学模式等，已经成为目前国内外众多学者研究与实践的对象。

（3）学生支持服务的提供

学生是学习的主体，学生支持服务更多的是从学习者的角度考虑"学"。教师作为学生学习的引导者、督促者、合作者，通过创设环境、制定教学策略，使学生学习过程最优化，进而促进学生的有效学习。学生支持服务需要根据学生的学习需求、教学活动的进展等情况进行提供，具有动态性、有序性和连续性的特征。因此，在信息化教学尤其是网络或者在线教学中，教学策略的制定和执行不仅要对教学活动进行有意识的监控、评价、反馈等，同时，还要在此过程中为学生提供相应的学习支持服务，以使教学目标能够高效达成。

首先，理念引导。通过理念引导学生学会利用网络进行学习，尤其是通过在线平台辅助课堂学习、网络技能促进学习等。引导的内容主要有在线学习的观念、方法，课程学习的目标、方法与技巧，以及网络资源的获取、处理与应用途径和技能，学习过程中问题的解决和求助方法策略等。

其次，交互反馈。交互反馈是网络教学过程中的一个重要环节。在网络或者在线教学中，可以通过信息技术手段，如课程论坛、留言板、电子邮件、即时通信工具等实现同步、异步的交互，并根据交互结果，提供即时反馈，对学习者的学习进行有针对性的指导与帮助。

最后，监控评价。对学习者的学习过程实行监控，主要是为了能够及时了解学习者的学习情况、督促学习者顺利完成学习任务，以保证网络教学的质量。同时，也可以将监控结果作为过程性材料保留下来，以实现网络教学的多元化评价，即诊断性评价、过程性评价和总结性评价相结合的评价方法。并且，实现以评导学、以评促学，通过反馈和评价结果，帮助学习者学会自我评价和调控。

第二节　在线课程的整体设计

一、在线课程的功能模块

1. 在线课程的功能

设计开发在线课程，需要对课程内容进行精心的设计与准备。完善的在线课程的基本功能框架主要由课程导学模块、课程内容模块、课程教学模块、教学活动模块、移动社交模块、学习支持模块等部分构成，具体如图2-4所示。

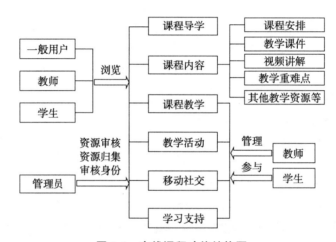

图 2-4　在线课程功能结构图

①课程导学模块。该模块包括课程主页面中的课程信息、课程风格、封面信息和宣传图片等内容，呈现需要清晰、有效。

②课程内容模块。该模块包括课程目录导航和单元、课时等章节内具体内容的编写，以及课程安排、教学课件、视频讲解、教学重难点、其他教学资源等内容。

③课程教学模块。该模块包括课程进程管理，以及作业、考试、资料、讨论答疑与通知、课程管理等内容。

④教学活动模块。该模块包括签到、投票、问卷、抢答、评分等与课程教学相关的活动内容。

⑤移动社交模块。该模块是在线课程的移动平台，包括移动阅读、移动社交、移动教务等内容。通过此平台，充分发挥移动客户端的优势，实现移动教学生态。

⑥学习支持模块。该模块包括学习工具下载、学习方法指导、常见问题解答，以及课程辅助资源学习等内容。

精品一流在线课程需要利用网络平台来展示其一流的课程内容、教学活动、教学方法等特色。当然，教师可以根据课程的特点，对课程内容和教学活动进行个性化设计。此外，在在线课程建设过程中，为了使课程平台访问快捷、使用更加人性化，教师在设置课程内容、教学活动时，应尽量简化操作。而且不同课程也需结合学科特点对模块和内容结构进行增减，以充分体现学科和课程特色。

2. 在线课程的模型

根据在线课程的设计原则，在线课程的结构体系由教学管理层、学习资源层、课程用户层、学习支持层四个部分组成，其结构模型如图 2-5 所示。

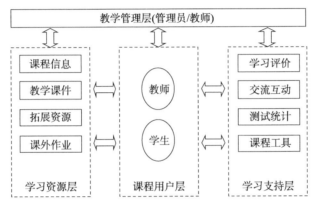

图 2-5　在线课程结构模型

①教学管理层主要是教师对课程进行设计、开发与管理，包括课程信息设计、上传课程内容、组织教学活动、管理学生用户等。此外，课程管理员也可以对整个课程系统平台进行管理，如修改用户权限、课程维护等。

②学习资源层主要是向学习者展示在线课程的相关内容与资源，同时也可以使用平台提供的海量资源作为课程学习的支撑，是课程内容的展示部分。

③课程用户层主要包括教师、学生两大类用户。教师用户可以创建课程、管理课程等，学生用户可以通过浏览课程内容参与在线学习与考试等。

④学习支持层主要是利用平台上的一些课程工具支持在线的教学和学习，如通过作业、考试等来辅助与评测教学，通过签到、投票、抢答等一系列的活动来辅助支撑在线教学。

二、在线课程的结构设计

1. 整体框架结构

单元或章节框架是一门课程的主旨，清晰的框架能使学生快速形成对课程整体知识的认识，从而更加明确学习目标，在线课程也不例外。在线课程的框架设计，是在教学设计的指导下，结合课程教学目标，运用系统的方法，按照一定的顺序，将课程内容通过章节或者单元框架的形式分成不同部分进行呈现。由于在线课程实施时多以学生的自主学习为主，因而课程的章节框架更是一门在线课程核心内容的重要体现，也是对课程总目标的分解、课程单元目标的实现。

对在线课程的章节框架进行设计时，要根据课程内容的设计结果，尤其是结合课程教学资源的组织与安排、教学活动和教学交互的设计、课程考核评价的设计等内容，考虑课程教学内容的顺序、知识点的难易程度，根据对应的模块内容，提炼出章节标题内容，形成课程章节框架。章节框架题目的设计，还需结合教学活动增强课程的趣味性、提高学生学习的积极性。对应课程章节目录建立相应的下一级的小节标题和内容，并根据导航链接，使学习者能够在平台上自由前进后退、切换学习内容。在目录结构设计时，要能够凸显活动数目及当前学习进度等相关信息，使学习者能够清晰了解自己的学习情况。

2. 整体信息设计

在线学习是从观看课程介绍开始，故对课程介绍的精心设计非常重要。好的课程介绍需直指学习者所需，用轻松、诙谐的语言告诉学习者这门课程是干什么的？哪些人群适合学习该课程？课程学习需要哪些预备知识？课程学习的节奏和教学安排如何？课程介绍一般可分为基本信息和拓展信息两部分，其中，基本信息包括：①课程简介，教师可以通过文本介绍，也可以通过视频的方式进行介绍；②课程概述，教师需要对课程性质、学生所需预备知识进行介绍；③授课大纲，即课程大纲；④课程信息摘要介绍，教师需要对课程的时长、开课时间、课程分类、授课等基本信息进行介绍。课程拓展信息包括：课程微信公众号、官方 QQ 群、邮箱、常见问题答疑、参考资料说明等。

3. 课程大纲编制

课程大纲是对课程实施的整体设计与统领性规定，制定课程大纲是课程设计的重要步骤。当学习者进入课程页面学习时，应该对整个课程的结构一目了然。一般来说，课程大纲的基本内容包括：教学对象、学时、教材、课程目标、教学要求、具体内容和学时安排等必要信息。基于学习产出教育理念的课程大纲的编制主要涉及两个步骤，分别是定义学习产出和评估学习产出。其中定义学习产出中指向的是课程大纲中的课程目标和课程要求，而大纲中的课程考核则为评估学习产出制定评估标准。其中，课程要求是对课程目标的细化，指导教学应在哪些板块达到何种水平，从而协力实现课程目标。课程大纲中的教材、教学内容和教学进度等信息可由教师根据实际情况来填写。

三、在线课程的页面设计

1. 页面设计基本原则

在线课程在系统平台上以网页的形式呈现。版面布局是设计与开发在线课程的首要环节，指通过浏览器能够看到完整的一个课程页面上的所有元素的布局排版。通过考虑元素间的相互关系，运用比例、对称、均衡等常见的组合手法与技巧，尤其要考虑视觉中心、大小搭配、前后呼应、图文互补等，以突出、美化设计主题，呈现最佳的课程页面效果。

此外，在色彩设计学里，不同的色彩代表不同的含义，也表达了不同的情感。例如，绿色是大自然草本的颜色，意味着纯自然、生长等；红色是火的颜色，代表着热情、奔放、喜庆，积极乐观，象征生命。在课程的色彩设计中需要突出课程所蕴含的主体色彩，体现在课程标志、标题、主菜单以及课程的主色块中。还可以配以合理搭配的辅助色，在点缀课程的同时，也可避免课程色彩使用的过于单调，但也应避免色彩数量使用过多而使课程显得花哨。

在线课程风格与界面设计时，还应注意课程页面内容的编辑。文字内容是课程内容呈现的主要载体，也是在线课程页面的基本组成部分，因此在设计课程页面时，可以通过改变文字的字体、字号、字形、颜色等风格，以凸显重要的文字信息。字体的设计要遵循一致性和清晰性原则，使课程整体风格保持统一。

由于多媒体信息的呈现越来越多样化，在线课程的资源形式也丰富多样，图片、音频、视频、讨论、测验等的图标或者界面等也是课程内容编辑时呈现的重要内容，在设计时也应使其简洁、大方和美观。

2. 在线课程风格设计

在线课程的总体风格和界面框架比较固定，可以通过定制个性化用户界面使课程结构简洁明了。在设计时，应注意课程的版面布局和色彩运用，主次分明、重点突出，功能齐全、交互性强，简洁通俗、易于理解，色彩自然、画面和谐等。

在线课程页面设计具体包括创建课程界面、编辑课程门户信息、设置章节建设、设置课程门户等内容。课程封面是课程的海报和形象，是课程的宣传图，教师可以上传自己的图片，也可以从模板库中选择系统提供的图片。平台为在线课程提供了一些常见的课程结构模板，比如纸质印刷风格、Coursera 风格、可汗风格等，可以根据需要选择相应的模板，或进行购买定制新的模板。章节是课程内容的框架。学生可以通过章节结构，对在线课程的整个内容有个初步的了解；教师可以通过章节建设，对每个章节的具体内容进行填充。章节内容的设置应全面，确保实用性。同时，也应风格统一，通俗易懂，恰当精简。章节可以"按照周、课时自动生成课程单元"，也可以选择"不自动生成课程单元"，这个在编辑制作课程时可以修改。

第三节　在线课程的要素设计

一、学习者分析

学习者是在线课程面对的主体对象之一。学习者分析有助于掌握学生的认知发展水平、学习兴趣以及学习特征等，以便选择教学内容、组织教学方式，设计出更好的能够适应不同学习者的在线课程。学习者分析一般包括学习者的学习基础分析和学习风格分析两个方面。

1. 学习基础分析

学习者的学习基础又包括学习者的一般特征和学习者的初始能力。学习者的一般特征是指年龄、性别、成长环境、社会背景、学习动机、心理发展水平等能够对学习者的心理、生理以及社会影响等因素。学习者的初始能力是指学习者在接触新的知识之前已经预备的知识和技能基础，不同的学习者学习初始能力不同。在线课程设计中进行学习者分析还包括：调查学习者基本情况、在线学习参与情况、是否参与过在线课程、满意度、参与时间、学习者的在线学习障碍、计算机使用能力、对课程内容了解程度及需求等。以上信息教师可以通过课前问卷收集。

2. 学习风格分析

学习风格指的是学习个体在长期的学习过程中形成的个体偏爱的、不随学习情境和学习内容变化的、习惯化的、相对稳定的学习方式，以及具有个人特征的习惯定式和学习倾向。学习风格的分析主要是分析学习者个体之间的差别，从而了解不同学习者对教学内容设计、学习资源呈现等方面的不同需求，以便提供给不同学习风格的学习者可供选择的、便利学习的学习资源和课程内容，提高教学效果。比如可以利用 ASSIST 量表来测量学习者的学习风格。慎思型学习风格的特点是指学习者能够将新概念关联到已有的知识中，具有较强的内容动机和逻辑结构。外在型学习风格是指学习者偏向识记考试相关信息，该类学习风格的学习者视学习任务为外部强加，仅注意零散的知识点，缺乏归纳整合的能力，缺少学习兴趣和方向。

二、课程目标设计

教学目标设计是教学设计的核心，是依据课标（大纲）、教材、学习情况、教学资源等，设计出明确、具体、可测、简约、科学的教学目标。教学目标指引着教师教学和学生学习，是检验教学效果达成与否的标准和依据。学生依据教学目标，明确通过学习需要完成的学习任务，教师依据学习目标组织和推进教学流程，明确的学习目标能够推进课堂教学的有效进行。

1. 教学目标设计的要素

一个完整的教学目标应该包括行为条件（C）+行为主体（A）+行为动词（B）+表现程度（D）。

（1）行为主体

在教学设计中行为主体是指学生。

（2）行为动词

用以描述学生所形成的可观察、可检测的具体行为。如"说出、归纳、说明"等表述特定动作的外显行为动词，表义具体，深广度明确，具有可操作性。

（3）行为条件

行为条件是指影响学生产生学习结果的特定的限制或范围等。对条件的表述有四种类型。①关于是否可以使用工具书与辅助手段，如"从网络上"或"通过查字典、词典"。②提供信息或提示，如"借助关键词能背诵课文……；以联系上下文能理解……"。③时间的限制，如"在几分钟内能……"。④完成行为的情景，如"在小组讨论时，能概括……要点"。⑤人为因素，包括独立进行、小组进行、在教师的指导下进行等，如"通过合作学习小组的讨论，制定……"等。

（4）表现程度

表现程度是指学生通过一段时间的学习后所产生的行为变化的最低表现水准或学习水平，用以评价学生表现或学习结果所达到的程度。

2. 教学目标设计的步骤

一般来说，在设计教学目标时主要包含以下五个步骤。

第一步：列出该课时课程标准所要求的具体内容，即相关课标或教学大纲的陈述。

第二步：解读并分解课程标准或教学大纲，确认标准所要求达到的能力要求。知识性目标（了解、理解、学会），技能性目标（积累、观察、讲述），素养性目标。

第三步：依据课程标准和教材，确认"行为动词""行为条件""认知内容"。

第四步：依据学情，设计出每个点的学习结果，即学到什么程度。

第五步：设计出完整的教学目标。

3. 教学目标设计的原则

（1）细化可测

教学目标既是课时教学预设的教学目的或结果，也是测量、检查、评价的有效尺度或标准。因此，教学目标的设定尽量采用可测量、可评价的外显行为动词来界定。在制定教学的总目标和完成学习课程的总任务后，及时公布在线课程的每周学习目标、考核要求和测验截止时间等，避免因标准和规则不明确，导致学生盲目学习。

（2）多元丰富

教师在设计教学目标时为了引导学生全面发展，需要从知识与技能、过程与方法、情感态度与价值观，以及价值引导、能力培养、知识传授等方面考虑。此外，在素质目标中要强调课程的思政元素。

（3）可操作性

在线教育是教育的一种类型，因此它同样遵循教育的一般原理。布鲁姆的教学目标分类学理论被誉为20世纪影响世界教育的四大理论之一。他把认知目标由低到高分成六个有累积性层次关系的类别，即记忆、理解、应用、分析、评价和创造。教师可遵循这六个认知目标来设计与教学目标相对应的教学活动，以及要实现这些教学目标需要完成的分任务，以保证教学目标的描述具有可操作性和科学性，确保课程内容的扎实科学和课程运营的顺利。

三、学习活动设计

1. 在线学习活动的类型

有学者依据在线学习活动的学习方式将在线学习活动分为五种基本类型。[1]每种类型的学习活动都具有各自的特点，活动安排以及学习方式都会有所不同，教师在进行教学设计时应该针对每种类型活动的功能属性，对各类学习活动展开深入具体的分析与精心的设计。[2]

①自学型在线学习活动。自学型在线学习活动是以学习者阅读文字教材或电子书为主要方式的学习活动，学生可按照自己的时间来安排学习进度，并根据自己掌握知识的情况选择学习的内容。

②听讲型在线学习活动。听讲型在线学习活动是以观看教师讲解的音视频为主要方式的学习活动，学生以在线观看等方式进行学习。

③体验型在线学习活动。体验型在线学习活动是由教师创设一种类似科学研究的情境或途径，引导学生从学习活动或社会生活中选择和确定研究专题，主动地探索问题、发现规律的学习活动。

④探究型在线学习活动。探究型在线学习活动是以学习者为中心的学习活动，旨在让学生通过实践与反思相结合来获得知识、技能和素养。通常是以个人或小组的形式开展。

⑤问题解决型在线学习活动。问题解决型在线学习活动是指围绕现实生活中一些特定问题寻求解决方法的学习活动。通常向学生提供生活、工作中与课程相关的真实问题或任务，让学生综合运用所学的知识，以个人或小组的形式解决问题。

2. 在线学习活动的构成

教师在进行在线教学活动设计时，除了需要了解在线学习活动的种类，还要清楚

---

[1] 李松，张进宝，徐瑄. 在线学习活动设计研究[J]. 现代远程教育研究，2010（4）：68-72.
[2] 王亚. 基于群体认知的在线学习活动设计与实施研究[D]. 浙江师范大学，2019.

在线学习活动的构成。一般来说，在线学习活动由任务、场景以及辅导和支持等部分构成。[①]

（1）任务

①任务目标分析，强调学习活动的最终成果及其表现形式。在分析过程中，先要明确目标属于哪个领域，对于知识技能领域的目标而言，还要明确属于哪个知识类型和操作类型，最后要阐明特定在线学习活动的预期学习结果。

②任务类型选取，指通过选择与学习目标相适应的任务类型来促进学习者达到预设的学习结果。在线学习活动的学习任务包括文本材料自学、视频讲课、论坛发帖、实时讨论、案例分析、体会与反思、虚拟实验、文献搜索整理、实验报告、大作业（报表、程序设计、小论文、工程设计图、设计方案）等。[②]一个良好的任务设计，既能建立新知识与学习者原有知识技能间的联系，也能在新知识与学习者生活经验、实践领域之间建立联系，从而实现学习者预期活动成果。

③任务序列设计，是针对复杂活动所形成的一系列任务，可以依据任务难度而产生的难度渐进或依据学习者特征而产生的特征选择。这两种任务序列常同时存在于一个学习活动中。

（2）场景

场景设计是对学习活动所处环境的设计，其所涉及的具体内容与任务类型有着极为密切的联系。

①设计场景序列，是一系列场景的组合，是任务序列的具体表现。

②拟定角色分配，是为学习者和教师设定在学习活动中的职能、权限以及相适应的资源和工具的设计环节。

③设计资源工具，是完成学习活动预期成果的必备要素。在线学习活动中的资源可以分为两类。一类是在活动开始时就由活动设计者提供的资源，比如阅读材料、多媒体课件、相关案例库等；另一类是随着活动的进行，由学习者自己或学习者之间以及学习者与辅导教师之间的交互所产生的资源，比如学习者作品集、学习者搜集的数据资料、讨论区中的交流等，这类资源既可以作为学习活动的评价依据，也可以作为开展后续学习活动的材料。

（3）辅导和支持

辅导和支持是在线学习得以有效实施的必要保障，是在线学习活动不同于传统环境下学习活动的重要体现。

①规则。强调制定一系列规范和针对性建议，并要求学习者遵守完成。包括学习者参与活动的频率、形式，激励学习者参与活动的方法，以及在线协作学习的分组规则、讨论交流规则等。

②进度。帮助学习者进行时间管理为主要目的，建立在场景序列设计和学习者实

[①] 王楠. 在线学习活动设计模型研究[J]. 中国远程教育，2014（4）：31-34.
[②] 李松. 现代远程高等教育课程在线学习活动分析与设计研究[J]. 黑龙江高教研究，2017（4）：85-88.

际学习进度的基础上。在线学习活动设计中,进度支持可以具体表现为明确的学习进度规划、依据学习记录管理进度等。

3. 在线学习活动的设计

教师在设计在线课程学习活动时需要遵循以下原则。

①协同原则。针对学习者的不同学习能力,将学习者安排在异质小组中,取长补短,最大化实现活动目标。

②互动原则。学习活动中的互动要跳出传统一对一单向互动模式,形成循环的互动交流,将反馈融入互动过程的每个环节。

③吸引原则。供学习者开展学习活动的学习情境要真实,与学习者的实际生活相关并着眼于解决实际问题。

④挑战原则。针对不同学习者创建个性化任务,激发学习者充分发挥主观能动性。

⑤激励原则。在学习活动完成后,针对学习者取得的成绩,应给予不同程度的鼓励,延迟对学习活动完成情况的评价以给予学习者最佳反馈。

四、教学评价设计

1. 教学评价的内涵

教学评价是以学习目标为依据,通过一定的标准和手段,对学习活动及其结果给予价值上的判断,即对学习活动及其结果进行测量、分析、评定和指导的过程。评价主要具有诊断、激励、指导以及干预等四个方面的作用。

(1)教学评价的类型

教学评价分为过程性评价和总结性评价。过程性评价指的是教学活动过程中所进行的评价。总结性评价也称为终结性评价,是指在阶段性学习活动结束后为判断学生学习效果而进行的评价。过程性评价与总结性评价并非相斥,二者的有机结合有助于教育者对学生进行客观、有效、全面的评价。[①]

(2)教学评价的主体

教学评价可分为教师评价、同伴互评以及自我反思评价。学生自评是指学生学习活动结束后对自己的学习态度、学习过程及学习效果等方面进行全方位的反思、总结与评价,及时发现自己学习过程中存在的问题,以期进行相应的改进。教师评价是教师在学习活动结束后对学生的学习态度、学习过程及学习效果等方面进行全方位的评价。同伴互评是指学习者相互之间的评价。

(3)教学评价的原则

评价形式要注重过程性。在线学习评价的功能主要在于监控学习者的学习行为、为学习者提供及时的反馈,进而帮助学习者及时调整学习行为。

---

① E时代的远程教育. 在线学习评价的模式与策略[EB/OL]. https://www.sohu.com/a/375329535_99950984.

评价主体要注重多元化。在线学习评价中，学习评价不但包括了教师对学习者的评价、平台系统对学习者的评价，也包括了学习者的自我评价以及学习同伴之间的互评，学习评价的主体呈现多元化。

评价内容要注重全面性。教育改革要求教育目标不仅要关注学生的知识和技能，还要关注学生的能力和素养。在线学习中，不但要对学习者的知识、技能目标进行评价，更应该对学习者的各种能力，如利用资源的能力、高阶思维能力、创新能力等进行评价。

2. 教学评价的内容

在线教学评价的内容主要包括学习目标、学习效果、综合能力、学习态度四个方面。[①]

（1）学习目标

目标是学生在学习过程中首先应该确立的。学习目标是对学习者自我认知能力的评价。主要是对学习者的学习目的、自我定位、目标的准确性和可行性等方面进行评价。在评价手段上一般可以选择自我反思等方式来进行评价。

（2）学习效果

效果是指学生的学习成果。学习效果是指学生通过一段时间的学习后知识掌握的程度，本书主要针对学生学习成果进行评价。平时作品展示/汇报情况，一般用于对学生展示的作品或者汇报进行评价。在评价手段上一般可以选择量规和量表进行评价。

（3）综合能力

综合能力，是指对所掌握的各种知识和信息进行综合考察、整理分析、取舍重组和科学抽象能力，包括问题解决能力、观察能力、实践能力、交流能力和创造能力等。在评价手段上一般可以选择量规和量表进行评价。

（4）学习态度

学生在学习过程中对待学习的态度，包括学习的主动性、积极性、课堂互动情况等内容。一般是对学生在完成任务过程中的表现情况进行评价，包括学生的签到、投票、答疑、点名、抢答等情况，这些数据一般可以通过学习平台进行统计分析。其他参与度、积极性等可以利用量表进行评价。

3. 教学评价的手段

（1）评语

评语一般可分为：①情感型评语，包括表示支持和赞同态度的评价和表示反对态度的评价；②认知型评语，包括直接修正（直接指出作品的正误）、个人观点（表达评价者的个人观点但没有给出解释）、指导建议（给出作品如何修改的意见和建议）、能力评估4种类型；③无关型评语。

---

① 陈秋惠. 面向混合式教学的学习评价设计与实证研究[D]. 天津大学，2018.

（2）反思

教师在设计学生自我评价活动时，常常会采用自我反思的方式。一般在"行动前""行动中"和"行动后"都可以反思，反思活动主要分为过程性反思和回顾性反思两类[①]。

①过程性反思。过程性反思是指在学习过程中进行的反思，通过过程中的反思可以将学习中所遇见的问题或现象外显化。比如根据学习目标填写目标达成表、支持学生作品设计的反思表等。

②回顾性反思。回顾性反思也称为阶段小结性反思，主要是在阶段性的学习结束后针对本阶段学习行为及效果进行的一种回顾性反思。可以从学习兴趣、学习行为管理、学习情绪与态度、学习方式等方面思考。

学生的自我反思可以通过回忆描述、整理学习记录、制作反思笔记、讨论交流、成果展示等方式进行。

（3）量规

量规又叫量表，或评分规则，是对学生表现评分或等级评定的一套标准。清晰的准则和评分指南不仅帮助教师形成明确的教学目标，还能指导学生形成清晰的学习目标，提高教学评价的一致性。

一份合格有效的评价量规或量表要求：内容符合标准、评分规则清晰统一、量表简单实用、测评技术合理有效。

（4）测验

在线课程中的测验一般是指技术平台支持的练习、考试及测验。在线学习平台支持丰富的测验类型，如单选题、多选题、填空题、主观题等，教师要选用恰当的测验考试题型进行评价。

---

① 李丹. 混合学习情境下反思对师范生课件制作能力的影响研究[D]. 浙江师范大学，2018.

第三章

精品一流在线课程的设计制作

在线课程的设计制作是在线课程的首要环节，其教学内容设计、资源建设等均是高质量课程的前提。做好在线课程的开设发布、内容创作和资源建设，是满足精品一流在线课程的设计制作需求。

第一节　在线课程的开设发布

要开设一门在线课程，第一步就是在平台上注册课程，同时做好在线教学的准备。只有充分做好课程开发的准备工作，才能更好地进行在线开放课程的创建及教学。教师要准确分析教学需求、学习者特点以及在线教学与线下教学的异同点，制定操作性强的教学设计方案。教师要在整个课程开始之前发布课程教学计划、教学目标和评价标准，引导学生进行具有指向性的学习，使学生对课程学习有一个整体的认识，从而规划自己的学习进度，保证在线教学正常开展。

一、开设在线课程

课程页面是在线课程的入口，是打开网络课程的第一页，也是学生学习此课程时看到的第一个页面。因此，教师可以将凸显课程的一些重要信息放在此页面上。此外，课程封面设计，也能呈现课程风格。教师应遵循在线课程设计的原则与策略，将课程优势与信息技术呈现相结合，创建具有特色风格的在线课程页面。

由于在线开放课程平台提供了许多教学中的功能与技术，因此，使用平台创建课程时，对教师的技术要求相对比较低，教师可以将主要精力放在课程内容的设计制作上。本书以超星泛雅平台为例，介绍在线开放课程的设计与开发。①

（1）创建课程

创建一门课程需要以教师身份登录平台，进入教学空间页面，然后单击右上方"创建课程"按钮，如图3-1所示，就可以新建一门属于自己的课程。

---

① 张一春. 精品在线开放课程设计与开发[M]. 北京：清华大学出版社，2019.9.

图 3-1 创建课程

（2）完善信息

进入新建课程页面后，教师可以输入课程名称、开课教师姓名和课程相关说明。其中课程名称和开课教师姓名为必填项。信息确认无误后单击"下一步"进入后续操作，如图 3-2 所示。

图 3-2 课程信息

（3）设计封面

填好课程基本信息后，进入选择课程封面页面。平台会提供一些封面图片，也可以自行设计或查找合适的图片作为课程封面。设置好后，可选择"保存"，进入下一步设置页面，如图 3-3 所示。

图 3-3　课程封面

（4）生成单元

选好课程封面后，会出现图 3-4 所示选项，选择"按照周、课时自动生成课程单元"，保存后就形成图 3-5 所示的初始课程页面。也可以选择"不自动生成单元"，稍后进入课程编辑后再自行设置。

这样，最基本、最简单的课程页面就设置完成了。

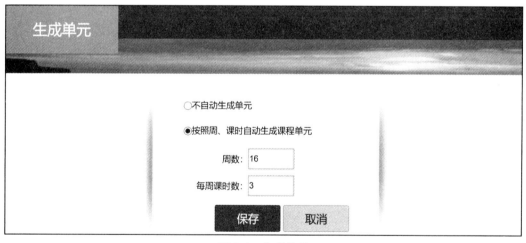

图 3-4　生成单元

（5）添加内容

课程结构创建好后，就可以开始修改单元、章节的名称，添加完善课程内容，设置课程的各项功能，逐步完成整门课程的建设。

在图 3-5 中，点击"编辑"按钮，进入课程内容编辑页面，如图 3-6 所示。点击每一个目录章节后面的笔状按钮，可以编辑章节的名称。

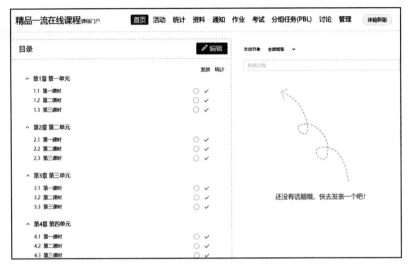

图 3-5　初始课程页面

图 3-6　课程编辑页面

如果需要，可以利用目录上方的一排按钮，增加、删除同级目录或子目录，可以调整目录的前后次序，如图 3-7 所示。这样，课程的目录结构就设置好了。

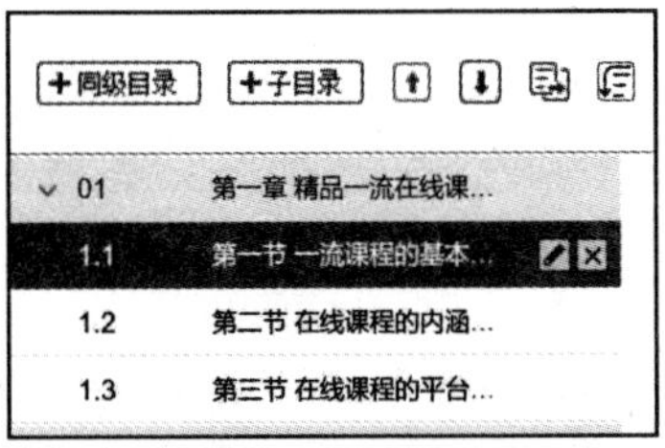

二、编辑课程信息

每一门课程都有一个首页，也称信息页，学生可以通过课程的介绍了解课程的相关情况。课程信息一般包括课程名称、任课教师、课时安排、学分设置、参考教材等方面的介绍。因此，教师可以将凸显课程的一些重要信息放在此页面上，学生通过访问课程页面，对课程相关信息进行了解。一般的课程介绍页主要包括"课程封面信息""封面""课程相关信息"等。

点击初始课程编辑页面中的"课程门户"，如图 3-8 所示，进入本课程的课程介绍

图 3-7　目录增减调整页面

页，如图 3-9 所示。单击"编辑本页"，就进入编辑课程信息页面，在下方就显示出一系列需要编辑的内容。

图 3-8　课程门户页面

图 3-9　课程介绍页面

（1）选择模板

课程模板决定了课程介绍页的结构布局。平台提供了多种课程模板，可以根据需要进行选择。比如选择"可汗风格"，左侧为课程基本信息，右侧为课程章节目录。如图 3-10 所示。

图 3-10　选择课程风格模板

（2）设置课程封面信息

如果在前面操作中没有设置课程封面信息的话，在此步骤中可以进行设置。若是前面已经设置过，这里会直接显示已设置的相关信息，如图3-11所示。填写完成后，单击"保存"按钮。

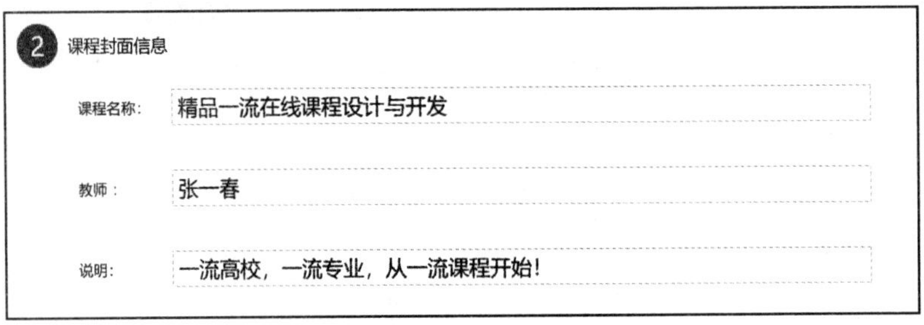

图3-11 课程封面信息

（3）上传片花

片花是位于课程首页的一个类似于课程宣传片的视频，大小限制在1G以内，且只可上传一个片花，如图3-12所示。支持RMVB、MP4、FLV、MOV、MPG、3GP、MPEG、WMV、MKV、VOB、F4V格式的视频文件，编码格式为H.264。上传成后，单击"保存"按钮。

图3-12 上传片花页面

（4）选择课程封面

课程封面是课程的宣传图，也是在课程列表中体现本课程的代表图。封面图可以用平台提供的图，也可以自己上传一张图片。图片支持JPG、JPEG、PNG格式，1000×600以上像素，文件小于4MB，如图3-13所示。完成上传后，单击"保存"按钮。

（5）添加课程相关信息

超星平台提供了两个模板，分别是"高校模板"和"基础模板"，用户可以根据自己需求选择。如在"高校模板"中可以填写开办课程的学校、专业、课时、学分等，如图3-14所示。填写完成后，单击"保存"按钮。

（6）修改课程章节

章节目录的名称，可以进行修改。通过单击右侧的"修改名称"进行修改，如图3-15所示。修改后单击"保存"，即为修改完成；单击"取消"，即为放弃修改。

第三章　精品一流在线课程的设计制作

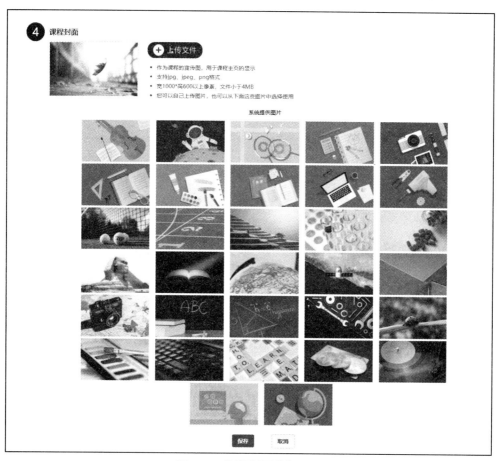

图 3-13　课程封面选择页面

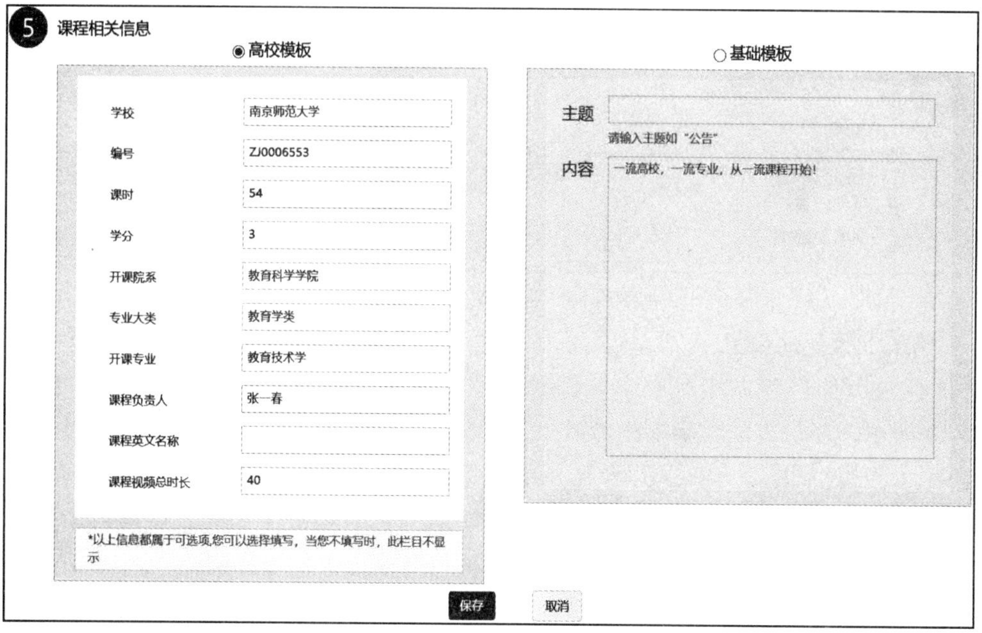

图 3-14　课程相关信息

（7）调整章节目录序号

可以调整章节前后次序，并可以选是否"公开"，如图 3-15 所示。

（8）添加课程介绍

可以勾选是否"公开"。用户在下方的输入框中输入课程介绍及相关信息，输入完成后，单击"保存"按钮，如图 3-15 所示。

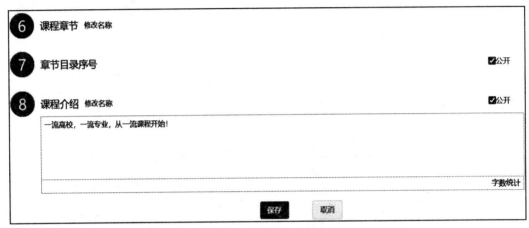

图 3-15　课程章节、目录序号、课程介绍修改页面

（9）添加教师团队信息

可以单击右侧的"修改名称"修改"教师团队"的名称。单击下方的"+添加教师"进行教师的添加。添加教师团队成员时，可以根据提示填写教师的姓名、职称、单位、部门、职务等基本信息，如图 3-16 所示，还可根据需要填写研究领域、研究成果等相关信息，如图 3-17 所示。

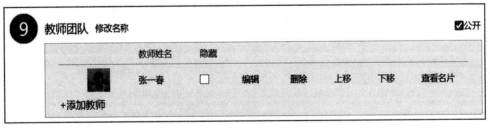

图 3-16　添加教师团队成员

（10）设置其他信息

课程还有如教学方法、教学条件、教学效果、参考教材等信息也可以添加。如图 3-18 所示，在下方的编辑器中输入文字，介绍本课程所使用的教学方法、具备的教学条件、想要达到的教学效果以及使用的参考教材等，并进行简单的排版。

此外，在编辑课程信息页面的下方"+添加栏目"，通过单击此处可进行新内容的添加。如果想撤销添加操作，可通过删除图标将新添加的栏目删除。

在编辑课程信息页面完成以上操作后，可以单击最下方的"完成"按钮，完成课程信息页面的编辑操作。也可以通过单击"预览"按钮，讲行课程信息页面的预览。

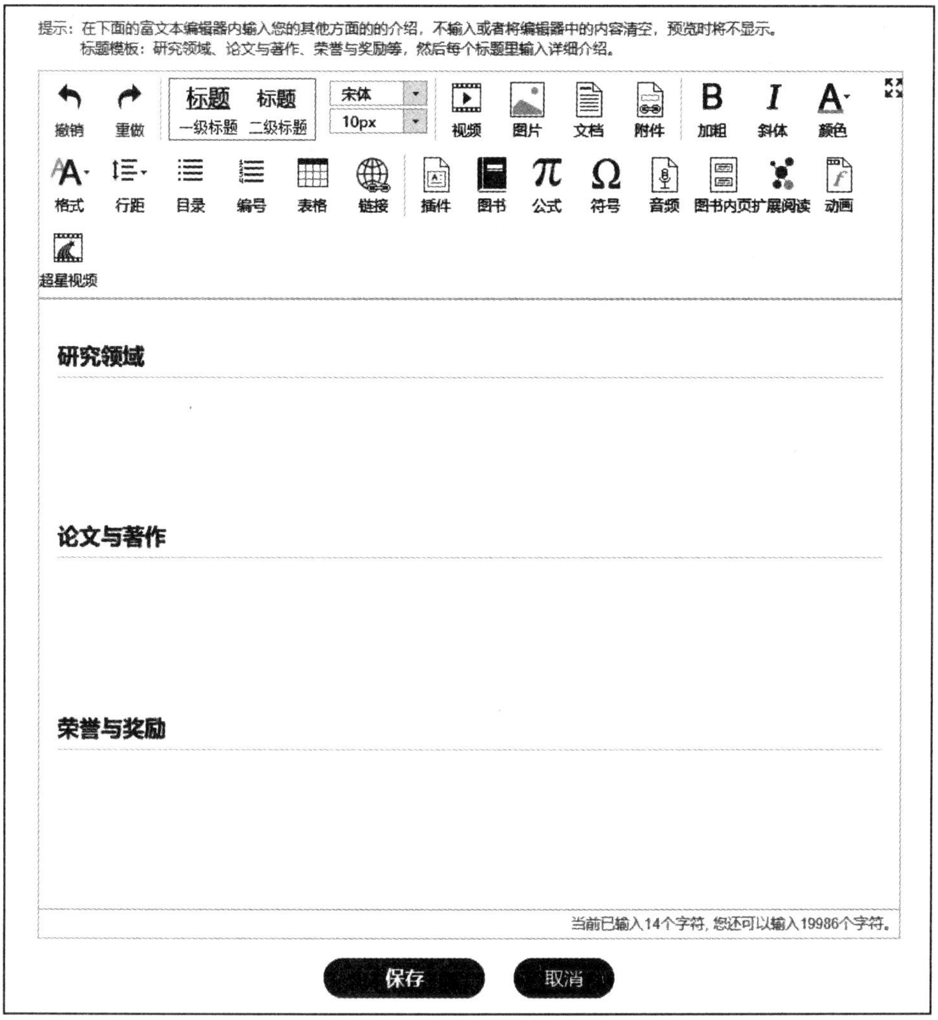

图 3-17 填写教师团队信息

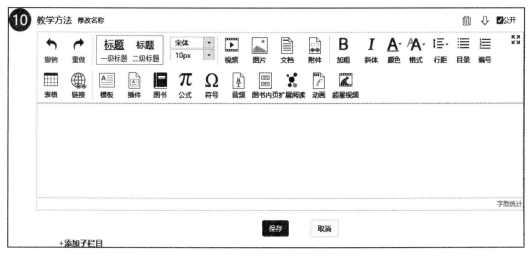

图 3-18 教学方法页面

三、设置门户功能

课程门户是课程呈现的控制入口，在设置课程门户时，可以进行课程章节标题位置设置、课程门户章节资源列表显示设置、课程评价设置等。

在进入如图 3-9 的课程介绍页面后，点击页面上的"设置"按钮，就进入到了设置课程信息页面，如图 3-19 所示。该页面的右侧也有"章节建设"字样，可通过点击此处进入章节建设页面，具体内容、方法与上面的章节设置一样。

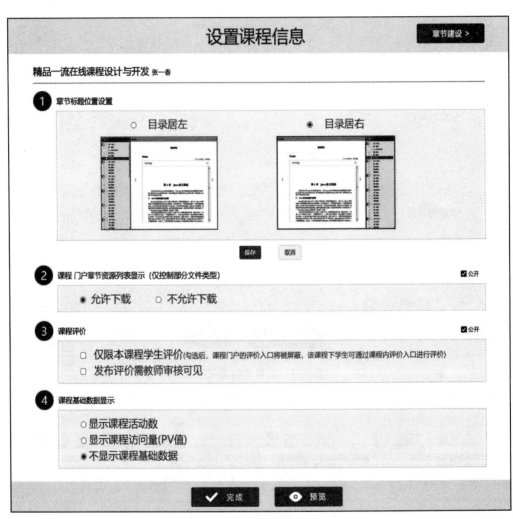

图 3-19 设置课程信息

在"设置课程信息"页面中，可以进行课程章节标题位置、课程门户章节资源列表显示、课程评价、课程基础数据显示的设置。设置完成后，点击页面最下方的"完成"按钮即可。

到此，新创建课程的基本设置就完成了。课程风格和页面设计最终效果如图 3-20 所示。

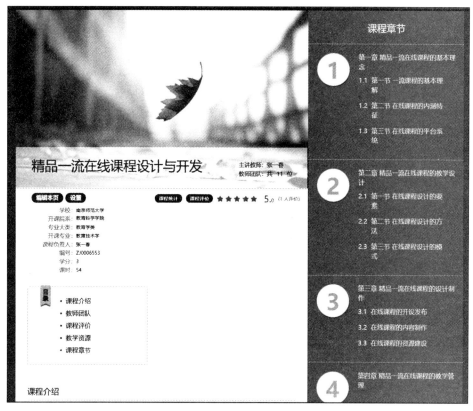

图 3-20 "精品一流在线课程设计与开发"课程页面

第二节 在线课程的内容制作

在线开放课程的教学内容既要科学规范，又要完整有序，还要符合学生的认知学习规律，方便学生学习和掌握。在组织教学内容时，应注意以下几个关键环节。

一、确定教学内容

在线课程的教学内容来源非常广泛，除了教材外，可以用其他相关资源，或者由教师自行设计制作。一些课程平台为教师和学习者提供了非常丰富的教学资源，也为教师创建教学内容提供了很大的方便。一般教学内容主要有以下几种类型。

（1）教材和配套资料

教材和其配套的资料是教学内容的主要来源。运用教材进行教学内容的创建，应充分考虑教材知识的整体性、系统性和内在的逻辑性，而不应该简单地把教材搬家。在内容的展现过程中，应充分发挥在线课程的优势，尽可能做到生动化、直观化地展现知识，以促进学生对知识的理解与掌握。教材配套的资料包括案例、习题、拓展材料等，是教学内容的重要组成部分，在课程内容制作时，要选择恰当、有效的材料放到平台上的课程中。

（2）图书期刊文献

图书期刊类资源也是非常重要的教学内容来源。在教学过程中，通常需要参考引用相关的文献资源，因此图书期刊文献资源是教学内容的重要支撑。现在的在线课程平台都可以链接引入外部文献资源库，有的平台内部也拥有丰富的资源。比如超星平台不仅提供了 200 万种电子图书、海量期刊资源，还提供了 300 种报纸以及丰富的网络阅读资源，教师可在资源库中轻易搜到自身需要的资源，在对需要的资源进行收藏之后即可直接在课程中进行调用。

（3）讲座和视频课

讲座是教师针对某一方面的见解或学术内容进行的专题教学，可以扩大学生知识面和专业水平。视频课及视频公开课等是教师教学过程的展现，不仅可以让众多的学习者听课学习，还可以展示教师自身的教学水平。在教学中适当引入专家学者的讲座及教学视频，可以帮助学生更好地理解和掌握知识。比如超星提供了 1.2 万集学术视频，供教师在教学和备课中使用，教师可以非常方便地在课程中引用这些资源，或实时推送给学生，以供其自主学习。

二、组织教学内容

教学内容确定后，需要根据学习对象、学习要求、学习规律等组织教学内容，使之能够符合学生的认知规律和学习需要。组织教学内容一般需遵循以下原则。

（1）循序渐进原则

教学内容的组织要符合学生的认知规律，系统性地组织教学内容。

（2）整体性原则

教学内容是由一定范畴的概念、原理和规则，按照特定的结构、方法或逻辑构成的，具有严密的整体性。

（3）具体性原则

与整体性原则相对应，指教学内容的组织往往不能仅由宽泛的概念、原理和规则组成，而需要向更具体的内容和观点延伸。

（4）直观性原则

教学内容的呈现需要具有一定的直观性，能够以多种形式的、丰富的教学内容调动学生的多种感官和已有经验对教学内容进行理解。

（5）动态性原则

教学内容的组织并非完全预设和固定，而是可以动态调整、不断更新与补充，与时俱进。

（6）开放性原则

在教学内容制作中，要将预设与开放相结合，能够激发学生的思考，帮助学生主动探寻学习的方法、锻炼学生自主学习和解决问题的能力，同时也锻炼学生的批判性思维。

（7）多媒体原则

依据双通道和多通道原理，视听结合的学习效果要远大于单一方式，多通道同时使用可有效地降低学生学习的认知负荷。因此，课程内容的设计应充分运用多感官刺激，尽可能多维度呈现学习信息，帮助学生进行知识建构。

三、添加教学内容

（1）进入编辑页面

如图3-21所示，在课程首页单击目录右上角的"编辑"按钮，即可进入课程内容编辑页面，如图3-22所示。

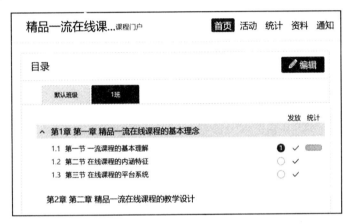

图3-21　课程编辑页面

（2）添加教学内容

在图3-22所示的课程内容编辑页面中，可以为该课增加文本内容，并设置文本内容的样式，基本的操作和编辑与常用的Word软件相同。另外，可以添加视频、图片及

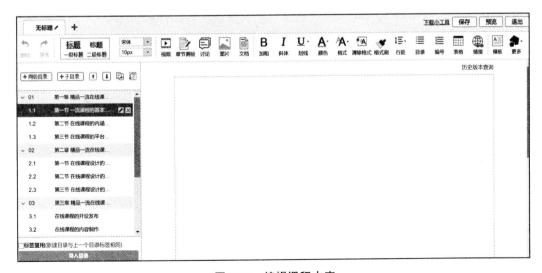

图3-22　编辑课程内容

其他资源，辅助本课的学习；也可以插入各种组件，如章节测验、讨论等，检验课堂成果；也可以选择使用模板，减轻编辑页面的工作量。

设置完成后点击右上角的"预览"按钮，检查页面的完成情况并及时进行调整，然后点击右上角的"保存"按钮即可。

第三节 在线课程的资源建设

在信息化教学中，教学资源又称学习资源，主要是指能够为教学所用的知识、资料、消息等多媒体信息资源。

一、了解课程资源

在线开放课程中，多媒体资源是组成教学内容的重要因素。教学内容通过生动丰富的文本、图形（图像）、视频、音频、动画等形式呈现，不仅有助于教师更好地呈现教学内容，也有助于学生加深对学习内容的消化与吸收，激发学习兴趣与动力。教学中的多媒体资源类型主要有以下五种。

（1）文本类

文本是一种最常见的多媒体资源类型，主要包括字母、数字、符号等。与其他媒体相比，文本是最易处理，占用存储空间最少，最方便输入和存储的一类多媒体资源，是有效传递教学内容信息的重要媒体元素。

文本的格式主要包括：DOC、TXT、PDF、HTML等，常用的编辑文本格式的软件主要包括WPS、Word、记事本等。

（2）图形（图像）类

图形主要是指矢量图，矢量图的生成是根据图形的几何特性，通过一组指令集来描述自身的形状、颜色、位置、维数、大小等信息，最终以专门的软件对这些指令进行读取。矢量图具有可无限放大、不变色、不模糊、文件占用的空间较小等特点。

图像主要是指位图，是由成千上万个带有颜色的像素点组合而成的，适合表现层次、色彩丰富，包含大量细节的图像内容，但放大后图像容易失真，文件占用的空间比矢量图大。

较常见的矢量图格式包括：CDR、DWG、DXF、BR、COL、DXB、WMF、EMF、MAC等。常见的位图格式主要包括：JPEG/JPG、GIF、PNG、BMP等。常用的图形、图像编辑软件主要包括：Photoshop、CorelDraw、Illustrator、CD、PM等。

（3）音频类

音频主要包括语音、音效和音乐三种形式。语音主要是指人说话的声音；音效主要是指特殊的声音效果，例如铃声、雨声、动物发出的声音等，可以是录音得来的，也可是通过人工方法模拟而成的；而音乐则是最常见的一种，反映人类现实生活情感的艺术形式。可根据教学内容的需要对不同种类的音频进行选择和使用。

常见的音频格式主要包括：MP3、WAV、MIDI等。常用的音频编辑软件主要包括：

Cool Edit、Wave Edit Pro 等。

（4）视频类

当图像以每秒 24 帧以上的速度播放时，人眼看到的就是连续的视频画面。因此，视频是由一组连续播放的数字图像和一段随连续播放图像同时播放的数字伴音共同组成的多媒体文件。在对教学内容的呈现上具有较强的直观性。

常见的视频格式主要包括：MPEG、AVI、WMV、MOV、REAL 等。常用的视频编辑软件主要包括：Adobe Premiere、EDIUS、会声会影、爱剪辑等。

（5）动画类

动画和视频的区别在于，视频可通过录像的方式拍摄记录，而动画画面主要通过计算机软件产生和记录。动画主要由一系列仅具有细微差异的单个画面组成，每幅画面称作动画的一帧。只要将多个帧以一定的速度放映，就可得到动画。

常见的动画格式主要包括：FLA、SWF、GIF、AVI 等。常用的动画编辑软件主要包括：Flash、Animator Studio、Cool 3D、3DS MAX 等。

在创建教学内容过程中，教学目标的内容、教学对象的特点以及教学内容本身的需求等因素都会影响对教学资源类型的选择。教学内容的选择应符合教学目标的要求、教学对象的年龄特点及认知特点，并贴合教学的内容，以最直观和易于理解的方式表达教学内容。

在线课程的内容制作过程中，可直接添加多媒体文件至教学内容中，以满足教师多样化的教学需要和学生个性化的学习需求。

二、编辑教学资源

（1）添加教学资源

在教学内容编辑页面中，教师可根据自身需要添加教学资源内容，不仅可直接插入视频、图片、文档、音频、动画等多媒体，也可添加资源链接，调用图书、期刊或资源库中的资源。在图 3-23 中，单击工具栏的"更多"，可以打开其他工具图标，点击相应图标即可直接插入视频、图片、文档、音频、动画等多媒体资源。

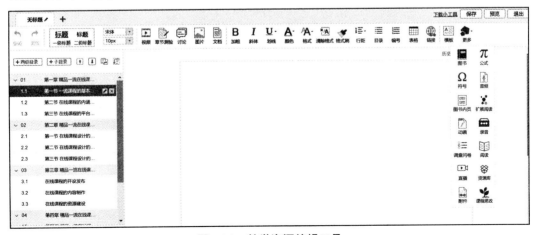

图 3-23　教学资源编辑工具

（2）添加视频资源

单击图 3-23 中的"视频"图标即可打开"插入视频"对话框，如图 3-24 所示。可选择本地、云盘、资源库中的视频或直接检索视频数据库的视频进行添加。添加音频、动画的方法与添加视频方法类似。

（3）插入资源链接

单击图 3-23 中的"链接"按钮，可打开"插入链接"对话框，如图 3-25 所示。输入链接标题、链接地址以及提示文字即完成对资源链接的添加。也可直接添加资源库中的内容链接。

图 3-24 "插入视频"对话框

图 3-25 "插入链接" 对话框

（4）添加图书资源

单击图 3-23 中的"图书"图标，即可打开"插入超星图书"对话框，如图 3-26 所示，输入书名、作者即可完成对图书资源的检索。

（5）添加图书内页资源

单击图 3-23 中的"图书内页"图标，即可打开"插入知识点"对话框，如图 3-27 所示。输入关键词即可检索相关的知识点内容。

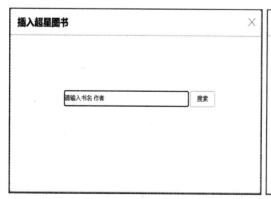

图 3-26 "插入超星图书"对话框

图 3-27 "插入知识点" 对话框

（6）添加扩展阅读资源

单击图 3-23 中的"扩展阅读"图标，即可打开"组件—相关知识"对话框，如

图 3-28 所示。输入关键词可检索到所有相关的图书、期刊以及报纸。

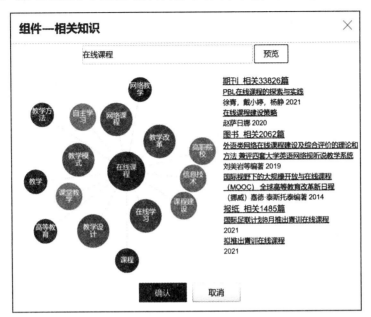

图 3-28 "组件—相关知识"对话框

（7）添加资源库资源

单击图 3-23 中的"资源库"图标，即可打开"组件—资源库"对话框，如图 3-29 所示。输入关键词可对"专业资源库"或"本校资源库"中相关的 Word、Excel、PPT、音频、视频、图片等资源进行检索和添加。

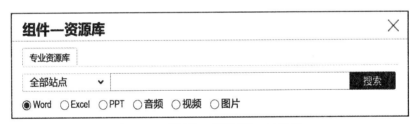

图 3-29 "组件—资源库" 对话框

（8）删除教学资源

如果添加的资源不合适，需要删除资源。所有资源的删除方式都是类似的，单击资源右上角的"×"即可。

三、添加课程资料

课程资料是以课程为单位独立出来的一部分学习资料，方便教师对资源的调用，以及方便学生在课前、课中、课后对某一门课程资源的下载和学习。

（1）进入添加课程资料页面

点击如图 3-30 所示的课程页面中的"资料"按钮，即可进入课程资料的编辑页面，如图 3-31 所示。

图 3-30　课程编辑页面菜单栏

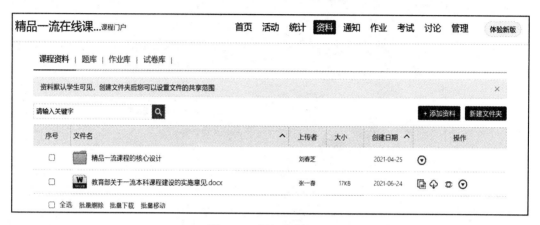

图 3-31　添加资料页面

（2）添加课程资料

进入添加课程资料的页面之后，就可以添加教学资料了。单击右上角"新建文件夹"即可新建一个资料文件夹，也可直接添加资料。直接添加资料的方法有"本地上传""云盘资源""添加链接""在线图书""在线视频""收藏的专题"六种方式，如图 3-32 所示。如果单击左下角"批量下载"和"批量删除"可进行批量资源的下载和删除操作。在操作时先选中文件，才可执行删除和下载的操作。

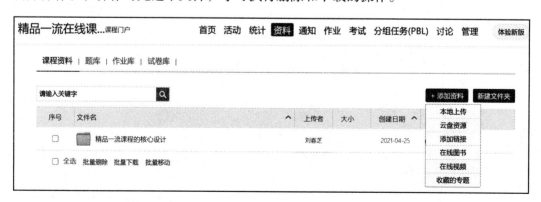

图 3-32　添加资料来源

（3）修改课程资料

点击资源右边的向下的箭头，可以打开下拉列表。如果是文件夹，功能如图 3-33 所示。主要功能有"移动到""重命名""删除""设置"。"设置"主要是设置资料开放的对象班级。

如果是文件，功能如图 3-34 所示，主要功能有"移动到""重命名""复制到云盘""删除""设置"。"设置"主要是设置此文件是否允许下载。

图 3-33　课程资料中文件夹的操作

图 3-34　课程资料中文件的操作

（4）下载课程资料

单击需要下载资料右侧的"云朵"图标，即可实现课程资料内容的下载，如图 3-35 所示。

图 3-35　课程资料下载

（5）共享课程资料

点击需要复制链接的资料右侧的文档图标，即可生成资料链接，以便共享，如图 3-36 所示。

图 3-36　复制课程资料链接

（6）添加题库等资料

平台上除了可以添加一般的课程资料外，还可以添加题库、作业库、试卷库等。在图 3-37 中，点击"题库"，可进入题库添加页面。

图 3-37　题库设置页面

进入"题库"页面后，单击"全部题型"下拉列表，可以设置题目类型，包括单选、多选、连线题等十几种题型。单击"难易度"下拉列表，可以设置题型的难度，分为难、一般、易 3 种级别。单击右上角"添加题目"（见图 3-37），可设置题目的题型、题干、答案、答案解析、难易程度以及知识点，如图 3-38 所示。单击右上角

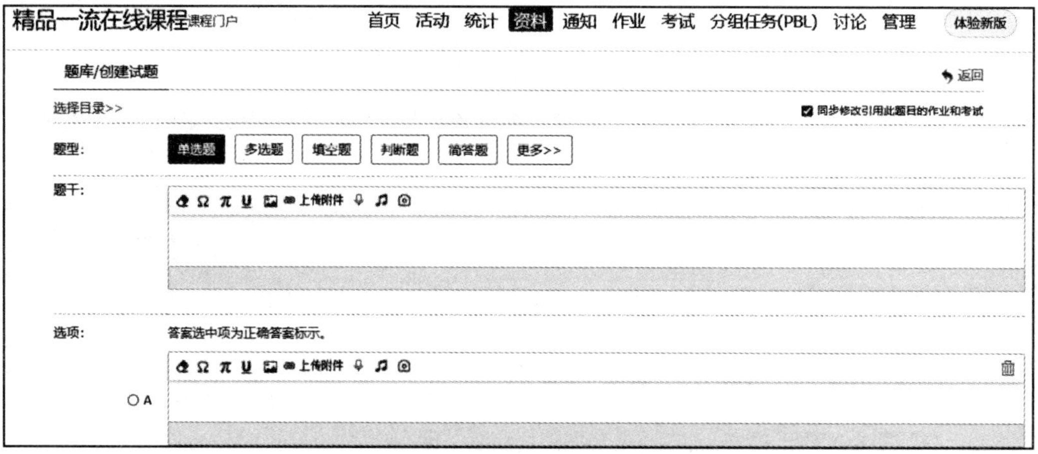

图 3-38　题库添加—题目设置页面

"添加目录",可实现对题库首页的文件夹的添加操作,如图3-39所示。单击"批量导入",可快速导入或模板导入题目。单击"导出全部"可将设置的题目以表格格式导出到本地。已经建好的题目可以在题库中心进行编辑或者是删除。

图3-39 题库添加—目录设置页面

(7)添加作业库和试卷库

在图3-37中,点击"作业库""试卷库",可进入作业库和试卷库添加页面,方法与添加题库的操作类似,可进行新建作业或导入、导出作业等设置;或进行创建试卷、导入试卷的设置。

第四章

精品一流在线课程的资源开发

精品一流在线课程的制作过程由前期拍摄与后期编辑组成。本章将从教学音频的采集制作、教学视频的编辑创作、其他课程资源的制作三个方面，对精品一流在线课程的资源开发进行介绍。

第一节 教学音频的采集制作

教学音频是精品一流在线课程的重要载体，其采集与制作是精品一流在线课程资源开发的重要环节。本节主要基于 Adobe Audition 软件，介绍教学音频的指标、采集与处理。①

一、教学音频的指标

1. 声音的类型与指标

声音一般分为语言、音响、音乐三大类。按照语言符号的分类，影视声音里的语言属于语言符号范畴，是叙述内容、情节的主体；音响和音乐属于非语言符号范畴，它们强调画面空间的真实感受及多层次的表现力，能够表现人物的精神状态。声音是由物体振动产生的声波，通过空气、固体、液体等介质传播，人对声音存在的主观感受可以用声音的音调、音强及音色三个参数来表示。

（1）音调

声音频率的高低叫作音调，其大小主要由声音的频率决定，频率越大音调越高，频率越小音调越低。

（2）音强

音强是指声音的强度，也就是声音的高低，一般用分贝（dB）表示。

（3）音色

音色是指声音的感觉特性。乐器、人以及所有能发声的物体发出的声音，除了一个基音外，还伴随有许多不同频率的泛音。正是这些泛音决定了不同的音色，使人能

---

① 张一春. 高校数字教学资源共建与共享[M]. 南京：南京师范大学出版社，2013.12.

辨别出不同乐器，甚至不同的人发出的声音。

2. 音频的技术指标

音频信号指标可以通过以下几个方面来反映。

（1）声音频率

声音波动的频率决定声音的音高，单位为赫兹（Hz），人耳能听到 20～20000Hz 的声音，频率越高，则音高越高。

（2）频带宽度

音频信号的频带越宽，所包含的音频信号越丰富，音质越好。

（3）动态范围

动态范围是指音响系统重放时最大不失真输出功率与静态时系统噪声输出功率之比的对数值，单位为分贝。一般性能较好的音响系统的动态范围在 100dB 以上。

（4）采样率

录音以每秒几千次的频率采集声音，采样率表示的就是每秒的采样次数，采样率越高，录音的质量越高。

（5）信噪比

信噪比是指放大器输出信号的电压与同时输出噪声电压的比，常用分贝表示，设备的信噪比越高，表示它产生的杂音越少。信噪比一般不低于 70dB，高保真音响的信噪比应该在 110dB 以上。

3. 影响数字声音质量的主要因素

影响数字化声音质量的因素主要有三个，即采样频率、采样精度和通道个数。

（1）采样频率

采样频率也称采样速率，是指每秒钟采样的次数，单位为赫兹（Hz）。流行的采样频率主要为 22.05kHz、44.1kHz、48kHz。

采样频率越高，采样周期越短，单位时间内得到的数据越多，对声音的表示越精确，音质越真实。所以采样频率决定音质清晰、悦耳、噪声的程度，但高采样频率的数据占有很大空间。

（2）采样精度

采样精度即采样位数或采样分辨率，是指表示声波采样点幅度值的二进制数的位数，即采样位数可表示采样点的等级数。

采样位数越多，可分出的幅度级别越多，则分辨率越高，保真度越好，录制和回放的声音就越真实。8 位的数字系统的信噪比只有 48dB，16 位的数字系统的信噪比可达 96dB，信噪比低会出现背景噪声以及失真。

但是采样位数越多，声音质量越高，所占的空间就越大。常用的采样精度分别是 8 位、16 位和 32 位。国际标准的语音采用 8 位二进制位编码。

（3）通道个数

声音的采样数据还与声道数有关。立体声具有多声道、多方向的特征，在时间和空间性能方面都能显示更好的效果，但相应数据量成倍增加。

要从模拟声音中获得高质量的数字音频，必须提高采样的分辨率和频率，以采集更多的信号样本。它们之间的关系如表 4-1 所示。

表 4-1 影响声音质量的因素

采样频率	量化位数	声道数	数据量	注释
44.1kHz	16 位	立体声	10.5MB	CD 品质，公认的音频质量标准
44.1kHz	16 位	单声道	5.25MB	单声道音源高质量录音的折中方案
44.1kHz	8 位	立体声	5.25MB	在低端设备上能获得较好的回放效果
44.1kHz	8 位	单声道	2.6MB	记录单声道音源的折中方案
22.05kHz	16 位	立体声	5.25MB	由于采样速率较低，因此比起 CD 听起来要沉闷，但是由于采用高的量化位数和立体声，仍然较饱满，适用于 CD-ROM 产品
22.05kHz	16 位	单声道	2.5MB	对于语音是一种不错的选择，但是最后缩减到 8 比特，这样可以节约磁盘空间
22.05kHz	8 位	立体声	2.6MB	在全频宽回放不太可能的情况下立体声录音的较好选择
22.05kHz	8 位	单声道	1.3MB	比以上方案更节省空间，非常实用，任何 Macintosh 和 MPC 都能够播放这种类型的文件，大约相当于电视机的声音质量
LkHz	8 位	立体声	1.3MB	在这样低的采样率下，使用立体声不占优势
LkHz	8 位	单声道	650KB	实际上可以勉强接受的最低速率，非常沉闷和压抑
5.5kHz	8 位	立体声	650KB	效果不好的立体声
5.5kHz	8 位	单声道	325KB	相当于电话线路较差时的音质

4. 一流课程中音频的技术指标

精品一流课程制作的音频技术指标可以参照国家教育部制定的《精品视频公开课拍摄制作技术标准（修订版）》，主要技术指标有以下 7 个。

①电平指标：-8～-2dB 声音应无明显失真、放音过冲、过弱。

②音频信噪比不低于 48dB。

③音频压缩采用 AAC(MPEG-4-Part3) 格式。

④采样率为 48kHz。

⑤音频码流率为 128kb/s（恒定）。

⑥声音和画面要求同步，无交流声或其他杂音等缺陷。

⑦伴音清晰、饱满、圆润，无失真、噪声杂音干扰、音量忽大忽小等现象。解说声与现场声无明显比例失调，解说声与背景音乐无明显比例失调。

二、教学音频的采集

1. 拾音设备

在线课程进行音频采集时使用的硬件设备主要为传声器，又称麦克风、话筒。现在的传声器具有多种类型。按能量来源分为无源换能与有源换能；按换能原理分为磁换能与电换能；按指向特性分为全指向、双指向、心型指向与超心型；按信号传输方式分为有线传声器与无线传声器。在线课程进行音频采集时所使用的传声器主要为动圈式传声器、电容式传声器、无线传声器。教师授课时，依据课程性质及授课方式选择合适录音设施至关重要。

（1）动圈式传声器

动圈话筒是依靠震膜的震动来实现声电转换的，功耗大，音质差一些，适合室外与以讲述为主的课堂。

优点：动圈话筒低音较厚实，一定程度上可以美化声音；价格便宜；对环境要求也相对低，抗机械冲击，不易被摔坏，寿命长；使用方便，工作稳定。

缺点：灵敏度相对较低，15kHz～20kHz 的高频一般采集不到。

（2）电容式传声器

电容话筒是通过很薄的振膜发生震动，从而引起振膜与振膜舱后背板之间电压的相应改变，这种电压的改变经放大之后，再转换成声音信号输出。电容话筒依靠电极中电容的变化实现声电转换，功耗小，声音还原质量好，适合室内与以音乐为主题的课堂。

优点：灵敏度高，频率响应好；拾音更细腻，可以采集到 15kHz～20kHz 的高频，音色优美；性能优良。

缺点：易暴露声音缺点；对录音环境的要求高，比如要求房间不能有回声、环境噪声相对要小、需要电源或者话放等；价格较贵；防潮防尘要求严格。

（3）无线传声器

无线传声器，又称无线麦克风、无线话筒，实际上是指无线传声器系统。它是由无线传声器、小型发射机和接收机组成的。领夹式无线麦克风是线上教学与线下教学中最常使用一种无线传声器设施。

优点：不使用传送电缆，设施简单易用，解脱了话筒线对教师的束缚；适用于移动声源，教师在教室中的活动范围不受限；无须话筒架、线缆等多余物件。

缺点：射频传送，保密性差，易引进外来干扰信号；易对其他设备产生干扰；存在信号失落现象（掉频），即发射器与接收机位置发生变化时，会出现信号跌落，音质变劣，甚至无法接收的现象。

2. 拾音软件

（1）Adobe Premiere

Adobe Premiere 是一款音视频编辑的专业软件，功能强大，不仅可以进行采集、编辑、美化音频、调色、字幕添加、输出、DVD 刻录等，支持广泛的音视频格式，而且有强大的项目管理和编辑管理功能，每个项目的工作区设置可以分别进行保存，可以对每个序列设置不同的渲染方式，允许多个轨道同时编辑。另外，可把常用的效果保存为预设，便于重复使用。

（2）Cooledit

Cooledit 是一款功能强大、效果出色的多轨音频处理软件。它提供有多种特效：降低噪声、放大、压缩、回声、失真、扩展、延迟等。Cooledit 软件支持可选的插件、自动节拍查找、自动静音检测、删除、录制等。另外，它还可以在 AU、AIF、MP3、SAM、RawPCM、VOC、WAV、VOX 等格式之间进行转换。

（3）Audition

Audition，全称 Adobe Auditon，是一个专业音频编辑和混合环境软件。Audition 专门为在照相室、广播设备和后期制作设备方面工作的音频和视频专业人员设计，可提供先进的音频混合、编辑、控制和效果处理功能。最多混合 128 个声道，可编辑单个音频文件，创建回路并可使用 45 种以上的数字信号处理效果。Audition 是一个完善的多声道录音室，可提供灵活的工作流程并且使用简便。

3. 教学音频采集方法

在线课程音频的录制有先期录音、同期录音和后期录音三种方法。先期录音是指先将声音录好，适用于戏曲、舞蹈等节目；同期录音是拍摄的同时记录下当时的声音；后期录音是在画面拍摄完成后，根据画面中人物口型对位配音，并依据当时的现场环境声、效果声进行拟音。

（1）先期录音

先期录音多用于有大量唱词和音乐的戏曲类或音乐歌舞类的教学视频，一般在拍摄画面之前就把与之有关的音乐、歌唱记录下来，是在拍摄某些特定的类型视频（主要是歌舞、戏曲、歌剧、音乐片）时所采取的一种工艺措施。此类在线课程录制时根据创作上的要求经常需把一个教学视频分割成若干个镜头来拍摄，但连续的歌声和音乐声是不能像画面那样被随意分割的。为了使分割拍摄的画面与该课程的声音相吻合，并保持声音的完整连贯，在拍摄画面之前，先将要拍镜头的歌曲或戏曲等音乐记录下来，教师就按着这种放出的歌曲或戏曲音乐的节拍，进行演唱、演奏或表演，最后将所拍摄的画面与先期录音的声带对应地组接配套，使声画统一完整。

（2）同期录音

虽然声音可以在后期录制，但应该尽量现场录制，因为现场录音使课程更具真实性、流畅性。课程同期录音时，录制的声音主要有教师声音、学生声音和环境声音，主要利用话筒、调音台、摄录机等设备进行拾音、调音、混音与录音，在录制过程中还需要用耳机、监听放大器和监听音箱等对声音进行监听。教师声音的拾取可使用领夹式无线话筒，无线话筒接收器连接在摄像机上。学生声音可使用手持式无限话筒、教室中的吊麦话筒或学生机位的摄像机拾取。环境声音可使用侧机位摄像机的内置麦克风录制。使用无线话筒录制声音时需要关闭摄像机内置麦克风,以免嘈杂的环境音被录制进来。

(3)后期录音

后期录音包括教师配录语言、配录音乐及动作效果声等。从艺术性来讲,在进行语言的后期配音时,很难把在拍摄教授课程时的激情再一次表现出来,另外配音与摄影的环境不同,所以后期配音的声音不如同期录音真实感人。但从技术角度来看,后期录音可以在声学条件比较讲究、录音设备质量比较高级的录音棚内进行,不受现场声学和环境条件的限制,也没有现场和摄影机噪声的干扰。

4. 教学音频的录制

Auditon 作为专业的声音编辑软件,提供录制话筒声音和录制电脑内部声音两种声音录制方式。在线课程教学音频的录制,以录制话筒声音为主。

(1)教学音频的录制

首先,选择录音设备。打开 Auditon 软件,在菜单栏中选择"编辑"—"首选项"—"音频硬件",即可选择录制设备,如图 4-1 所示。

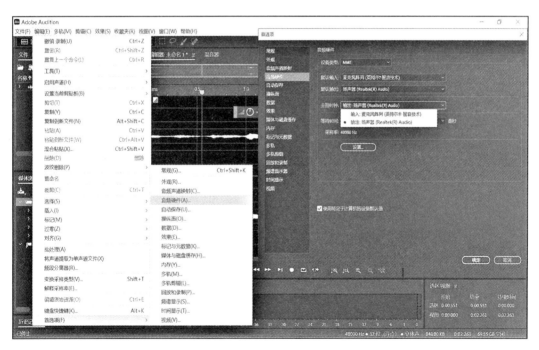

图 4-1 教学音频编辑页面

然后,选择录音方法。根据录音要求和音频来源选择相应录制方法。若需录制教师声音、学生声音和环境声音,则选择录制话筒声音。在"音频硬件"窗口中,默认输入选项里选择"立体声混音"即可。若需录制教学媒体的声音,比如 PPT 等,则选择录制电脑内部声音。在"音频硬件"窗口中,默认输入选项里选择录音麦克风即可。

其次，通过"文件"—"新建"—"音频文件"，打开"新建音频文件"窗口，输入"文件名"，选择"采样频率""声道"及"位深度"。一般采样频率为48KHz，声道为双声道。

最后，打开新建的音频文件，直接单击界面中的"录制"按钮，即可以录制话筒声音，或者通过"Shift+空格键"的快捷方式进行录制，如图4-2所示。

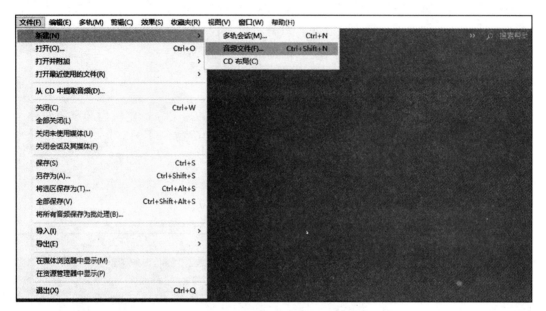

图 4-2　教学音频录制页面

（2）教学音频录制的技巧

在精品一流在线课程中，声音元素与视频元素同等重要，如何让在线课程语言的表达更加舒服与清晰，需要一些方法与技巧。

①选择合适的录音环境。声音录制需要有一个相对安静和封闭的空间来降低噪声干扰、避免声音反射混响。关闭门窗、关闭会影响声音录制的电子设备、关闭电脑上非必要应用程序，增加录音室的吸声条件，能够有效降低噪音的产生，避免声音的反射及回声的干扰，这样可以取得更好的录音效果。

②保持良好的嗓音状态。适当休息，保持良好的嗓音状态。

③选择合适的录音设备。耳麦及手机录制虽成本低，但捕捉声音细节少，易受噪声干扰。USB电容式麦克风传输数字信号，能够捕捉足够的声音细节且具有一定的降噪效果，但其成本较高。录音时最好使用话筒架稳固麦克风，与麦克风保持15～20厘米的距离。在反复试听与回听后，选择录音效果较好的录音方式后进行正式录音。

④掌握正确的发音技巧。发音尽量声音洪亮、吐字清晰、字正腔圆。教师在录制在线课程时要注意语速，保证清晰表达，让学习者听清教师的讲解。

⑤充分发挥声音表现力。教学语言要有感染力，要根据教学内容选择相应的语音、语调表达，并进行语速、节奏的调整，同时还需要注意轻重音的表现和适当的停顿。

总之，一流在线课程的声音录制要注意：声音和画面要同步，无交流声或其他杂声等；声音必须是双声道，要做混音处理；伴音清晰、饱满、圆润，无失真、噪声杂音干扰、音量忽大忽小等现象；解说声与现场声无明显比例失调，解说声与背景音乐无明显比例失调。

三、教学音频的处理

1. 剪辑处理

在线课程视频的录制过程中教师难免出现口误、口头禅等情况，因此音频剪辑拼接是最基本的操作。

（1）波形调整

为了精确声音的剪辑，需要首先将声音波形调整到合适大小，即对音频波形放大或缩小。声音波形调整主要有横向放大/缩小音频和纵向放大/缩小音频两种情况。

横向放大/缩小音频是在波形编辑器中，通过拖曳单条音轨的侧边条状导航栏的滑块，即可实现横向放大/缩小该音频的大小（密度），如图4-3所示。

纵向放大/缩小音频是在波形编辑器中，将鼠标放至音量条处，滚动鼠标滚轮；右下角也有纵向放大/缩小、横向放大/缩小、重置缩放（将音频放大到所有音频能够完全显示的大小）按钮，如图4-4所示。

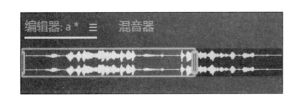 

图4-3　音轨导航栏滑块　　　　　　　　图4-4　音轨缩放滑块

（2）音频切分

将音频波形放大至合适大小后，选择需进行切割的位置，利用Audition工具栏中的"剃刀"工具（其形状类似刀片，位于工具栏第2个），如图4-5所示，利用它对音频波形进行切割。

图4-5　音轨切缝工具

选择"剃刀"工具，将鼠标放到音频轨道上，此时呈刀片形状的鼠标左侧自动带着一条竖向的线，单击一下鼠标就能完成音频的切割。

（3）音频拼接

音频拼接是指将两段不同的音频片段合并成一个完整的音频。

首先将所有音频波形移动到同一音轨上。选中工具栏第 1 个移动工具（形状类似箭头+方向键，如图 4-6 所示），然后直接拖拽需要拼接的音频片段到同一轨道，使其首尾相接即可。此时重叠的部分系统会自动的叠化，过渡也会更加自然。

图 4-6　音轨波形移动工具

（4）音频删除

若需要删除无用的音频片段，只需选中要删除的音频片段，然后直接敲击键盘中的"Delete"键即可删除该片段。若需删除无用的音频轨道，首先要选中该轨道，然后在选择菜单中"多轨"—"轨道"—"删除所选轨道"即可删除，如图 4-7 所示。也可直接使用组合键 Ctrl+Alt+Backspace，实现音轨的删除。

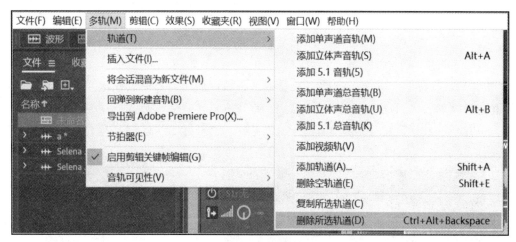

图 4-7　音轨删除菜单栏页面

2. 音调处理

有时在线课程的教学音频受空间、摄录设备等影响，会产生发闷、鼻音重、刺耳、房间共鸣、低频噪声等问题，需要做一定的音调处理。

（1）自动音调更正

Auditon 提供了自动音调更正功能。通过依次单击菜单栏中的"效果"—"时间与变调"—"自动音调更正"，如图 4-8 所示，可打开"效果—自动音调更正"窗口。如图 4-9 所示。将预设设置为"自定义"，并根据需要设置音频的音调的参数，手动调节起奏和敏感度数值，然后单击"应用"按钮即可应用自动音调更正效果。

（2）伸缩变调处理

在 Audition 中还可以手动调节音调。通过单击菜单栏的"效果"—"时间变调"—"伸缩与变调"，如图 4-10 所示，即可打开图 4-11 所示的伸缩与变调页面。在该页面可调整变调项，变调值越高则声音越尖锐，调整时可单击下方按钮进行预览。调整好后单击"应用"即可。

3. 音强处理

Auditon 可通过"频谱显示"进行可视化录音，其音频波形随声音高低而起伏，波形的高低即振幅表示声音的响度，即声音的能量。对音量的操作主要有以下几种方式。

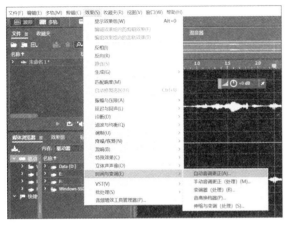

图 4-8　自动音调更正菜单栏页面

图 4-9　自动音调更正页面

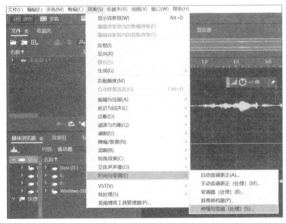

图 4-10　伸缩与变调菜单栏页面

图 4-11　伸缩与变调页面

（1）直接处理

在波形编辑器中，直接单击、拖动改变波形中的音量变化线，就可直接调整音频音量。具体步骤是：单击音量线创建锚点，拖动锚点位置，即可改变音量的变化。如图 4-12 所示。

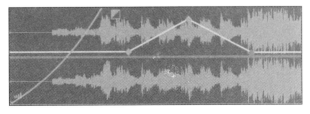

图 4-12　音轨中音量线

（2）音轨处理

在波形编辑器中，单条音轨的左上角和右上角都有一个灰和黑的方块，即淡入/淡出方块。左上角的是淡入方块，可以改变淡入的时间，右上角的是淡出方块，可以改变淡出的时间。具体步骤是：鼠标纵向拖动淡入/淡出方块，即可改变渐入/渐出的幅度。如果鼠标点住方块，垂直向下拖动会产生一条曲线。如果按下 Ctrl 键，再垂直向下拖动，会产生一条 S 形的曲线，如图 4-12 所示。

或者选择菜单栏中的"效果"—"振幅与压限"—"增幅"，在弹出的"组合效果—增幅"窗口中，如图 4-13 所示，可以更加精确地设置音频音量大小。根据需要进行设置后，单击"应用"即可。

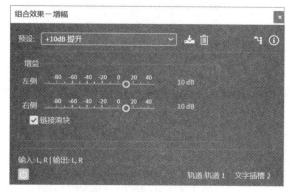

图 4-13　增幅设置页面

（3）动态处理

若录制好的声音存在动态问题，即音量忽大忽小，或听起来松散，可选择菜单栏"效果"—"振幅与压限"—"动态"，在"组合效果—动态"窗口中，如图 4-14 所示，选择"自动门"等效果进行处理。

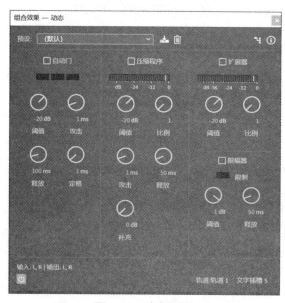

图 4-14　动态页面

4. 音色处理

若录制好的声音发生音质受损或想改变说话人音色时，则可以选择菜单栏"效果"—"时间与变调"—"伸缩与变调"来调整。在如图 4-15 所示的"伸缩与变调"面板中，伸缩是用来调整速度的，变调值越高则声音越尖锐，似女声；反之则似男声。可以选择预设中 AU 自带的伸缩与变调功能，也可由教师自己手动调节变调项，调到属于理想的声音。调整时可以单击播放按钮，进行试听。调整好后单击确定保存即会改写波形。

图 4-15　伸缩与变调页面

5. 音效处理

在线课程的音频因录制环境等多种主客观因素有时会出现缺乏空间感和深度的问题。当教学音频扁平、平淡时可对教学音频进行音效处理。

（1）混响器 Reverb

如果想要使声音更华丽、有空间感可使用"效果"中的混响器 Reverb。设置方法是：单击菜单栏中"效果"—"混响"，选择需要的混响效果，如图 4-16 所示。

（2）延迟 Delay

如果想要使声音更靠前、更宽广可使用延迟 Delay。设置方法是：在菜单栏中选择"效果"—"延迟与回声"—"模拟延迟"或"延迟"，如图 4-17 所示。

（3）均衡器 EQ

如果想要使声音更突出、甜美、温暖可以使用均衡器 EQ 调整声音效果，在多轨编辑器中，通过单击音轨设置面板右侧的 EQ 按钮即可进入均衡器，如图 4-18 所示。也可通过单击单音轨的笔状按钮，打开图 4-19 所示的均衡器调节面板。

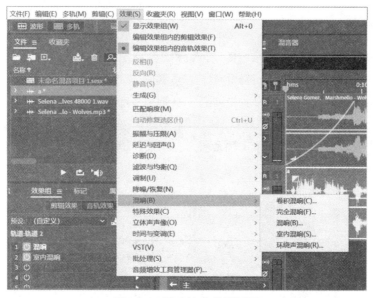

图 4-16　混响的菜单栏页面

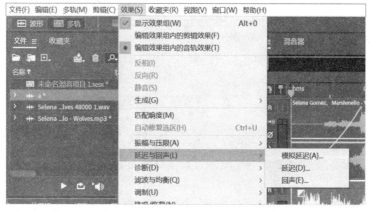

图 4-17　延迟与回声的菜单栏页面

　　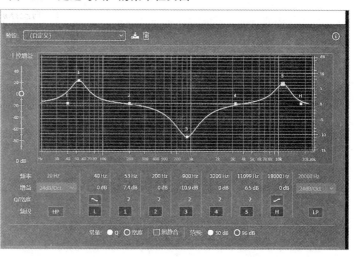

图 4-18　均衡器页面　　　　　图 4-19　均衡器滤波编辑页面

在均衡器面板中横轴代表频率，纵轴代表分贝也就是声音的大小。其中中间蓝色的线代表调节的节点，默认状态是水平直线代表未进行任何更改。在蓝线上有不同的点，代表不同的频率，可以通过调节不同的点来调整不同频率范围内调节声音的大小。默认的调节点只有七个，可以通过这七个调节点进行不同频率下分贝的调节，在 Au 中均衡器有预设的效果，可以直接采用预设的即可完成调整。

6. 降噪处理

在教学音频的录制过程中，受制录音设备、录音环境等主客观因素影响，多少都会有一定的噪声。如果噪声较大，影响效果，则需要进行降噪处理。

（1）打开降噪效果

单击菜单栏的"效果"—"降噪/恢复"菜单中选择"降噪（处理）"，打开"效果—降噪"窗口，如图 4-20 所示。

图 4-20　降噪页面

（2）设定噪声样本

降噪一般使用"噪声样本"来引导除噪。噪声样本是音频中任意一段没有语音或停顿时的声音，即自然声音。在嘈杂环境中录音时，教师也可以只录制紧随录制内容之前或之后的环境噪声，从而特意捕捉"室内环境声"。

在降噪效果打开并且在录音中进行了选择的情况下，单击"捕捉噪声样本"按钮。展现界面将会更新，显示的是录音和噪声样本的分析，如图 4-21 所示。

（3）选择降噪区间

要降低整个录音中的噪声，需单击选择整个文件按钮。要降低指定录音区域中的噪声，可在波形中拖动以创建自定义选择项。

（4）调整降噪强度

通过单击"播放"按钮，在默认设置下开始预览降噪。拖动降噪滑块可调整要移

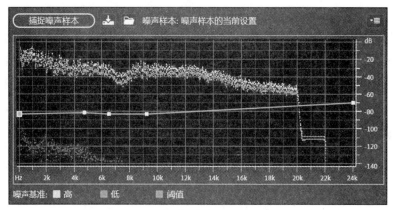

图 4-21　捕抓噪声样本页面

除的背景噪声量，拖动降噪幅度滑块可调整降噪强度。同时使用这两个滑块可过滤背景噪声。但过多降噪会导致语音听起来虚弱或呆板，所以要谨慎使用。在线课程的音频进行处理时可以将"降噪"设置为 85%，将"降噪幅度"设置为 10 dB 左右。

同时可以利用"高级"部分调整频谱衰减率参数，以帮助减少虚声，实现最佳效果的高级调整。在线课程的音频进行处理时可以将此值设置为 4%～15%。

（5）检查降噪效果

教师可检查删除录音内容，做进一步的细微调整，尽量减少有用内容量被删除。检查删除录音内容则选择确定"仅输出噪声"选项，满意后则取消"仅输出噪声"选项后单击"应用"，便可将降噪效果应用于录音。

（6）消除唇齿音

在录音过程中有时会有唇齿音，可以用齿音消除功能来解决。设置方法是：单击菜单栏"效果"—"振幅与压限"—"消除齿音"，在弹出图 4-22 所示的"消除齿音"

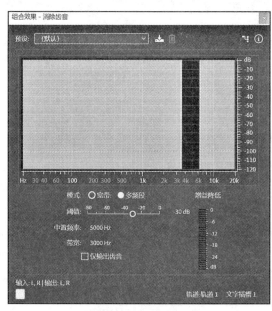

图 4-22　消除齿音页面

窗口中调整"阈值",根据音频情况选择预设,可以单击"预览播放"按钮,试听效果,满意后单击"应用"即可。

第二节　教学视频的编辑制作

视频编辑是精品一流在线课程制作的重要环节,视频编辑的好坏直接影响精品一流在线课程的质量。本节主要基于 Adobe Premiere,介绍视频剪辑的原理、方法及视频字幕的制作。

一、视频剪辑的原理

视频画面也称为镜头,一个镜头是指自起幅到落幅的一个连续拍摄的画面。许多不同长短和内容的视频画面连接在一起就形成了整个教学视频。教学视频画面的选择是在线课程视频编辑的第一步,也是具有重要意义的一步。

1. 教学视频画面选择原则

教学视频的画面选择是一个涉及编辑思想、创作意图、审美观念、编辑条件等主客观因素的复杂的、有意识的取舍过程。教学视频画面根据用途可分为必要画面、备用画面和无效画面。

其中必要画面可分为场景主画面、细节画面、交代画面和插入画面。场景主画面即教师所处的教学环境,包括讲台、教室或与教学内容息息相关的虚拟环境等,用于交代事件、地点、人物;细节画面即细节描写,是知识点的补充,用于丰富主画面,增加生动性、理解性;交代画面即说明画面,提示时间、地点与人物;插入画面即备用画面,用来弥补穿帮、调节节奏。

在选择教学视频画面时,一般保留备用画面,删除无效画面,同时要遵循一些原则。

（1）要符合视觉习惯和思维规律

视频画面本身包括了长度、角度、运动、景别等若干视觉因素,这些因素导致不同种类的画面产生多种视觉及心理效果。因此,在选择教学视频画面时,根据视觉习惯和思维规律选择教学画面十分重要。

（2）要符合课程主题

教学视频的类型多样,如新闻、娱乐、文艺、戏剧、体育、社教、科普等,不同类型的教学视频具有不同的特点,对镜头的要求也各不相同。比如音乐类视频往往需要利用快推、快俯拍、仰拍、甩、旋转等镜头制造视觉冲击,最大限度地调动观众情绪,而在教学类、新闻类中运用这类镜头就显得过于复杂而不真实、不严肃。

（3）要有利于表现主题内容

教师要选择最恰当的视频画面组接成完整、清晰的内容,让学习者了解教学内容,理解课程思想。同时,视频画面长度要保证学生有足够的时间了解其中的信息与意义。

（4）要符合视频技术规范要求

每一个教学视频画面都要注意技术规范与内容清晰，尽量不使画面抖晃、倾斜、对焦不准、运动不平衡等。

2. 教学视频编辑点的选择

两个相邻视频画面的衔接点称为图像编辑点，编辑点的选择决定着整个作品的节奏和基调。编辑点的选择包括主体动作编辑点和镜头运动编辑点。主体动作编辑点是以教师活动或学生活动为基础，选择外部动作发生显著变化后作为动作编辑点。它包括相同主体动作编辑点和不同主体动作编辑点。镜头运动编辑点是以动接动、静接静、动接静、静接动为基础，从而避免镜头运动之间、运动镜头与固定镜头之间的编辑点产生视觉跳动。

（1）主体动作编辑点的选择

相同主体动作编辑点的选择有以下几种。

主体位置固定的画面，可选择姿态刚发生明显变化后作为动作编辑点。例如：教师的手抬起来的瞬间，将镜头切换到屏幕，可使镜头组接顺畅。

主体位置移动的画面，可选择运动方向或速度刚发生变化后作为动作编辑点。如教师从黑板前走到实验桌前，可在教师从黑板前迈脚开始由远景切到正面全景。

主体出入不同空间的画面，可选择主体走出画面后或走入画面前作为动作编辑点。如教师走进教室，可从教师在教室外推门切换到从教室里看教师推门进来。

主体由静到动或由动到静的画面，可选择动作刚开始或停止后作为动作编辑点。例如，学生由抬头到低头的全景，切换到开始写字的近景。

不同主体动作编辑点，可根据它们之间运动的内在联系，把动势方向一致、动作形态相似的瞬间作为动作编辑点。

（2）镜头运动编辑点的选择

对于运动镜头之间的编辑点，镜头运动方向相同的，编辑点可采用动接动组接，从而产生一气呵成的效果。镜头运动方向相反的，编辑点可采用静接静组接，镜头要有起幅、落幅，才不会产生视觉跳动。

对于运动镜头与固定镜头之间的编辑点，要根据固定镜头的主体是静止还是运动来选择编辑点。固定镜头中主体是静止的，则采用静接静组接；固定镜头中主体是运动的，则采用动接静组接。

3. 教学视频剪辑注意事项

在线课程视频进行视频剪辑时要注意以下几个方面。

（1）合乎视觉和思考逻辑

画面组接必须合乎事物发展逻辑和人们生活习惯，要合乎认识和思维逻辑。比如，教师讲课时讲到相关内容，用手指一下银幕，这时学生就想看清银幕上的内容，因此教师画面后最好衔接银幕的画面。

（2）遵循镜头调整的轴线规律

在处理两个以上人物的动作及相互间的交流时，要注意人物中间的"轴线"，视频画面在组接时，要使画面中主体物的位置、运动方向保持一致，合乎人们的视觉规律，否则就会出现方向性混乱。

（3）景别过渡要自然合理

同一对象的两个相邻画面组接时要合理顺畅、不跳动，要注意景别必须有明显变化，否则画面会明显跳动。另外，动接动要求运动速度和方向不能差别太大；静接静要求节奏的一致性；如果运动镜头与固定镜头相接，则要有足够的起幅时间或落幅时间。

（4）光线、色调的过渡要自然

两个相邻画面的光线与色调不能相差过大，要保持一致性，不同机位的视频剪辑在一起时需要注意不同的摄像机拍摄的画面不能有明显的色差、明暗，在拍摄前最好将几台摄像机的白平衡、光圈等调整好，保证画面效果一致。

（5）错误镜头的处理要恰当

教师在授课过程中，会不可避免地出现重复、啰唆或者口误，为了保证课程的科学和严谨，常常需要对这些错误进行删除或者更正。错误镜头可以用屏幕镜画面或学生画面弥补，但要注意语气和语意的连贯。

4. 一流课程视频技术指标

精品一流课程制作的视频技术指标可以参照国家教育部制定的《精品视频公开课拍摄的制作技术标准（修订版）》，主要技术指标如下。

①视频压缩采用 H.264/AVC（MPEG-4-Part10）编码、使用二次编码、不包含字幕的 MP4 格式。

②视频码流率。动态码流的最高码率不高于 2500kbps，最低码率不低于 1024kbps。

③视频分辨率。前期采用标清 4∶3 拍摄时，设定为 720×576；前期采用高清 16∶9 拍摄时，设定为 1024×576；在同一课程中，各段的视频分辨率应统一，不要标清和高清混用。

④视频画幅宽高比。分辨率设定为 720×576 的，选定 4∶3；分辨率设定为 1024×576 的，选定 16∶9；在同一课程中，各段应统一画幅的宽高比，不可混用。

⑤视频帧率为 25 帧/秒。

⑥扫描方式采用逐行扫描。

二、视频剪辑的方法

1. 项目创建

（1）打开编辑软件

打开 Premiere 后，在弹出图 4-23 所示的对话框中单击"新建项目"即可创建一个新工程，单击"打开项目"即可打开计算机中已保存的项目工程。

（2）新建项目

单击"新建项目"选项，在弹出的属性设置对话框可设置项目信息，如图 4-24 所示。项目的预设模式包括文件的压缩类型、视频大小、帧速度、音频模式等信息，如果要对预设模式中的某个选项进行修改，单击标签栏中的"自定义设置"进行修改。一般可以选择"DV-PAL 标准 48kHz"的预置模式来创建项目工程。同时在"位置"选项中可以选择文件的保存路径，在"名称"输入框中对工程文件命名。

图 4-23　新建项目对话框页面

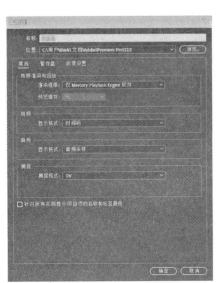

图 4-24　新建项目页面

属性设置完成，单击"确定"按钮后，便会进入编辑界面，此时屏幕上会同时显示几个窗口，包括素材框、监视器窗口、时间线窗口、效果窗口和工具箱。

2. 素材编辑

（1）素材导入

进行视频编辑时，需要先将拍摄完成的教学视频素材导入软件，才能进行素材编辑。素材导入的具体步骤如下。

首先，进入 Premiere 的编辑界面后，会自动生成"序列 01"的时间线，或选择"文件"—"新建"—"序列"新建时间线，向相应时间线导入素材后便可开始编辑。

其次，选择一个时间线，执行"文件"—"导入"命令。在弹出的对话框中，选择要导入的文件，包括声音、视频和图片等。选择后，单击"打开"按钮，即可将素材导入到素材框中。

Premiere 使用过程中，占用系统资源较大，易发生"假死"现象。在导入视频素材时，如果视频文件过大出现"假死"现象，要耐心等待，如果半个小时之后还没有响应，便可强制关闭，以免导致文件丢失。

（2）编辑素材

素材导入后可以进行在线课程教学视频的编辑，掌握编辑方法是在线课程制作的关键。编辑的基本操作包括素材拼接、切分、删除、复制、粘贴等。教学视频初步编辑的具体步骤如下。

①利用鼠标将素材框中需要编辑的素材拖到时间线上，单击此素材，在右侧监视器中即可看到视频编辑的效果，如图 4-25 所示。

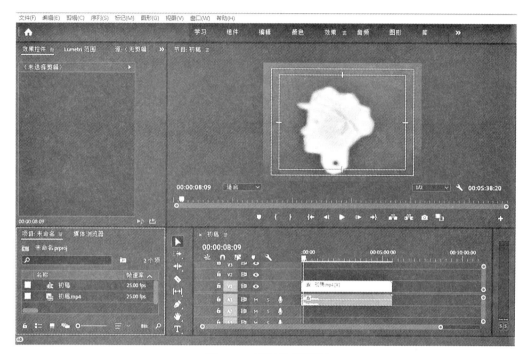

图 4-25　素材编辑页面

②如果需要剪切素材，可以通过移动时间轴窗口中的横向拖拉轴或纵向拖拉轴的圆形按钮调节素材大小。

③单击图 4-26 所示的工具箱中的剃刀工具，选择时间轴上素材切割处，单击鼠标左键，素材就被剪切开，成为两个独立的片段，如图 4-27 所示。

 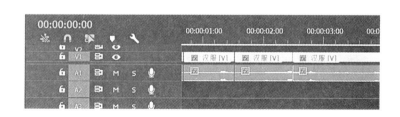

图 4-26　音视频工具栏　　　　　图 4-27　音视频切割效果图

④素材切割后，如果有无用片段，可利用工具箱中的选择工具，单击此片段并按下 Delete 键，即可将其删除。

⑤在选中选择工具的状态下，通过鼠标拖动素材片段，可将实现素材重新组合，

应注意避免拖动的素材片段与其他片段产生叠加。

3. 视频特效

Premiere 有丰富视频特效和切换特效。Premiere 中的视频特效和视频切换特效在编辑界面左下方的效果调板中,打开"视频特效"或"视频切换特效"文件夹,即可看到多种效果类型,如图 4-28 所示。

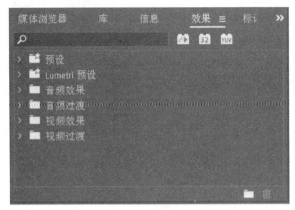

图 4-28　效果页面

选择视频切换特效中的一个文件夹中的特效,用鼠标拖到两段素材之间,就完成了视频特效的添加。应用中心拆分的视频过渡效果如图 4-29 所示。

图 4-29　应用中心拆分的效果图

4. 视频输出

完成视频的编辑、特效的添加、声音的处理等操作后,需要将制作完成的视频渲染预览和生成输出。

(1) 视频渲染

视频编辑基本完成后,可以在右侧监视器中进行视频预览,有时受限于计算机性能,预览会出现卡顿,所以要先进行视频渲染。渲染的方法是,选择"序列"—"渲染入点到出点的效果",即可开始视频渲染。

(2) 视频输出

视频渲染完成后,便可流畅地预览视频。如果不需要修改完善,就可以开始视频输出。视频输出步骤如下。

①选择"文件"—"导出"—"媒体",弹出的导出设置窗口如图 4-30 所示。

②在导出设置窗口中设置视频格式,如图 4-31 所示,此外还可根据需要设置输出视频的路径、文件名称等,目标比特率可以选择 4～6,最大可以是 6 以上,目标比特率

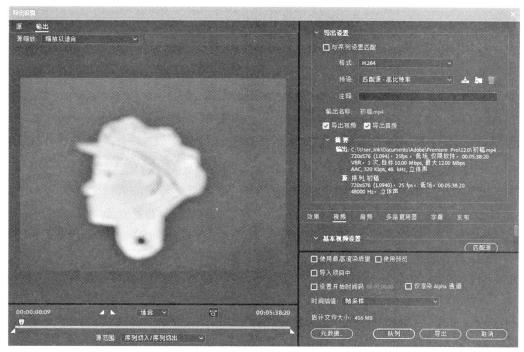

图 4-30　导出设置页面

越大，视频就越清晰。设置完成后，单击"保存"按钮，即可导出视频。

三、视频字幕的制作

1. 字幕制作的要求

为了使学习者更清楚地学习教学内容，在线课程中除了要做好音视频的编辑外，有时还需要配以字幕。字幕也称屏幕文字，是指出现在屏幕上，有特定表达意义的文字，它是根据内容表现的需要，后期制作时叠加在屏幕上的文字，一般包括片头字幕、片尾字幕、提示性字幕、唱词等。

在制作在线课程的片头片尾时，可参考国家教育部制定的《精品视频公开课程拍摄制作技术标准（修订版）》。

（1）片头字幕

片头字幕主要是提供在线课程标题、主讲人等信息。一般包括学校的名称及 Logo、课程名称、主讲教师姓名、专业技术职务、单位等信息。片头字幕一

图 4-31　导出设置格式选择页面

般采用静态文字，也可适当加入动画。字体要能体现作品特点和个性，具有良好的识别

性和可读性，同时需要字体大一点。片头字幕呈现时间要使观众能看清楚，一般需要6～10s，不宜超过15s。

（2）片尾字幕

片尾字幕是给出版权单位、制作单位、录制时间等信息。

（3）提示性字幕

提示性字幕是用屏幕文字突出在线课程的重难点或者较难理解的内容，一般可以呈现关键词语，以增强学习者对知识点的记忆。

（4）唱词

唱词指对白或解说词，一般出现在屏幕下方。唱词要注意规范性，字体的选择要稳重，一般选择黑体等常规字体，文字颜色要与视频主色调相符合且要保证清楚、明显。唱词出现时间要略早于说话开始时间，消失时间略晚于说话结束时间。

在线课程的唱词制作要求可参考国家教育部制定的《精品视频公开课拍摄制作技术标准（修订版）》。

①唱词文件格式：独立的SRT格式的唱词文件。

②唱词的行数要求：每屏只有一行唱词。

③唱词的字数要求：若画幅比为4∶3，每行不超过15个字；画幅比为16∶9，每行不超过20个字。

④唱词的位置：保持每屏唱词出现位置一致。

⑤唱词中的标点符号：只有书名号及书名号中的标点、间隔号、连接号、具有特殊含义的词语的引号可以出现在唱词中，在每屏唱词中用空格来替代标点表示语气停顿，标点及空格均使用全角。

⑥唱词的断句：不能简单按照字数断句，应以内容为断句依据。

⑦唱词中的数学公式、化学分子式、物理量和单位，尽量以文本文字呈现；不宜用文本文字呈现的且在视频画面中已经通过PPT、板书等方式显示清楚的，可以不加该行唱词。

⑧唱词文字：中文。有条件的视频，除制作中文唱词外，可另外制作英文唱词。

2. 字幕制作的方法

在线教学视频一般使用Adobe Premiere Pro、EDIUS等软件在编辑教学视频时添加教学字幕，或用专门的字幕软件添加。

（1）内嵌字幕的制作方法

Premiere Pro中添加的字幕是内嵌字幕。具体步骤如下。

② 择菜单中的"文件"—"新建"—"旧版标题"，如图4-32所示。

②在弹出的新建字幕窗口中，可执行字幕命名等操作，如图4-33所示。单击"确定"按钮，弹出字幕编辑窗口，在该窗口可以调节文字的大小、类型、外观颜色、描边、阴影等属性，如图4-34所示。

或者直接选择工具栏中的文字工具"T"，选中文字，在效果控件中，调节文字的

第四章 精品一流在线课程的资源开发

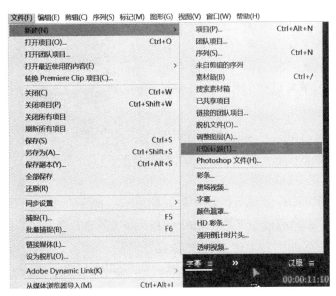

图 4-32 旧版标题菜单栏页面

图 4-33 新建字幕页面

大小，文字的类型，外观颜色，描边，阴影等。如图 4-35 所示。

③字幕作为一个素材，被放在左下框的文件夹，像视频素材一样，字幕需要自己拖拽添加，如图 4-36 所示。字幕有长度，可以被剪辑，甚至可以在网上下载。

在字幕编辑板里，直接在视频画面里添加文本框，就建成了字幕。同时，编辑板上各种各样的功能按键可以用于制作出更高级的字幕。

图 4-34 旧版标题属性栏

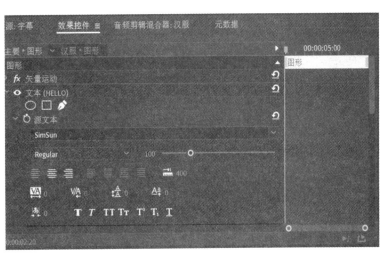

图 4-35 效果控件页面

（2）片头片尾字幕的制作

片头片尾的形式分为图片与视频，一般综合利用 Photoshop、After Effects 等软件制作片头片尾图片，或利用 PPT 等软件制作片头片尾的动画视频。在制作片头片尾时，要使其颜色和色调和教学视频的主体颜色相似。同时使用渐变工具，制作适合视频的渐变背景，然后在背景上添加片头文字。

图 4-36　字幕添加页面

完成片头和片尾图片或视频的制作后，即可进行保存，注意要将片头和片尾两张图片分别进行保存，之后便可开启 Premiere Pro 添加到教学视频上。具体步骤如下。

①利用 Premiere Pro 打开在线课程的教学视频后，在导入窗口中，把制作完成的片头片尾的视频或图片一起导入到 Premiere Pro 中，也可直接将片头片尾素材所在文件夹移动到"项目"窗口中，即可将其放置到素材中。依次把视频和片尾也拖拽到时间轴中，按照片头—视频—片尾的顺序拼接起来。

②将片头和片尾图片或视频，分别移到视频的合适位置，并调整大小，让其充满视频画面，这样就基本完成了片头和片尾的添加。

③如果以图片的形式添加片头片尾，将图片直接移到视频时间轴之上时，系统会将图片的播放时间设置为默认时间，这时可以将主视频和图片合并，并进行统一的处理，确保片头和片尾的持续时间正常。

④为了让原视频和片头片尾之间和谐过渡，用鼠标右键单击视频与视频或视频与图片间的"接点"，在弹出菜单中选择"应用默认过渡"，即可让片头片尾和视频之间和谐过渡，如图 4-37 所示。

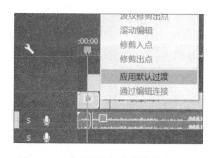

图 4-37　应用默认过渡的菜单页面

同时，为了过渡更加自然，可以选择"效果"—"视频过渡"—"溶解"—"交叉溶解"，把"交叉溶解"直接拖到片头与视频中间位置和视频与片尾中间位置添加过渡效果。这时当播放到添加溶解位置的地方时，就会有两个素材慢慢渐变过去的效果。

（3）视频字幕特效的制作

字幕特效有很多效果，一般常用如下几种。

①动态模糊。首先，选中字幕后，在"效果控件"面板里找到"变换"，并应用到文字上面去，字幕的效果控件如图 4-38 所示。其次，在效果控制窗口对变换效果的缩放选项进行设置，制造缩放效果。然后，鼠标右键单击关键帧，添加贝塞尔曲线，让动画看起来更自然更有感觉。最后，在变换效果最下面，反勾选"使用合成的快门角度"选项，并设置快门角度为 360°，设置好后就可以看到文字有运动模糊效果了。

图 4-38　字幕的效果控件

②淡入淡出。首先，选中字幕，在"效果控件"面板找到"不透明度"，如图 4-39 所示。其次，将时间标尺移至文字开始处，修改不透明度为 0。最后，根据教学视频的需要将时间标尺向后移动一定距离，修改不透明度为 100，完成淡入效果。同理将时间标尺移至文字结尾处，修改不透明度为 0，将时间标尺向前移动距离，修改不透明度为 100，完成淡出效果。

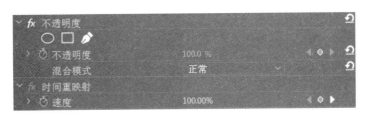

图 4-39　效果控件的不透明度页面

③逐字渐显。首先，选中字幕后，将左下角的面板选到效果，选择"视频效果"—"过渡"—"渐变擦除"，双击打开效果页面，如图 4-40 所示。其次，在选中字幕首尾各添加一个关键帧，第一个关键帧的参数设置为：过渡完成、100%擦除角度–90°，第二个关键帧设置为：过渡完成、0 擦除角度–90°。最后，逐字渐显的效果就完成了。

图 4-40　效果控件的渐变擦除页面

第三节　其他课程资源的制作

精品一流课程资源的开发与设计，不仅涉及教学音频及教学视频的编辑与制作，还包括教学 PPT、概念图、思维导图等其他资源。本节介绍概念图、思维导图、微信课程等内容的制作方法。

一、概念图的制作

1. 概念图的内涵特征

（1）概念图的含义

概念图又称为概念构图（concept mapping）或概念地图（concept maps）。前者注重概念图制作的具体过程，后者注重概念图制作的最后结果。现在一般把概念构图和概念地图统称为概念图而不加以严格区别。概念图是用来组织和表征知识的工具。它通常将某一主题的有关概念置于圆圈或方框之中，然后用连线将相关的概念和命题连接，连线上标明两个概念之间的意义关系。

Joseph D. Novak 于 20 世纪 70 年代，将概念图应用在科学教学上，作为一种增进理解的教学技术，体现了大卫·奥苏伯尔（David Ausubel）的同化理论，强调先前知识是学习新知识的基础框架，从而形成了概念图分析法。

概念图能够很好地重现学习者的认知图式，能够激发学生更好地、更多地、更快地将大脑中的知识结构以可视化的方式呈现出来。因此，概念图的制作可被理解为建构学习者所观察到的客观现实世界的一种图形表征，成为一种影响和引导学习者元认知的工具。在线课程中，经常需要对知识概念进行梳理，概念图是一个非常好的工具。如图 4-41 所示。

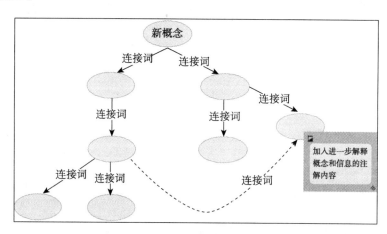

图 4-41　概念图

（2）概念图的类型

概念与概念之间有着错综复杂的关系。为了能明确表征这种不同的关系，可将概念图划分为多种类型，图 4-42 展示了三种常见类型："辐射图"表明了分类、相似和不同的关系；"等级图"表明了定义以及包含、相等和数量的关系；"链式图"表明了时间顺序、因果和激活的关系。

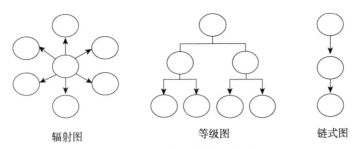

图 4-42 概念图的常见类型

除此之外，还有很多表示概念间的关系图，如维恩图、情节图、故事图、类比图、K-W-L 图（know-want-learned）、括弧图等，如图 4-43 所示。

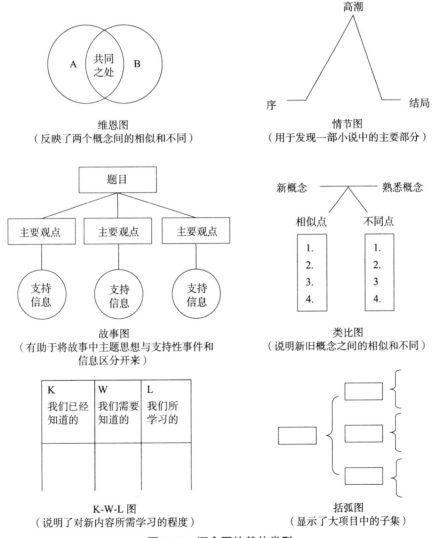

图 4-43 概念图的其他类型

（3）概念图的特征

在概念图中，由方形或圆形表示概念，如"在线课程"和"混合式学习"等。概念间的关系则以标名（labelled）的箭头线段连结，箭头的方向表示往下发展的层次。这些线段如："引发""导致""需要""提供"等。概念图中的文字标注，可以是表示不同节点上的概念的关系，也可以是对节点上的概念详细阐述，还可以是对整幅图的有关说明。概念图的制作，关键在于对概念理解精准、纯熟，进而对整体结构以及总分从属关系进行分析，全面把握。

2. 概念图的制作方法

（1）概念图制作的步骤

制作概念图，一般可以通过以下几个步骤来实现。

①确定关键概念和概念等级。将知识领域中的关键概念列出来，对这些关键概念进行排序，从最一般、最概括的概念到最特殊、最具体的概念依次排列。

②拟定纵向分层和横向分支。将概念进行排列，初步拟定概念图的分布。一般可以用计算机软件来制作概念图。

③建立概念之间的连接关系。概念之间的联系有时很复杂，但一般可以分为同一知识领域的连接和不同知识领域的连接。尤其要做好交叉连接。

④在应用中不断修改和完善。形成初步的概念图后，在应用中需要不断地修改和完善。

（2）概念图具体制作方法

概念图可以手绘，可以借助一般的办公软件如 Word，也可以使用专业的概念图制作工具如 Inspiration、Mind Manager 等。当然，用专业工具制作的概念图不仅美观而且容易修改完善。不论是用何种方法来制作概念图，一般都应该遵循以下的基本步骤。

①选取对象。在线课程中，概念图常被应用于某一课程或某一章节的开篇或结尾，用于知识点的可视化及知识点关系的呈现。一般情况下，概念图的建构必须依靠对上下文知识的运用，教师可以选择在线课程的教学内容、或者其中的某个实验活动、或者提出的某个问题为概念图绘制的对象，如此形成的背景知识也便于概念图的层级结构的确定。

②确定关键概念和概念等级。一旦知识领域选定了，接下来便是确定关键概念，并把它们——列出来，然后对这些关键概念进行排序。把一般、最抽象和最具涵盖性的概念放在最高位置，从最一般、最概括的概念到最特殊、最具体的概念依次排列。最高层的概念一般只有2～3个概括性的概念，一般某一课程的关键概念与章目录有关，某一章的关键概念与节目录有关。

③拟定概念图的层级分布。在这一步骤中，可以把所有已确定的概念列在概念图的绘制平台或软件中，然后把这些概念按照概念的分层和分支在工作平台或软件上进行排列，移动概念以修改概念图的层级分布，从而初步拟订概念图的分布，便于教师确定概念图的纵向分层和横向分支。

④建立概念之间的连接，标明连接词。概念之间的联系有时很复杂，但一般可以分为同一知识领域的连接和不同知识领域的连接，在线课程中的概念图之间的联系一

般处于同一知识领域。在确定概念图的层级分布的基础上，建立概念之间的连接，在连接线上写上合适的连接词，连接词必须清晰表达两个概念之间的关系。当大量相关的概念连接起来并形成层次以后，可以看到对应某一知识、命题、中心的意义架构。任何概念之间都可以形成某种联系，教师在绘制在线课程的概念图时应该选择最有意义并适合于当前知识背景的连接关系。

⑤修改和完善。好的概念图一般要修改多次。有了初步的概念图以后，随着教学的深入，学习者对原有知识的理解是会加深和改变的，所以，概念图应不断地修改和完善。

（3）概念图制作的注意事项

教师利用概念图辅助在线课程进行教学时，除了要做到脉络清晰、结构简明、形式新颖、梳理到位、重点突出、图文结合、比较与联系，还需注意以下三点。

①概念出现次数。概念图中每个概念只出现一次，连接两个概念间的关联词应尽可能选用意义表达明确的词。

②明确图形意义。概念名词要用方框和圆圈圈起来，连接概念的直线可以交错，但向上或向两侧联系时需加箭头。

③理清概念关系。要根据概念渐进的层次，在教学中帮助学生把这些概念放入知识结构的相应位置上，通过比较可以理解概念之间的关系及其层次。

3. 概念图的制作

很多绘图工具软件都可以用来绘制概念图。下面以 Inspiration 为例介绍一下制作方法。用 Inspiration 制作概念图的主要操作步骤如下。

（1）运行 Inspiration 软件

打开界面，如图 4-44 所示。

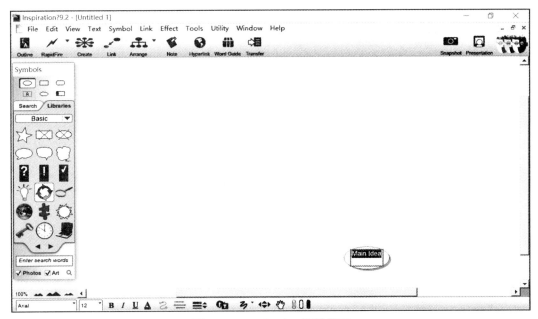

图 4-44　Inspiration 开始界面

（2）输入主题概念

在"main idea"概念框图中输入相应的概念，例如输入"主题概念"，然后在空白处单击鼠标。

（3）建立概念框图

将鼠标移到下一个目标概念的位置，然后单击鼠标，出现一"十"字形状，此时通过键盘输入"概念1"，就能够再建立一个概念框图了，如图4-45所示。

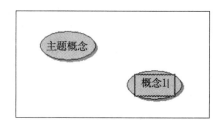

图 4-45　确定下一个目标位置

（4）调整框图形状

如要改变该概念的框图形状，或者重新创建不同的框图形状，可单击"符号标记面板"中的某一个框图符号，即可在该位置出现相应的框图符号，然后可以在其中输入文字，如图4-46所示。"符号标记面板"是软件提供的一个图库，里面按照不同主题提供了一些符号，当然，如果制作者感到这些图不能满足要求的时候，还可以通过"复制—粘贴"的操作将外部的图形导入Inspiration作为概念的框图符号。

（5）建立概念间的链接

首先单击"图标工具"中的"Link"链接按钮，再将鼠标移到某一框图上并单击，然后再到要与之建立联系的目标框图上单击，就建立了两个概念间的联系线条。同样可以建立其他概念间的联系线条。如图4-47所示，可以在连线上出现的方框中写入表示概念间关系的简短关键词。

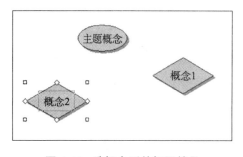

图 4-46　选择合适的框图符号

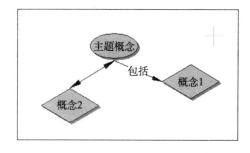

图 4-47　建立概念之间的链接

（6）完成整个概念图

同理，作出其他子概念及相关关系，再调整布局、颜色、大小、位置等，就完成了一张概念图。

二、思维导图的制作

1. 思维导图的内涵特征

（1）思维导图的含义

思维导图和概念图都是知识可视化方法，但又有所不同。思维导图是一种将发散性思考具体化的思维工具。思维导图具有人类思维的强大功能,能运用图文并茂的技巧,把各级主题的关系用相互隶属与相关的层级图表现出来,把主题关键词与图像、颜色等建立记忆链接,协助人们在科学与艺术、逻辑与想象之间平衡发展。

思维导图是一个中心主题的发散性思维的集合,强调的是人的思维过程,思维方式是跳跃式的发散思维;而概念图是多个概念间相互关系的集合,注重知识的建构过程,是多进程的线性思维方式。思维导图的目的是促进灵感的产生和发散性思维的形成,因此可用于主题明确的探究性教学活动;而概念图本就是为了促进教学效果而产生的教学方法,它与教育紧密相连,根据它的特点可将其用于概念较多的教学活动。

(2) 思维导图的特征

思维导图反映的是个人的思维特点,制作者基于自己对事物的认识,制作反映自己思维的导图,将主动权把握在自己手中。制作前需要总览知识点的全部内容,从宏观上把握一章的知识构架与逻辑关系,根据自己对知识的理解,总结出相应的知识体系。利用思维导图呈现出知识间的层次性与关联性。由总体到局部,逐渐细化知识分支。思维导图的制作是不断发展变化的,学习也是一个需要反复回顾的过程。随着对知识的认识与理解程度不断提升,思维导图的内容与形式可以随着这种提升同步提升,同时还可以发现知识间深层次的联系,并将这种联系反映在思维导图中,实现思维导图与学习掌握程度的同步发展。利用思维导图以图文结合的形式呈现出知识结构,充分调动左右脑的机能,促进了人们对知识的理解,进而形成一种良性循环。思维导图示例如图 4-48 所示。

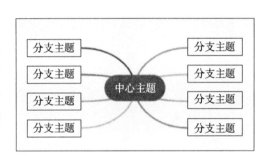

图 4-48 思维导图

2. 思维导图的制作方法与注意事项

(1) 思维导图的制作方法

思维导图的制作简单并且灵活多样,主要可以采用手绘或者软件制作两种方式。

手绘思维导图具有较高的自由度,没有形式上的限制,甚至可以突破传统的纸笔二维作图形式,利用图钉和棉线构建出三维的思维框架,充分发挥思维导图灵活多变的优势,真实地反映大脑的思考方式。

在绘图软件的帮助下,思维导图的制作日益快捷化、标准化,利用软件提供的模板可以在短时间内构建出一份完整的思维导图,并且极大地方便了整体调整以及后期的更改补充,提高了思维导图的使用效率。

(2) 思维导图制作的注意事项

要尽量用词或词组而非句子来表达要点及内容;要以简洁、明了为原则,可以用汉字、符号,甚至图形来表明各要点;各节点走向要清晰,层次要分明;以思路完整、重点突出为目的，去除无用的枝杈，重组不合理的分层；按思维导图口述内容，检验表达的清晰程度；思维导图的节点是围绕中心主题内容来扩展的，要提前进行规划。子主题应围绕中心主题进行展开，切不可生搬硬套。

3. 思维导图的制作步骤

目前主要的思维导图绘制软件除了手绘以外，还有 Inspiration、MindPin、MindManager、Xmind、iMindMap、FreeMind、MindMapper、NovaMind 等。下面以 Xmind 为例介绍思维导图制作方法。

尽管思维导图的制作因人而异，且不同类型的思维导图在内容与结构上略有差异，但思维导图的制作仍然可以归纳为以下四个步骤。

（1）选择导图类型

Xmind 思维导图提供了多种导图结构，如图 4-49 所示。进入 Xmind 软件后选择一个模板新建一个思维导图。

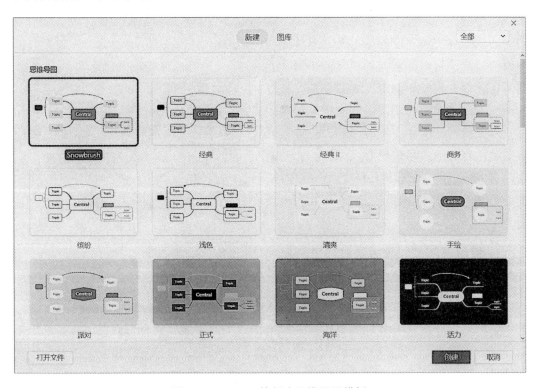

图 4-49　Xmind 的新建思维导图模板

（2）确定中心主题

创建思维导图后，选择一个思维的焦点作为起点，即确定出一个中心主题，如图 4-50 所示。

（3）联想关键词

由中心主题出发展开联想，在图 4-49 所示的 Xmind 编辑页面，选中"中心主题"

后，单击工具栏的"子主题"，即可为选中的主题添加子主题。并通过双击对应"分支主题"，即可编辑与之相关的关键词。

（4）明确关系

对关键词进行分类筛选，明确与中心主题的关系，确定出二级关键词。若该关键词与分支主题是上下级关系，单击目标"分支主题"后，单击工具栏中的"子主题"，即可为选中主题新增一个同级主题。若与分支主题同级关系，单击目标"分支主题"后，单击工具栏中的"主题"，即可为选中主题新增一个同级主题，如图4-50所示。

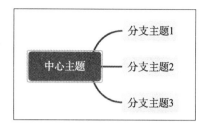

图 4-50　思维导图的中心主题

（5）重复以上步骤

以每一个二级标题为中心，重复以上步骤，不断丰富导图的结构与内容。整个制作过程要呈现出一个由中心向各个主题放射状延拓的形式，有利于人思维的发散与创造能力的培养。

（6）导出思维导图

思维导图绘制完成后一般可以选择导出使用，这时一般有五种格式可供选择。在 Xmind 中选择右上角

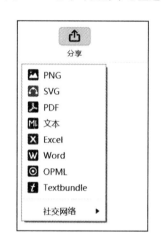

图 4-51　Xmind 的分享导出格式

的"分享"，即可选择导出的格式和分享路径，导出格式包括 PNG、SVG、PDF、文本、Excel、Word 等多种格式，如图 4-51 所示。

三、微信课程内容制作

1. 微信的在线学习支持

微信有着强大的通信交流功能，除了交友聊天外，它还有强大的交互功能、管理功能和数据统计功能，可以有效地支持教育教学，实现教育教学资源发布、资源共享、资源存储、资源管理、交流互动、同步异步答疑、学习评价等学习活动。[①]

在微信平台支持的学习中，利用通信交流功能，学生既可以进行一对一的互动学习，也可以通过群聊，进行小组学习，还可以在朋友圈分享与课程相关的资源链接；利用交互功能，教师利用微信公众平台推送优质教学资源给学习者，学习者通过关键词回复、自定义菜单，查看自己感兴趣的知识，实现个性化学习；利用管理功能，教师可将学习者分组管理，学习素材管理，学习者查看和收藏消息；利用数据统计功能，教师可查看学生对资源的单击、查看情况，有助于教师掌握重点和难点。相对于专门的网络教学平台，微信支持的教学平台降低了技术难度，容易上手，可以节省学生熟

---

① 张明洁. 基于微信的混合学习模式研究[D]. 兰州大学，2016.

悉网络学习环境的时间，且学生使用微信的频率高，便于随时随地地学习。丰富了学习形式，也能优化学习环境，为学习提供一个方便、快捷、高效的共享知识的平台。

（1）信息型学习

信息型学习是最基本的知识传递的学习模式。教师通过微信公众平台或者微信群聊、朋友圈为学习者推送教学信息，如课程公告、学习目标、重难点、学习任务、学习资源等内容。微信公众平台的自定义菜单为学习者提供导航功能，可以整合学习资源、进行分类管理，让学习者一目了然。

（2）交互型学习

利用微信平台的通信交流功能和交互功能，通过文字、语音、图片、视频等丰富的表现形式，实现一对一、一对多和多对多的交互，加强学生之间和师生之间的沟通。交互学习主要分为三类：一是学习者根据自己的需求，借助微信平台，向教师或其他学习者寻求帮助，教师和其他学习者提供帮助，问题得到解决；二是教师提供一个协作学习主题，学习者以小组或班级的形式，进行讨论、辩论、合作、评价，教师进行引导和支持，最终解决问题；三是教师为学习者提供丰富、有趣的教学测验、游戏等模块，增强学习的交互性和趣味性，提高学习者使用学习平台的积极性。

（3）个性化学习

微信公众平台的自动回复和自定义菜单可实现关键词设置、内容检索等功能。自动回复支持 200 个关键词，这一数量足以满足一般课程的重难点的内容设计。学习者可就自己感兴趣或生疏的问题通过输入关键词和单击菜单的方式获取信息。这种快速、简洁的信息交互方式为学习者提供了个人学习所需的信息内容，同时，教师依据用户分析、菜单分析和消息分析的统计功能，了解学生的学习需求，为学习者提供个性化学习内容。

（4）开展学习评价

在微信平台上经常进行教学测验和统计分析，时刻关注学习者的学习情况，进行形成性评价，及时发现问题、解决问题。在一个阶段内，进行总结性评价，确定学习者是否达到教学目标，通过反馈信息，及时调整教学进度。利用投票功能，实现学生作品的自评和他评，提高学习者对学习评价的参与度。

2. 微信公众号资源制作

在线学习过程中，教师可以通过微信公众号来给学生推送一些测验、视频、语音或者拓展阅读材料，以辅助学生课堂学习，或作为课外扩展，帮助学生更全面地学习。

（1）注册公众号

进入微信公众平台网站，官方网站为：https://mp.weixin.qq.com/，如图 4-52 所示。

首次使用时单击右上角"立即注册"可注册一个公众号。微信提供了订阅号、服务号、小程序和企业微信四种公众号方式，如图 4-53 所示。一般教师可以注册服务号，普通微信使用者通过搜索并订阅相关的订阅号或公众号，可获得自己所需要的资源。根据平台的提示进行注册，注册好后可登录微信公众号平台，如图 4-54 所示。

图 4-52　微信公众平台登录页面

图 4-53　微信公众平台注册页面

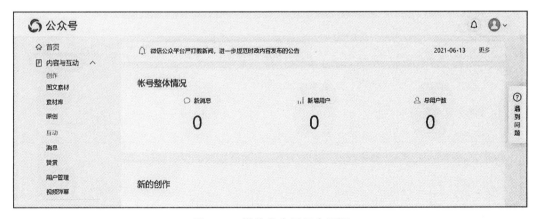

图 4-54　微信公众号平台页面

（2）建设素材库

微信公众号中的图片、文字、音频、视频等资源需要手工添加。单击图 4-54 中左侧的"素材库"，可以先添加到素材库，以后选择使用，素材库页面如图 4-55 所示。

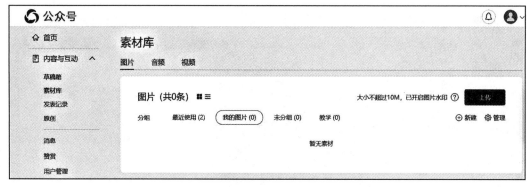

图 4-55 微信公众平台的素材库页面

素材库中主要包括"图片""音频""视频"三种类型的素材,在素材库页面可以通过单击"上传"或"添加"上传并添加三类素材,并且在各个类型素材的管理界面下,可以对任意素材随时进行修改,对图片素材还可以进行分组管理。

(3) 创作新消息

单击图 4-54 中左侧"图文素材",单击如图 4-56 中的"新的创作",可以在新建消息时同时添加资源,如图 4-57 所示。"新的创作"主要包括图文消息、文字消息、视频消息、音频消息、图片消息、转载六类图文素材。

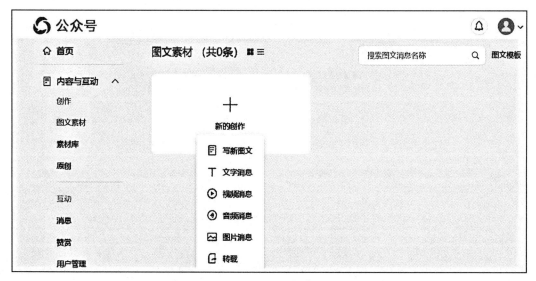

图 4-56 微信公众平台的图文素材页面

在图 4-57 中,根据需要输入文字或导入资源,编辑完成新的图文消息。另外,需要设置封面、标题、摘要、作者、原创声明、留言、标签等信息。

(4) 发布新消息

新消息编辑好后会存储在图文素材库中。如果需要发布,则打开此新消息,单击"保存并群发"。如果新消息通过平台审核后就可以群发。目前,微信平台每天只允许发送一条消息。发送后学生在微信用户端消息界面中单击"阅读原文"即可跳转到相应的界面进行相关知识的学习。

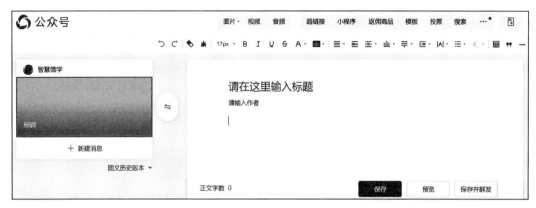

图 4-57　微信公众平台的图文素材创作页面

（5）其他功能

此外，还可以添加"小程序"、应用"模板"、发起"投票"、导入"文档"等方式丰富图文素材，通过后台素材库的建立和各种模块的组建，最终为学生提供友好的微信公众平台界面。

3. 微信推送资源的制作

微信除了公众号外，还可以制作 H5 页面进行资源推送。H5 具有交互性好、易于传播、感官体验丰富、利于效果追踪等优势。微信的传播内容不仅包含传统媒体的文字、图片、视频，还包括互联网条件下的互动游戏和超链接，在整合资源和信息覆盖上更全面、形式更多样。H5 页面可利用一些常用软件来进行制作。下面以人人秀为例介绍。

（1）打开 H5 制作工具

H5 页面的制作首先要打开 H5 制作工具。打开人人秀官方网址：https://rrx.cn/index，进入平台。首次登录需要根据提示进行注册。人人秀首页如图 4-58 所示。

图 4-58　人人秀首页

（2）创建活动

登录成功后，在"个人中心"找到 H5 工具，选择"进入管理"，即可进入图 4-59 所示的页面。

在该页面中选择"创建活动"即可创建新的 H5 页面，并根据需要在如图 4-60 所示弹出窗口中选择"空白活动"或"模板商店"。

（3）编辑活动

选择"空白活动"可进入活动编辑器页面，如图 4-61 所示。

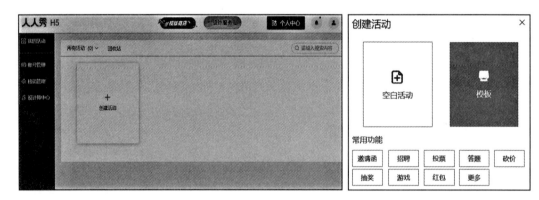

图 4-59　H5 制作工具首页　　　　　　　图 4-60　创建活动窗口

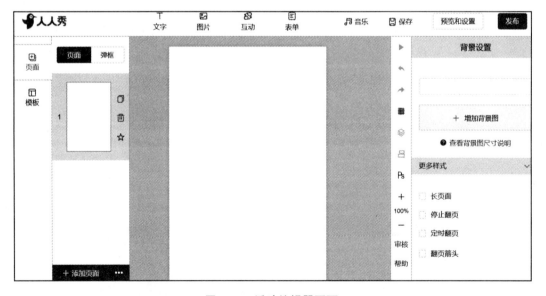

图 4-61　活动编辑器页面

单击活动编辑器右方的"背景设置"区域下的"增加背景图"，可以弹出背景素材库为文案选择背景，或者用户也可上传图片作为背景。

单击活动编辑器上边工具栏里的"音乐""文字"等功能选项，可以在制作的场景里添加背景音乐、文字等，选择添加的文字，也可对文字进行编辑，设置动画模式等。

单击活动编辑器左下侧的加号,也可以增加新的界面,然后根据上述的方法对新加的界面进行单独的编辑。

（4）发布活动

场景编辑完成之后,单击活动编辑器右上角的"发布"按钮,便会弹出图 4-62 所示的发布窗口。在该窗口中设置"分享头像""分享标签""分享描述"等,单击"确定"按钮即可发布 H5 页面。

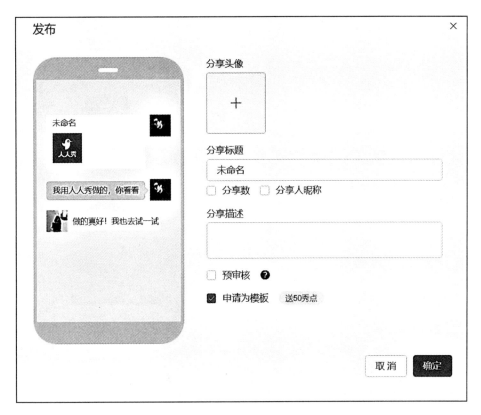

图 4-62　H5 的发布页面

发布完成以后会生成二维码及链接,并利用二维码或链接将 H5 资源上传至微信公众平台。

第五章

精品一流在线课程的微课制作

教学微课是精品一流在线课程的重要组成部分，教师需要学会拍摄教学微课，掌握视频拍摄的技巧与方法，掌握教学录屏的技术与技能，设计制作优秀的教学微课，从而提高学生在线课程学习的效果。

第一节 教学微课的基本知识

教学微课不是简单的课堂教学实录，而是要从学生认知和建构的角度，从内容、教学、制作等方面精心地设计制作，达到最优的效果。

一、教学微课的内涵

1. 教学微课的理解

（1）微课的内涵

微课（micro lesson）是指以先进教育思想和教学理念为指导，以使学生自主学习达到最佳效果为目标，经过精心的信息化教学设计，以视频、动画等形式记录或展示教师围绕某个（某些）知识点（技能点）开展的简短、完整的教学活动。微课体现的是教师针对特定教学任务，充分、合理运用信息技术、数字资源和信息化教学环境进行教学设计和实践，并将教学的过程制作成为学习资源的能力。

微课（micro lesson）与微课程（micro course）、微课堂（micro class）、微讲座（micro lecture）等概念相近，但各有不同。微课不是用在课堂上代替教师讲课，而是要用在翻转课堂中和课外的学生自主学习时。因此，对于教师而言，最关键的是要从学生的角度去制作微课，而不是从教师的角度去制作，要体现以学生为本的教学思想。

（2）微课的动因

微课产生的原因很多，其中较为重要的有以下四点。

①知识获取的直接性。这是一个知识暴涨的快节奏时代，努力学习知识的速度永

---

① 张一春. 精品微课设计与开发[M]. 北京：高等教育出版社，2016.1.

远赶不上知识增长的速度。因此，人们在学习时，希望摒弃冗长的铺垫，挤去虚无啰唆的水分，直接获得知识。

②知识获取的需要性。学习者希望利用有限的时间先学习最需要的知识。

③知识获取的便捷性。学生在学习时碰到问题希望迅速得到解答，获取知识更加方便快捷。

④知识获取的有效性。学习者希望学习所花的时间和付出的努力能够获得收益和回报，而微课恰好能在短时间内使学习者获得某方面的知识或技能，形成有效学习。

2. 教学微课的特点

（1）微课的特征

微课只讲授一两个知识点，没有复杂的课程体系，也没有众多的教学目标与教学对象，看似没有系统性和全面性，许多人称之为"碎片化"。但是微课是针对特定的目标人群、传递特定的知识内容，一个微课自身仍然需要系统性，一组微课所表达的知识仍然需要全面性。

微课的特征有：主持人讲授性、流媒体播放性、教学时间较短、教学内容较少、资源容量较小、精致教学设计、经典示范案例、自主学习为主、制作简便实用、配套相关材料。

微课三大核心的特征是：自主学习、移动学习、简短有效，这也是评判是否是微课的主要依据。因此，微课也可理解为：可在泛在学习环境下，开展短时有效的自主学习的微学习资源。

（2）微课的特点

位微不卑。微课虽然短小，比不上一般课程宏大丰富，但是它意义非凡，效果明显，是一个非常重要的教学资源。

课微不小。微课虽然短小，但它的知识内涵和教学意义非常巨大，有时一个短小微课比平时的几节课都有用。

步微不慢。微课都是小步子原则，一个微课讲解一两个知识点，看似很慢，但稳步推进，掌握知识的效果更显著。

效微不薄。微课有积少成多、聚沙成塔的作用，通过不断地学习知识，从而获得大道理、大智慧。

（3）微课的原则

①学术性。学术是指微课内容的科学性、准确性、学术性和真实性。微课是传播知识的，因此微课中的任何一点都必须严格遵循科学体系和教学要求。

②心术性。心术指的是微课需要有强大的教学设计和心理学设计。微课要在短时间内将内容传播给学习者，而且要能吸引和激发学习者的学习热情，因此必须有精心的教学设计，同时也要有教与学的心理学作指导。

③技术性。微课是利用网络多媒体技术展示和传播的，因此技术对于微课来说非常重要，恰当和充分地使用信息技术手段，是一个成功微课的重要基础。

④艺术性。教学是一门艺术,如何讲好一堂课,如何体现知识的魅力,如何展示教师的风采,如何传播知识背后的文化,都需要有较好的教学艺术。

3. 设计制作流程

(1) 微课的基本结构

一部微课一般由片头、内容、片尾三部分组成。片头主要是介绍题目、课程、主讲人、其他需要说明的内容等;内容主要有目录、小结、内容、字幕、图表、总结等;片尾主要介绍作者、出处、鸣谢、其他需要说明的内容等。

(2) 微课制作流程

微课的制作流程主要有以下六个步骤。

①确定课题。确定课题是微课的首要环节和起点。

②教学设计。为达到优化教学效果,必须认真进行教学设计,精心构思教学目标、教学方法、教学过程和教学评价等每一个环节。

③资源准备。需要提前准备好微课教学中的相关资源,如教学课件、音视频资源、案例等。

④制作微课。可以用拍摄、录屏等方法来制作微课。

⑤后期编辑。将前期拍摄或者录制的视频进行组接、修改,并对视频进行配音或者配上唱词,最后为视频配上片头和片尾。

⑥试用修改。微课制作好后要经过实际的学习使用,然后不断修改完善,最终形成一个质量较高的微课作品。

(3) 微课制作核心环节

微课制作的核心环节如图 5-1 所示,主要有以下五个。

①分析。主要分析学生的学习习惯、学习基础、学习技术、学习风格等,分析教学的学习目标、学习内容、学习重点、学习要求、知识分解等方面的情况。

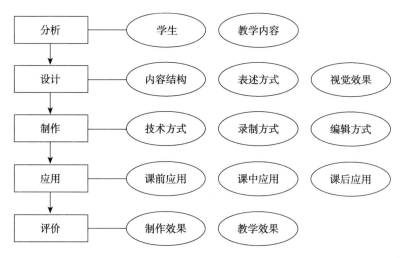

图 5-1　微课设计制作核心环节

②设计。主要设计内容结构的先后次序、时间分配等；分析表达时的语言、语速、词汇、节奏等；设计微课的构图、元素、色彩、动画等。

③制作。主要确定技术表达方式、录制方式与编辑方式。如可选用动画、PPT、摄制、录播等方式，可使用现场直接录制、现场切换、后期编辑、抠像特技等方法。

④应用。主要考虑微课使用的场所与时间，在课前、课中还是课后使用都有所不同。

⑤评价。对制作的效果和教学的效果进行评价，以便修改微课。

二、教学微课的类型

1. 微课内容类型

微课有许多类型。按内容分，可分为理论原理类、技术技能类等；按教学环节分，可分为新课类、复习类、实验类、活动类等；按微课制作技术分，可分为拍摄类、录屏类、动画类、录播类等；按学习环境分，可分为教室类、实验室类、现场类、室外类等；按人物出现情况分，可分为旁白类、主讲类、多人讨论类等；按微课风格分，可分为叙事类、活泼类、悬疑类等；按学习模式分，可分为探究学习、合作学习等；按授课形式分，可分为讲授、表演、游戏等。在更多的情况下，微课是按功能分类的，一般将其分为知识传递类、体验感知类、实际训练类、引导探究类等。

（1）知识传递类

比如讲授型、问答型、讨论型等。讲授型微课是指教师主要运用讲授法，利用口头语言向学生传授知识（如描绘情境、叙述事实、解释概念、论证原理和阐明规律）的微课。这是教学中最常见、最主要的一种微课类型。问答型微课是指教师主要采用提问的方式，要求学生回答问题，并通过问答的形式来引导学生获取、理解和巩固知识的微课。讨论型微课是指由全班或小组围绕某一中心问题发表各自意见和看法，能够相互启发，帮助学生集思广益地进行学习的微课。

（2）体验感知类

比如演示型、表演型、游戏型等。演示型微课是指呈现教师演示和示范过程，将动作技能或者实验操作过程直观化，方便学生获得感性认识的微课。表演型微课是指教师和学生对教学内容进行戏剧化的表演和再现，从而达到学习交流和娱乐的目的，促进审美感受和提高学习兴趣的微课。游戏型微课是指基于用户交互体验理念、适当引入游戏机制和元素，对教学内容进行游戏化设计，把知识点重新设计成有趣的游戏内容或任务，从而激发学习者学习兴趣的微课。

（3）实际训练类

比如实验型、练习型等。实验型微课是指学生在教师的指导下，使用一定的设备和材料，通过控制条件的操作过程，引起实验对象的某些变化，从观察这些现象的变化中获取新知识或验证知识的微课。在物理、化学、生物、地理和自然常识等学科的教学中，实验类微课较为常见。练习型微课是指学生在教师的指导下，依靠自觉的控制和校正，反复地完成一定动作或活动方式，借以形成技能、技巧或行为习惯的微课。尤其适合工具性学科（如语文、外语、数学等）和技能性学科（如体育、音乐、美术等）。

（4）引导探究类

比如探究学习型、自主学习型等。探究学习型微课是指将教学内容设计成具有探究意义的学习任务，引导学生对问题猜想或假设并且运用科学的方法对问题进行研究，从而建构知识、获得能力和发展思维的微课。自主学习型微课是指以学生作为学习的主体，通过学生独立的分析、探索、实践、质疑、创造等方法来实现学习目标的微课。

2. 微课制作类型

根据微课的制作方式，可将微课划分为以下三类：拍摄型微课、录屏型微课以及动效型微课。

（1）拍摄型微课

拍摄型微课就是采用摄像机进行摄制的微课，是微课的主要形式，适用于教师讲解、师生讨论、学生探究等类型的微课。拍摄型微课能够很好地营造课堂学习的氛围，与现实中的教学过程最为相似，可以取得很好的学习效果。但这种微课制作方式录制成本高，有时需要专业的技术人员参与。

（2）录屏型微课

录屏型微课就是用屏幕录制软件制作的微课，通过屏幕录像软件，抓取、录制电脑操作及视窗中的文本、视频、音频等内容。录屏型微课最大的特点就是教师不出现在镜头中，学生的注意力全部集中在教授的内容上，而且制作比较简单，教师能够熟练掌握。这种制作方式比较适用于实验类内容、数理类内容以及归纳类内容，对实验步骤、解题过程以及归纳总结课程都能够有很好的展示效果。

（3）动效型微课

动效型微课是利用 PPT、二维动画、三维动画或其他软件制作的微课，是以动态的效果展示的教学，不仅能将抽象的知识具体化，也能够产生生动活泼的效果，增强学生的学习兴趣。

3. 微课教学模式

在信息技术环境下，教学模式有了较大的变化，教学具有先进的理论基础、明确的功能目标、独特的技术支持、流畅的操作程序和及时的信息反馈等优点，将微课应用于教学的主要模式有以下四种。

（1）探索型教学模式

主要适用于重要知识点的讲解和章节知识的梳理，是指在教师教学目标的指引下，将教学内容进行数字化处理，使学生在体验学习情境之后，以理顺知识的方式提出问题并作答。通过"情境—质疑—释疑—知新"的方式来建构当前知识。主要步骤是：根据学习需要，确立教学目标；利用信息处理技术将教学内容情境化；学生根据情绪体验对情境信息进行初步加工；针对加工过程中的问题提出质疑；根据问题情境进行知识联系和梳理；深入理解，解答问题；指导学生进行评价，获取反馈信息。

（2）任务驱动型教学模式

根据奥苏贝尔的"学习动机驱力"理论，先对学习者进行分析，然后以网页或课件等形式设置情境，诱发其学习动机，学习者有针对性地选择任务进行自主探究、建构知识体系。主要步骤为：获取刺激，诱发动机；理性思考，查找反差；深入探究，寻找答案；反思评价，形成体系；相互协作，交流应用。

（3）专题研究型教学模式

专题研究型教学模式是指在教师的指导下，学生以科研、实践等方式对某一问题进行专门探讨，最终形成结论。这种模式有利于提高学生的创新能力和实践水平，要求学生自主地搜集资料、探索规律、建构知识，以专题研究的深度、学生获取新知识的多少以及科研能力的提高程度为主要评价标准。整个研究过程都由学生自主完成，教师仅对选题、资源、交流进行一般性的介入。

（4）知识创新型教学模式

知识创新型教学模式是基于建构主义和人本主义学习理论的教学模式，充分体现学生的"自主"和"中心"地位，从信息获取到问题探索再到意义建构都由学生独立完成，学生对问题的各个分析环节教师只给出方向性的建议，最终的规律体系应由教师和学生进行共同评议。学生的探索路径可概括为"选择、揣摩、摸索、揭示、扩充"。

三、教学微课的设计

1. 内容设计

内容设计是微课的根本，一切设计制作都是围绕着教学内容展开的。内容选择是否合适对微课的教学效果起到至关重要的作用。

（1）梳理教学内容

在微课制作前需要对相关的教学内容进行梳理。一是要对整个单元中的知识点进行梳理和划分；二是分析各个知识点之间的逻辑关系，确定是层级关系还是并列关系；三是分析学生已掌握的内容和需要掌握的内容；四是选择需要在微课中讲解的内容，进行教学设计。教师可以利用可视化分析工具梳理教学内容。

（2）精选制作内容

微课教学内容的选取不同于传统教学，不能简单认为是将一节课进行压缩或切片，也不是所有的教学内容都适合用微课的形式呈现。在选择微课教学内容时要注意：知识点是热门的考点、教学重点和教学难点；微课的教学内容是学生需要的；微课的教学内容不能太复杂，在有限的时间内要能够清晰完整地讲解；知识点的选择要精细，一个微课一般只讲授一个或两个知识点；知识点要准确，对知识的讲解不允许有错误或误导性的描述；内容具备一定的独立性和完整性；除了知识点以外，教师还可以选择典型的专题活动、实验活动等进行微课设计。

（3）设计呈现方式

微课中教学内容的呈现方式有多种，如文字、图片、视频、音频、动画等，在选择教学内容的呈现方式时需要注意以下几个问题。

①内容的呈现方式要与教学对象相适应。中小学阶段的微课应多采用动画、图像、视频的展现方式，这些方式更为直观，符合教学对象的特点。对于复杂的教学内容，文字展示要简短，主题突出，教师讲解过程中要注意使用能表示事物之间关系的图形和图表。高等教育和继续教育阶段的微课可以选择文字搭配图片的方式进行展示，也可以使用具有一定复杂度的图表、图像作为理解抽象概念的辅助手段。

②尽量采用视听结合的方法。理查德·迈耶的双通道原则认为，学习者同时使用视觉通道和听觉通道，比单独使用视觉通道或者听觉通道进行学习的效果更好。教学中的文字、图形、图像、动画、视频等是视觉表征，背景音乐、教师的语音讲解等是听觉表征，在选择和组织素材时应遵循"视觉表征＋听觉表征"的形式，并避免呈现无关的或带有重复信息的表征形式。

③注意形式美观性、手法创新性。在微课教学中，内容的呈现形式还起着很重要的引起学习者注意和保持学习者注意力的作用，所以，对画面呈现的美观性和生动性要求比较高。要使多媒体的画面构图和谐、色彩饱满逼真、字体大小合适、排版适当、重要问题重点突出，以符合学习者的视觉特征。同时也要注意由于一些教学媒体形式并不完全适合教师的教学，所以教师要根据教学目标及教学内容，对其进行组合和创新。

2. 教学设计

教学设计也称作教学系统设计，是运用系统方法分析教学问题和确定教学目标、建立解决问题的策略方案、试行解决方案、评价试行结果和对方案进行修改的过程。微课的教学设计要做到以下五点。

（1）教学目标设计

教学目标是教学活动的起点和归宿。目标的编写直接反映出教师对教材的理解、对学生情况的判断以及对教学过程的构思。在编写教学目标时，要注意不局限于列出课题内容或师生所要进行的活动，重点应放在学生行为或能力的变化上。一个完整的教学目标一般包括四项构成要素：行为主体（学习者）、实际行为（做什么）、行为条件（学生完成行为表现时所需的条件）和行为标准（学生完成其行为表现的熟练程度）。教师在进行微课教学目标设计时，除了注重知识的讲授，还要关注对学生能力的培养，要注意教学目标清晰、教学目标可测、教学目标全面，注重低层次目标、复杂目标可拆等。

（2）教学环节设计

微课教学环节的设计主要包括：导入设计、语言设计、提问设计、板书设计以及结课设计等。

①导入设计。微课的导入主要目的就是将学习者的注意力集中到学习上来，激发学习者的兴趣，引导学习者积极思考。微课导入设计可以采用直接切题法、新旧联系

法、悬念导入法、趣味导入法等方式。

②语言设计。教学语言是教师传递知识的主要手段和方式，同时教学语言在启发学习者思考、引起学习者注意等方面的作用也十分重要。微课教学中对教师语言的要求是：发音清晰准确、普通话标准；语调有高低之分，根据教学内容调整语调；语速有快慢变化，节奏合理；语言响度不宜过高，不易出现过多习惯性口语。

③提问设计。问题是引发学生思考的导线，也是教学过程中学习者和教师之间的一种交互方式，教师善于利用问题可以产生很好的教学效果。微课问题设计要注意问题设置由易到难、问题情境创设不宜太长、问题并不需要一一作答，问题数目不宜过多，可以设计拓展性问题。

④板书设计。微课板书的类型主要有提纲式、文字式、表格式、图式等。板书的设计一般有先写后讲、先讲后写和边讲边写三种形式。微课中的板书可以写在黑板上，也可以写在纸上，也可以用PPT来代替。

⑤结课设计。微课的结课就是教师在一个教学内容结束时，有目的地通过归纳总结、重复强调、实践等活动使学习者对所学的新知识进行巩固的过程，使学习者形成新的认知结构。微课结课设计不在长而在于精。教师在进行微课的结课设计时要根据情况灵活运用各种结课方法，语言要自然贴切，水到渠成。

（3）媒体资源设计

教学媒体与资源的使用可以使得整个课堂教学更加生动有趣，提高学生对知识的感知、理解和记忆，进而增强学生的学习效果。在进行教学媒体的选择时，需要遵循一定的法则，以获取最佳的效果。教学媒体是教学内容的载体，是师生之间传递信息的工具，不同形式的媒体相互作用，以满足学习者的多种感官需要，从而加强记忆。同时，在进行媒体资源设计时，也有不同的技术指标和要求。

微课中对媒体资源的使用要注意选择性原则、新颖性原则、简洁性原则、整体性原则、对比性原则、性价比最高原则等。

（4）教学过程设计

根据课程及教学内容的不同，微课的教学过程可以设计为以下四种。

①简单—复杂。加涅认为知识的教学程序由简单到复杂分别为：辨别、概念、规则、问题解决，即在微课的教学安排中，要先让学生了解概念，在概念理解的基础上学习规律及定理，继而在复杂环境中进行应用。

②引导—发现。引导—发现的教学程序主要是以问题解决为核心，具体的教学顺序是创设问题情境→发现研究问题→提供学习材料→进行讨论验证→得出结论和进行评价。这种教学程序体现了从抽象到具体的教学过程，能够激发学生的学习潜力，有助于知识的记忆与保持。

③示范—模仿。对于技能类的微课教学，一般要进行认知、分解、定位三个阶段，即通过讲解和示范，先使学习者了解技能的性质、要领、动作步骤及注意事项等；再将整个技能动作划分为若干个小环节，通过演示单个动作，让学生进行模仿，熟练掌

握整个动作的各个环节；最后将分解的动作按顺序进行连接，使学生系统的掌握技能知识，并能应用于不同的情境之下。

④榜样—示范。对于情感态度的学习，加涅和布里斯格认为，学习者通过观察榜样人物，对其行为和态度方面的影响要远高于讲解说服。这种方式的关键在于让学习者相信并了解榜样人物，具体的过程可根据不同学习者的特征进行设计。

（5）评价管理设计

微课的评价可以在课程进行中实现，也可以作为辅助资源在课后实现。要设计多元的教学评价，设定清晰的评价标准，实施全程的教学评价，进行正确的评价分析，采取多样的评价策略，如激励性评价、挑战性评价、包容性评价、推进性评价、纠正性评价、延迟性评价等。

3. 制作设计

（1）微课方案设计

在微课制作时，一般需要先形成一个较为完整的教学设计方案作为制作的蓝本，然后再设计制作方案。教学设计方案需要包含学习单元主题、教学内容、教学过程、教学资源等内容。一部微课一般由片头、内容、片尾三部分组成。

①片头主要是介绍题目、课程、主讲人、其他需要说明的内容等。

②内容主要有目录、小结、内容、字幕、图表、总结等。

③片尾主要介绍作者、出处、鸣谢、其他需要说明的内容等。

微课在制作过程中的五个重要因素是：选题、设计、讲解、表现和效果。

（2）微课脚本设计

脚本相当于电影拍摄时的剧本，就是将镜头号、景别、镜头运用、画面内容、时间、画外音、音效等记录下来，形成分镜头脚本稿本，是整个课程思路从抽象化到具象化的体现。课程制作者不一定了解各个学科内容和教学设计的具体问题，但可以通过文字脚本了解教师的设计意图，以确保其制作时有据可依，从而制作完成符合教师需要的课程。

在进行微课拍摄或制作时，每一个教学内容采用什么样的镜头表现、画面内容是什么、长度为多少、镜头是如何运动的、后期制作是否需要加音效等全部需要提前设计确定好，这些就是微课的制作脚本。在进行脚本设计时要注意以下四点。

①脚本不是教案。有些脚本描述的过程就是整堂课的过程，看起来似乎很完整、很具体，但这并不利于微课制作者进行摄制。制作需要的不是微课的内容与过程，而是微课的具体拍摄或制作要求，采用什么样的方式，持续多长的时间等。

②脚本不是资料堆积。有的脚本几乎全都是微课所需的材料，没有具体地说明如何利用这些资料，因此，在制作微课时仍然会存在许多困难。

③多与制作者沟通。脚本的设计是一个连续的过程，不是一次就能解决的，尤其是在团队中需要教师不断地和制作人员沟通，了解制作软件的优势和劣势，并积极听

取制作者的意见，不断优化脚本的质量。

④熟悉制作所用的软件。高质量的制作脚本是微课制作成功的保障，"工欲善其事，必先利其器"，教师如果对设备及软件有一定的了解，在进行前期制作设计时可以提供很大的帮助，能够使设计的脚本更加合理化。

因此，微课一般的设计制作流程如图5-2所示。

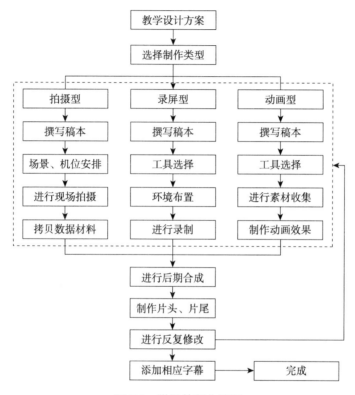

图 5-2　微课的制作流程

第二节　微课视频的拍摄制作

拍摄型微课是微课的主要类型，可以用摄像机拍摄、手机拍摄、录播教室拍摄等。微课虽然是简短的小视频，但拍摄和制作工作依旧比较复杂，教师需要做好视频拍摄的准备工作、掌握视频拍摄的基本方法与常用技巧。

一、视频拍摄准备工作

1. 基本准备

（1）场地准备

干净整洁的教学环境能够使微课学习者感官更加舒适。

①教学环境要求：教室保持整洁干净，教室明亮，照明效果理想，恰当有效地设计装饰物品，教学设备完善。

②拍摄场地要求：场地拾音效果好，最好远离教学区，关闭上下课铃声，没有太大混响和杂音；场地亮度适宜，拍摄画面清晰；场地大小适中，布置干净美观，简洁朴素，有学习氛围，避免分散学生注意力。

③课堂座位要求：微课中如果有学生，可以采用传统座位编排方式、讨论型座位编排方式、展示型座位编排方式、兴趣角座位编排方式、礼堂型座位编排方式等。

（2）灯光准备

①应保证拍摄场地的光线充足，布光均匀。为保证统一的光线效果，最好拉上窗帘，使用室内灯光。

②若在条件一般的教室中进行拍摄，当室内灯光不够充分时，可以增加照明灯的数量或者功率。

③布光时要注意做到遵循自然光的照射规律，符合一般的生活习惯和视觉心理。

④学生人数的多少也会影响灯光的效果，因此应根据人数的多少增加或减少所使用的灯具，或者适当调整灯具的位置。

⑤为突出教师的形象，可使照射教师的灯光照度比听课学生的照度高一些，这样师生在光调上形成对比，层次分明。

⑥应适当运用冷暖色调的对比、明度的对比及色光面积大小的对比，尽量保证强弱或大小相宜。

⑦如果使用自然光进行拍摄，阳光透过窗户射入室内，可采用高色温灯光照明（5600K）。

⑧尽量在拍摄前，试用一下现场的灯光，以便调整其位置和强弱。

（3）音响准备

①音响设备应尽量准备易调节、易掌控、音准好、音质好的音响设备。

②音响的功率大小应根据教室的面积进行选择。

③音响设备尽量不要进入拍摄画面。

④音响应该设置好音量大小，避免啸叫。

（4）管理准备

拍摄时要注意相关的协调与管理。

①拍摄前，要周密安排，确保人员、设备准备妥当。

②拍摄设备要定期清洁、保养，保证完好，操作要符合规范。

③拍摄场地整理，打扫干净整洁。

④准备好相关配件（如电池、内存卡、充电器、读卡器、插线板等）。

⑤做好人员的分工与安排，使其各司其职，各就各位，并提前向相关人员交代注意事项。

⑥准备好场记等表格纸张、相关的拍摄稿本和脚本、服装、餐饮点心及辅助物品等。

2. 设备准备

拍摄过程中,需要用到专业摄像、录音设备,以及一些教学设备。因此,在拍摄前,尽量做好相关设备的准备,做好调节与布置,避免临时出现问题影响拍摄工作。

(1)教学设备准备

教学设备可以分为传统教学设备和现代教学设备。传统教学设备主要包括:黑板、粉笔、挂图、模型等。现代教学设备主要包括:多媒体计算机、投影机、视频展示台、电子白板、翻页激光笔、功放音响等。

①准备好相关的教学设备。根据教学内容和教学需求,提前准备好相关的教学设备。
②准备好教学设备的配件,比如电子白板使用的教鞭和书写笔。
③准备好相关的教学软件。提前在教学设备上安装好所需软件。
④调试好各种教学设备。将相关教学课件、素材等资料复制至计算机中,打开进行预演,并调整音响声音大小,检查所有将要用到的教学设备是否可以正常使用。

(2)拍摄设备准备

拍摄时需要用到摄像机、三脚架、照度计、切换台、提词器、轨道车、升降机等设备,要做到:架好三脚架,保持水平,高度适宜;检查摄像机镜头,保持干净清洁;调整白平衡,保持色调准确;通电检查设备,保证使用正常;调整光圈焦距,保证拍摄清晰准确。

(3)拾音设备准备

微课拍摄的拾音一般使用无线发射式话筒,有手持式和领夹式两种。如需要与学生进行互动交流,可以准备多个手持式话筒。录音前教师应佩戴好耳机和话筒,拍摄人员应在摄像机上插上耳机,试讲试听,调整音量大小。关闭计算机、手机等其他无关设备,尽量不要录制环境音,以免增加噪声。如果使用无线手持话筒进行录音,可以加防风罩,来减少噪声和喘气的声音。

(4)编辑设备准备

常用编辑设备一般包括性能较高、配双显示屏的编辑机,以及编辑台、音箱、耳机等。常用非线性编辑软件主要有 Premiere、Eduis、会声会影等,还有片头制作软件有 After Effect 以及字幕制作软件等。教师需要选择性能较好的计算机,安装自己熟悉的编辑软件,安装好视频转换格式的软件,检查计算机的鼠标、键盘、耳机等配件,保证其能正常使用。

3. 人员准备

微课拍摄制作涉及的人员主要有主讲教师、工作人员以及听课学生等。

(1)主讲教师

教师应穿着得体、衣着整洁、稳重大方,服装的色彩、款式、大小等应与教师的身份、气质相协调。具体着装要适合教学对象,可以有少量装饰,尽量不要有标牌,与背景要有较大区分度。

教师站姿要站稳站直，可以有适量走动，不宜过于频繁，更不能走出拍摄范围之外。手势自然、恰如其分、目光柔和、亲切有神。尽量减少无关动作和表情。

授课教师要有良好的语言表达能力，语言要清楚流畅、重点突出、避免口误、体现风格，要能促进学生的学习。

（2）听课学生

学生是课堂教学活动的重要参与者，在微课中，可以没有学生只有教师。但如果有学生参与的话，需要特别注意教师不是只给这些学生讲课，而是通过给这些学生讲课，使屏幕外的学习者能够学会。

学生在听课前要对教师所要讲授的内容有所了解，认真阅读必要的参考书和材料，即做好预习，掌握熟悉课程内容的基础知识。学生参与课程录制时，应注意个人的着装形象，不可太随意，也无须太正式。学生座位要合理，避免个头较高的学生挡住后面同学的视线。需要站起来回答问题或者将要与教师进行互动的同学，应注意起立、坐下的过程中避免碰到桌椅板凳或发出不必要的声响。学生应端正听课态度，在课堂上保持注意力，与教师互动要积极、主动。

（3）组织协调人员

组织协调人员要确定好拍摄思路，制订好周密的组织协调计划，考虑拍摄中可能出现的问题和对策；要提前联络主讲教师、听课学生以及摄像录制人员等，安排好相应的时间、地点以及注意事项等；要提前布置拍摄场地，要调整好投影机、电子白板等，以及拍摄场地中的桌椅板凳等；要做好相关的应急措施，以及时解决拍摄过程中出现的不良状况；要在课前熟悉该堂课的内容、教学过程、重难点等，有条件的话应当提前进行观摩，可以在课堂各个环节上做出预判，以便进行最佳机位、焦距的调整。

（4）拍摄技术人员

拍摄制作技术人员要在拍摄前检查拍摄器材，确保器材都能正常工作；要准备好拍摄的相关设备，架设好摄像机，安放好录制教师与学生声音的话筒，调试好白平衡、色调、光圈、焦距等各项参数；要准备好监视器、对讲机等，同时要保证每台设备都有充足的电量；要明确拍摄的职责，清楚自己所负责的机位，并明确拍摄过程中应当采用什么样的镜头、景别；要熟悉主讲教师的课程内容，提前确定方位，以便能够及时捕捉到镜头。

二、视频拍摄基本方法

1. 拍摄技术基础

（1）镜头与景别

镜头是指从开始拍摄到停止所摄取的一段连续画面，或两个剪切点之间的一段画面。通常是指从起幅到落幅的一段连续的视频画面。通过拍摄的镜头可以了解整个教学过程的经过和细节，因此要考虑每个镜头能够呈现给学习者什么样的信息，然后根据教学场景的现实需要合理设计镜头。在微课拍摄中，常用到以下五种镜头。

①全景镜头。全景镜头表现的是事物的全体和全貌，记录整个过程的所有表演，能够从该镜头中看到整个过程。

②中景镜头。中景镜头表现的是人物膝部以上的活动，是最常用的镜头，既能看到环境，又能看到人的活动和人物之间的交流。

③近景镜头。近景的取景范围是由人物头部至腰或肩之间，主要用于介绍人物，展示人物面部表情的变化，用来突出表现人物的情绪和幅度不太大的动作。

④特写镜头。特写镜头是用画面的全部来表现人或物的某一生动或重要的局部细节，是主观性最强的镜头，能够带领观众深入角色的内心，从而给观众留下深刻的印象和强烈的感染力。

⑤其他镜头。比如过肩镜头是当两个人交谈时，以一个人的肩膀作为拍摄的前景，这样可以保留背面的角色在画面中，充分交代交谈的情境。教师提问学生以及学生之间的对话讨论可选用此镜头。比如插入镜头是用来转场或者转移观众注意力的镜头，一般是教师和学生动作的特写，或者是教师授课的课件资料和教室里的黑板。这些插入镜头也可用在其他镜头拍摄出现差错时作替补。

（2）镜头的运动

根据摄像机镜头的运动方式的不同，可分为固定镜头和运动镜头。固定镜头是摄像机和景别都不动的镜头，运动镜头是运用推、拉、摇、移、跟、升、降等不同拍摄技巧的镜头。

①推镜头：是被摄主体不动，摄像机沿直线由远而近向主体推进所拍摄下的连续画面，对象在画面中显得越来越大。

②拉镜头：拉镜头与推镜头的运动方向相反，摄像机不断远离主体事物，镜头画面显示出由局部到整体、背景空间越来越大的效果。

③摇镜头：是摄像机位置不变而摄像机镜头改变拍摄方向，摇可以左右摇、上下摇，也可以斜方向摇。

④移动镜头：移动镜头分为横移和跟移两种。横移可向上、下、左、右移动；跟移是跟随拍摄对象的运动而向前或向后移，与拍摄对象保持基本不变的距离，但背景空间却不断发生变化，造成一种运动感。

⑤升降镜头：即上下移动的拍摄，可把高、低处的环境或人物连续不断地呈现出来，展示更多的空间层次，表现环境与事物的规律。

（3）视频技术指标

制式。制式是指电视台和电视机共同实行的一种处理视频和音频信号的技术标准。目前主要有 PAL、NTSC 和 SECAM 三种模拟技术彩色电视的制式，我国采用 PAL 制。

标清格式。标清即标准清晰度，是物理分辨率在 720p 以下的一种视频格式。720p 是指视频的垂直分辨率为 720p 逐行扫描，是指分辨率在 400p 左右的 VCD、DVD、电视节目等。

高清格式。物理分辨率达到 720p 以上则称作高清（high definition，HD）。国际上公认高清的标准是：视频垂直分辨率超过 720p 或 1080i，视频宽纵比为 16∶9。其中标准高清是指分辨率为 720p 的视频，是尺寸相对较小的高清视频格式，未压缩的视频信号约为 300MHz/s，分辨率为 1280 像素×720 像素。全高清是指物理分辨率高达 1920 像素×1080 像素显示（包括 1080i 和 1080p）。其中 i（interlace）是指隔行扫描，p（progressive）代表逐行扫描。1080p 的画质要胜过 1080i。

（4）音频技术指标

音频技术指标主要有：声音频率、频带宽度、动态范围、采样率、信噪比等。根据国家教育部制定的《精品视频公开课拍摄制作技术标准（修订版）》，教学音频要求电平指标：–8～–2dB，声音应无明显失真、放音过冲、过弱；音频信噪比不低于 48dB；音频压缩采用 AAC（MPEG4-Part3）格式；采样率为 48kHz；音频码流率为 128kb/s（恒定）。

2. 现场拍摄方法

（1）现场拍摄设备

现场拍摄的设备是指摄像机和其他配件，拍摄前必须熟悉和掌握这些拍摄设备的使用方法。

①摄像机，最好选择高清摄像机。

②电池。在进行外景拍摄或者室内没有电源的情况下，则需使用电池给摄像机供电，要准备充足的备用电池。

③三脚架。三脚架起到固定摄像机、防止拍摄过程中画面抖动的作用，以得到稳定的视频画面。

④话筒。摄像机一般都具备内置话筒，录音时很容易将周边的噪声、杂音录进来。微课录制时一般采用外置话筒拾音，同时还要配备质量较好的耳机，实时监听录入的声音效果。

⑤VGA 采集卡。VGA 采集卡用来采集教师计算机的屏幕，并能够实时地同步采集声音，后期方便用非线性编辑软件进行编辑处理。

（2）设备调节设置

摄像机是拍摄微课的主要设备，拍摄之前首先要调节好摄像机的相关参数，如色调、白平衡、分辨率、扫描制式、信噪比、视频电平等。在拍摄过程中还要保证视频信号的稳定性。

①调节白平衡。不同的光源带有不同的光色，而被光源照亮的物体也是带有光源色的，摄像机校正色彩的过程就是调节白平衡。方法是手持一张白纸置于拍摄对象旁边的照明光源之下，推进摄像机镜头，使画面被白色充满，然后按下摄像机的白平衡（AWB）按钮。

②放置三脚架。调节好白平衡后，根据现场情况安置机位，放好三脚架，调节三

脚架的水平，调节时使水平仪中的气泡在圆圈正中，然后再将摄像机固定在三脚架上。

③调焦。摄像机镜头上的调焦环可用来调节镜头中的透镜组，使拍摄的对象在焦点上形成清晰的画面，若不在焦点上则模糊。摄像机的调焦有自动聚焦（AF）和手动聚焦（Focus）两种方式。

④调节光圈。光圈由镜头中几片极薄的金属片组成，可以通过改变光圈孔的大小控制进入镜头到达传感器的光线量。光圈的值通常用 f/2.2、f/2.4 等来表示，称为光圈系数，光圈系数越小，光孔的开放程度越大，进入镜头的光量就越多。

⑤调节音量。安装并打开话筒，让被摄对象按照录制时的音量讲话，调节摄像机上的音量控制按钮至声音大小合适。

（3）摄像机位安排

在条件许可的情况下，一般可在教室布置多个机位架设多台摄像机，主要有主机位（机位1）、侧机位（机位2）和学生机位（机位3）等，如图5-3所示。

①主机位主要拍摄教师或黑板，一般架设在教室后部中间，可以拍摄教室全景，以及教师讲课中景和近景，是微课拍摄的主要画面。在中景和全景画面中，可以出现学生，他们主要起陪衬、烘托、突出、解释和说明主体的作用。在教学过程中，可根据授课内容拍摄教师近景、课堂中景或全景画面，主讲教师的近景画面可以多一些，以充分表现教师的神情动作，增强与学习者之间的亲切感。

②侧机位在教室左后侧或右后侧，主要拍摄教师侧景或 PPT 的投影幕，也可以拍摄一部分学生镜头。学生机位放置在教室前方的侧面，根据教室的光线情况以及侧机位的位置选择，主要拍摄学生镜头。

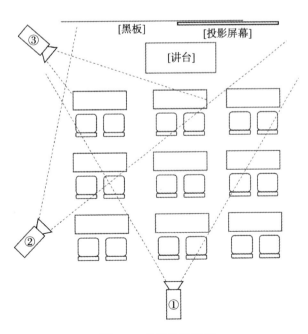

图 5-3 教室机位安排

③学生机位和侧机位尽量要在教室的同一侧，以保证镜头画面视线的同轴统一。学生回答问题时，一般用近景或特写镜头；学生听课时，拍摄不同的全景、中景、近景画面，以供后期剪辑使用。

三个机位要注意高度一致，白平衡和光圈要协调，使拍摄的色彩、亮度保持一致。如果条件不允许，可以只设两个机位，侧机位和学生机位可以合用一台摄像机。

3. 现场拍摄技巧

在拍摄过程中使用一些拍摄技巧，不仅有助于提高拍摄画面的质量，而且有利于提升拍摄的整体效果。

（1）构图技巧

镜头画面的获取，要遵守基本的构图原则，主要有黄金分割法、空间法、轴线法和奇数法等。

①黄金分割法。黄金分割法也称为三分法，在拍摄时，将对象主题放在位于画面的1/3处，会让人觉得画面和谐、充满美感。将拍摄的主题放置在任意一条直线上或者直线交点上，这样比较符合人们的视觉习惯。

②空间法。空间法是为了表现运动感、交代画面的背景以及让画面有延伸感，而在画面中"留白"。被拍摄对象如果有向前运动的趋势或者眼睛向侧方注视，则应在画面的前方留下空白，避免给人以压迫感。

③轴线法。轴线法是明确交代各个物体之间的空间位置，不给观众造成空间的混淆感。被摄的两个对象连接起来的直线，被看作轴线，摄像机一般需要保持在轴线的一侧。在轴线一侧进行镜头调度，能够保证在组接时前后联系的镜头中画面内的人物视线、被摄对象的运动方向及空间位置保持统一。反之，则称为越轴，进行越轴画面的组接，将会发生视觉上的混乱现象。

④奇数法。奇数法是指画面中的主体是奇数时，画面在视觉上效果较好。例如，要拍摄学生镜头时，不要拍2个学生，应该拍3个、5个或7个学生。研究表明，人们在观看照片时对奇数主体感到更舒服。另外，镜头画面的构图还要注意画面均衡、突出主体、力求简洁等。

（2）录音技巧

微课音频的录制有先期录音、后期录音和同期录音三种方法。如果是现场拍摄，尽量现场同期录音。

微课在同期录音时，录制的声音主要有教师声音、学生声音和环境声音，主要利用话筒、调音台、摄像机等设备进行拾音、调音、混音与录音。在录制过程中还需要用耳机、监听放大器和监听音箱等对声音进行监听。教师声音的拾取使用领夹式无线话筒，无线话筒接收器连接在拍摄教师画面的摄像机上。学生声音使用学生机位的摄像机拾取，学生回答问题时使用手持式无线话筒，无线话筒的接收器则连接在拍摄学生画面的摄像机上。环境声音可使用侧机位摄像机的内置麦克风录制，可同时打开两个声道，用来拾取教学过程中课堂讨论或学生集体回答问题的声音。在录制教师或者学生声音的过程中,需要关闭摄像机内置麦克风,只打开一个声道,这样能够只录制教师或者学生的声音,以避免嘈杂的环境声音录制进来。

微课的录音要注意:声音和画面同步,无交流声或其他杂音等;声音必须是双声道,要做混音处理;伴音清晰、饱满、圆润,无失真、噪声杂音干扰、音量忽大忽小等现象;解说声与现场声无明显比例失调,解说声与背景音乐无明显比例失调。

(3)学生参与技巧

当只有教师讲授,而没有学生听课时,可以使用一个机位拍摄,即主机位。主机位拍摄教师的中景镜头,可以只拍教师,也可以将投影屏幕一起拍进去。如果要增加侧机位也行,主要拍摄教师和投影幕的画面(图5-4)。

如果拍摄有学生参与的微课,可以用一至多个机位。拍摄以教师为主,如果有学生参与教学活动(如回答问题)时,主机位拍摄教师近景或特写,侧机位可以拍教师和学生,学生机位近景拍摄回答问题的学生。

如果在教学过程中有学生交流讨论或实验实训时,可以用主机位拍摄教师近景,或跟拍教师走动,用侧机位和学生机位拍摄学生讨论镜头,注意不要被学生挡住视线。

如果是实验实训等实践活动,则可用教室正后方的机位拍摄教室的中景,教室左侧机位和教室右侧机位用近景或特写拍摄教师手中操作的器械等,也可用其中一个机位拍摄学生听课或动手操作的场景,机位安排如图5-5所示。

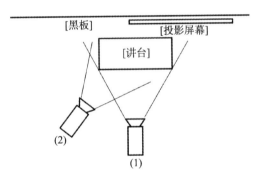

图 5-4 没有学生的机位安排

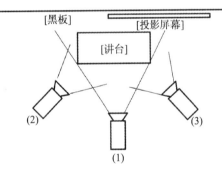

图 5-5 实验示范的机位安排

三、视频拍摄其他方法

1. 手机拍摄方法

手机作为现代的移动通信工具,普及率较高,手机摄像头和手机软件的发展,为视频的拍摄创造了方便的条件。

(1)手机拍摄方法

一部手机的拍摄也就是单机位拍摄,适用于讲解类的微课,过程和内容不复杂,不需要太多的加工与编辑,直接录制即可。比如教师在黑板前讲课,或在白纸上演算题目。

拍摄时，根据讲课的方式，手机可以侧拍或俯拍。拍摄时需要使用三脚架把手机固定，调整手机距离。在拍摄的时候，要注意主讲教师的头部或身体避免遮挡手机摄像头。教师的声音可以用手机同步录制，也可以另用一个录音笔近距离录制，以保证声音清晰。

如果用多部手机进行多机位拍摄，手机的机位位置与现场多机位拍摄相同。一号机位放在白板或者讲台的正对面；二号机位放置在平行于主讲教师所在位置的侧面，用来拍摄教师侧面的形象画面。三号机位放置在教师的正对面，拍摄教师正面形象的画面。一般使用两个手机就足够了。

（2）手机拍摄设置

手机在拍摄时要注意以下几点。

①使用最高像素。成像质量有 50%取决于手机像素，手机像素是最基本的指标。目前智能手机是可以选择设置分辨率、画质等级和格式的。因此在拍摄前尽量选择较高的分辨率、较好的画质和易于编辑的格式，以保证最好的品质。

②确保光线充足。手机摄像头尺寸很小，感光能力有限。因此尽量在光线充足的场地拍摄。否则相机会自动调高 ISO 感光度，来提高感光能力，从而导致噪点增加，影响画质。

③保持对焦准确。注意尽量不要让画面有大面积的过亮或过暗的场景，要注意尽量缩小场景中"明"与"暗"的差距。要注意对焦，确保拍摄对象清晰。

④注意拍摄平稳。手机轻微的晃动，会引起视角比较大的变化，会造成场景巨大晃动，焦距不准。拍摄视频的时候，尽量避免抖动。

⑤保持合适距离。手机拍摄太远时，对象会显得很小，如果太近，又会变形。因此手机拍摄时要保持一定的距离，使对象在镜头中能充分展示，大小合适。

⑥确保声音清晰。手机拍摄时尽量选择一个比较安静的地方进行录制，有条件的话可用专用的录音设备进行录制，便于后期进行编辑。

⑦注意镜头清洁。手机摄像头长期暴露在外面，容易积累灰尘。拍摄前务必检查，擦拭干净。

（3）手机拍摄的色彩与效果

手机在拍摄时，要想得到不同场景的感觉，营造出不同的效果，可以采取以下方法。

①选用滤镜。手机摄影时，使用多种滤光镜，可以拍摄出各种效果。也可以使用辅助物体创造出滤镜的效果。

②选用灯光。不同的灯光会产生不同的效果，白炽灯营造温暖的感觉，荧光灯制作冷漠的感觉，钨丝灯照明的环境下，拍摄出的画面给人以温暖的感觉。

③使用反射板。反射板最大限度收集原有光线将其反射到被摄对象上，以增亮暗部。反射板可以多个角度打光。在特定拍摄场地，光线很暗，其解决方法就是使用反射板。

④三点布光。三点布光是利用主光、辅助光和逆光使被摄物体具有立体感。

2. 虚拟演播室拍摄方法

虚拟演播室[①]通过跟踪定位、色键、图像处理等技术将绿幕或蓝幕前的人物与虚拟场景实时结合在一起，使得幕布前的教师、教学道具能完全融合在二维或三维的虚拟场景中。虚拟演播室一般由绿（蓝）幕、摄像机、摄像机传感跟踪器、视频延时器、色键器、图像处理计算机等组成。

（1）场景

虚拟演播室的场景设计可以有三种方法。一是摄像机跟踪系统。使用虚拟演播室技术时需架设2~3台摄像机并安装定位跟踪装置，准确记录摄像机在运动时的摄像参数，便于进行虚拟场景设计及人物镜头的拍摄，常用的跟踪技术有红外识别、机械传感识别、图像识别三种。二是计算机虚拟场景生成系统，计算机模拟场景可以借助软件如3D-max、Maya制作虚拟背景，二维的平面三维的立体都能做到真实再现。三是视频合成系统，是微课或电视节目制作的后期工作，主要使用的是抠出，再放到已经设计好的模拟背景中去进行融合，形成虚拟背景。[②]

场景选择需要符合作品的背景与氛围，要排除破坏场景一致性的阳光、时钟等事物，以及导致教师和学生分心的空调噪声、街道车辆噪声等干扰因素。

（2）布光

通常来说，对幕布的光照越均匀、越全面，色键抠像的效果就越好。因此，对幕布打上均匀的背景光，遮住背景灯的余光，避免余光照到教师。除了背景布光，对教师及其教学区域布光也是十分重要的。主光、辅助光、轮廓光的合理布置使得教师肤色自然、轮廓立体，保证教师与虚拟场景能完美融合。

（3）拍摄

拍摄前，拍摄人员在虚拟演播室系统中选择教学场景的3D模型，针对此3D模型配置模型贴图。拍摄人员用全景机位显示演播室全貌，教师及其所在的教学区域位于屏幕中部，多用于教师授课的导入环节和总结环节。教师特写机位用于展示教学道具的使用。虚拟大屏接入教师教学电脑的信号，全屏显示教师教学电脑的界面，多用于教师讲解课件、展示电脑实操等情况。教师+虚拟大屏机位是教师授课过程中最常用的机位，教师与虚拟大屏同时出现在屏幕中，教师位于屏幕右部，虚拟大屏位于屏幕左部，虚拟大屏同步显示教师的教学课件。

（4）教师

教师在录制过程中，应自然地看向镜头，与镜头交流，如果有提词器，教师可以看向正前方的提词器，但不能没有表情地读提示。教师要保持平时讲课的语速，要有教学的感觉。在录制过程中，尽量不要有多余的动作和语言，如果在讲课过程中遇到讲错等状况，可以停顿一下继续讲课，这样做可以提高效率，节省时间，便于后期剪

---

① 廖婧，邓孟红. 基于虚拟演播室技术的慕课教学视频制作——以《数码摄影后期编辑》为例[J]. 广西广播电视大学学报，2019，30（6）：46-50.

② 叶红，部洪超，薛瑞，等. 高校微课拍摄与编辑研究[J]. 信息技术与信息化，2020（7）：193-195.

辑。授课教师在拍摄时应穿戴大方、得体，不能穿与幕布颜色相近的衣服以及格子、条纹密集的衣服。

第三节 微课视频的录屏制作

录屏型微课是很常见的一种微课类型，教师可以将电脑上、平板上、手机上演示的画面录制成视频展示。因此，微课视频的录屏制作是教师需要掌握的一个基本技能。

一、教学录屏的基本方法

1. 教学录屏的基本含义

（1）录屏的含义

录屏就是屏幕录制或屏幕录像，将屏幕上的操作过程全部记录下来。录屏是利用数字方式录制计算机屏幕输出，可以同时录下音频和旁白，也被称为屏幕录制、屏幕录像或视频屏幕捕获。

在计算机上录屏一般有两种方式：一种是在安装了录屏软件的计算机上进行录制，另一种是通过安装在计算机上的视频采集卡录制。

屏幕录制软件是一种用于实时捕获屏幕画面并创建演示过程的工具软件，广泛应用于常规的课堂教学、培训和网络远程教育等领域，尤其是在计算机软件操作使用的讲解中。屏幕录制除了录制电脑桌面操作以外，还能够录制计算机视窗环境中运行的视频内容，比如，用播放器播放的视频、网络游戏等。使用屏幕录制软件，可将复杂的技能操作过程，通过教师的直接操作演示录制下来，直观地展示教学内容，减少了制作课件的工作量。

（2）录屏的特点

录屏对软硬件的要求非常简单，只需一部能够录音的电脑或者移动设备即可。教师根据需要选择相应的屏幕录像软件，制作时只要把准备好的教学内容在屏幕上进行演示，选择好录制的视音频格式，屏幕录像软件就会自动将教师的屏幕操作与讲解录制下来，整个过程操作简单，非常适合非计算机专业的教师使用。

录屏微课具有录制工具简单化、录制过程实时化、操作录制同步化、后期编辑便捷化、适用类型多样化等特点。

（3）录屏的程序

录屏时主要程序有六个步骤。

①条件准备。硬件用一台普通配置的家用级别多媒体计算机即可。录制环境应安排在一个安静的录制空间内，以减少噪声干扰，并保证拾音设备能够正常使用。软件有教学演示软件、屏幕录制软件等，如果需要可以配手写板或手写笔。

②资料整合。教师根据微课的教学内容以及教学需要，收集并制作相关教学材料

和媒体素材，进行教学资料的整合，形成教学演示课件或者授课方案。

③排练预演。为了保证录屏型微课的质量，在正式进行录屏型微课的制作之前，应该进行多次演练，以保证微课录制过程的流畅性，要做到语言表达流畅，鼠标操作准确。

④进行录制。采用屏幕录像软件或屏幕录像APP进行微课的录制。

⑤修改编辑。对录制好的微课进行后期编辑，可以采用屏幕录制软件自带的编辑功能，也可以使用专门的后期编辑软件。

⑥视频发布。根据需要，将制作完成的微课进行发布。

2. 教学录屏的设备技术

（1）环境要求

进行录屏型微课的制作时，环境条件不高，在任何办公室、家里、演播厅等都可以实现录制。但注意环境要安静，门窗要隔声，室外的声音不能传进来。同时录制时声音的混响不能太大，不宜在空旷的教室里录制。

（2）设备要求

录屏所使用的计算机或移动设备配置不需要太高，但内存尽量大一些。如果制作量较大，建议硬盘存储空间要大些。录屏时可以使用电脑或手机的自带话筒，但最好使用外接话筒，这样可以获得较好的声音效果。要选择适合的软件系统进行录制，包括操作系统、录屏软件、演示文稿、PDF阅读器等。另外，可以根据需要选择其他的硬件设备，如摄像头、手写笔等。

（3）技术要求

对于录屏的视频信号要求如下。

①画面清晰。分辨率的设置直接影响录屏画面的质量，设置合适的屏幕分辨率十分重要，建议将屏幕分辨率设置为800×600，1024×768，1280×720（宽屏）。动态码流率一般不高于2500kbps，不低于800kbps。

②画面稳定。在录制过程中要保证图像同步稳定且连贯，无跳帧。可以通过调整录制频率来进行调整，录制频率越大，画面越流畅，但文件体积也会增加。

③色调正常。在进行屏幕录制时要调整好录制设备的色调和明暗度，保证正常的色彩还原和画面亮度。

对于录屏的音频信号要求如下。

①声道。采用立体双声道的方式进行声音的收录，一般采用的声音采样位数为16或32，采样频率为44.1kHz/s。

②动态范围。动态范围是指音响系统重放时最大不失真输出功率与静态时系统噪声输出功率之比的对数值，单位为分贝（dB）。

③信噪比。即SNR（signal to noise ratio），常常用分贝数表示，设备的信噪比越高表明它产生的杂音越少。一般来说，信噪比一般不应该低于70dB，所以要采用较好的拾音设备，在安静的环境中进行录制。

3. 教学录屏的教学要求

教师在教学录屏时，要注意以下六个方面。

①讲究教学方法。要讲究教学方法，切忌"黑板搬家"，把微课等同于常规教学，从而截取常规教学的一部分作为微课来处理。

②熟悉教学内容。录课前，一定要仔细观看微课课件，熟悉各部分教学内容的表达方式，必要时可在录课前简单记录讲课的大纲或讲稿。这样，课程录制过程会比较连贯，内容转换更加自然合理，语言也会更加精练准确。

③设置录音参数。录制前要对录音效果进行设置，保证声音的音量适宜，关闭不必要的提示声或警告声，确保无噪声干扰。

④注意讲解语音。在微课录制过程中，教师的语速要适中，声音要响亮，富有激情，语调要有起伏，以带动学生的情绪，激发学生的思考。

⑤准确使用鼠标。讲课时可以利用鼠标的拖、击以及PPT的画笔等功能来配合解说，但切忌鼠标到处乱晃，影响学生的注意力与思考。

⑥把握演示节奏。在录屏型微课中，很多教师都会选择演示文稿作为内容展示的载体，这时就要注意，画面切换不可太频繁，要有一定的停顿时间，要让学生有足够的时间看清楚，要合理设计演示文稿的呈现内容。

二、电脑软件录屏方法

现在录屏软件很多，在录屏时要寻找最适合自己的软件进行微课录制。

1. Win10 系统录屏

Win10系统自带录屏功能。

进入Win10设置界面，单击"游戏"按钮，将使用"游戏栏录制游戏剪辑、屏幕截图和广播"下面的按钮状态选择为"开"，如图5-6所示。

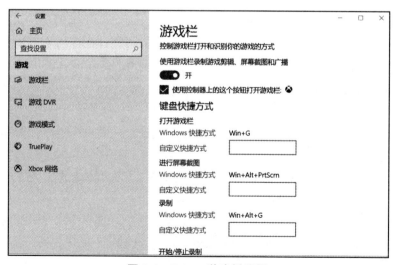

图5-6 Win10游戏栏设置

同时按"Win+G"组合键,打开游戏栏,在出现的对话框前面勾选即可出现屏幕录制功能框,单击黑色圆点按钮,就可以录制屏幕了,单击白色方框按钮即可停止录制,如图 5-7 所示。

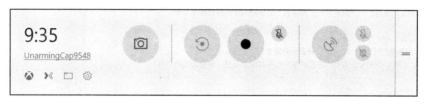

图 5-7　Win10 录制功能

屏幕录制的视频默认保存在"此电脑"—"视频"—"捕获"文件夹当中。

2. 腾讯课堂录屏

打开"腾讯课堂",选择"新增课堂",创建课堂,输入课堂名称,单击"确定"按钮,如图 5-8 所示。

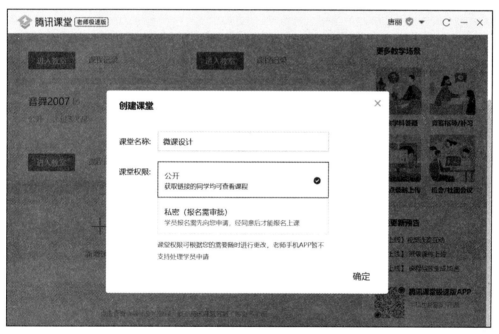

图 5-8　腾讯课堂页面

单击"进入教室",在出现的弹窗内输入授课内容,将"生成回放"勾选,单击"确认",即可进入授课页面上课,所有课上的操作都会被录制下来。在下课之后,教师可以选择"课程记录"回看上课视频,如图 5-9 所示。

3. 腾讯会议录屏

单击进入"腾讯会议",输入相应的会议号和名称进入会议室。选择界面下方的"录制"按钮,即可录制,如图 5-10 所示。

图 5-9 腾讯课堂录屏功能

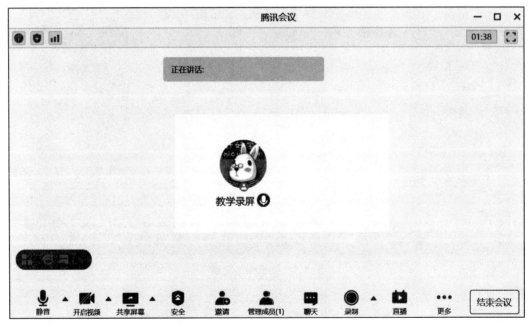

图 5-10 腾讯会议页面

4. Camtasia Studio 录屏

打开 Camtasia Studio 软件,单击"录制屏幕"或者"录制 PowerPoint",找到"录制工具栏",开始录制,如图 5-11 所示。

第五章 精品一流在线课程的微课制作

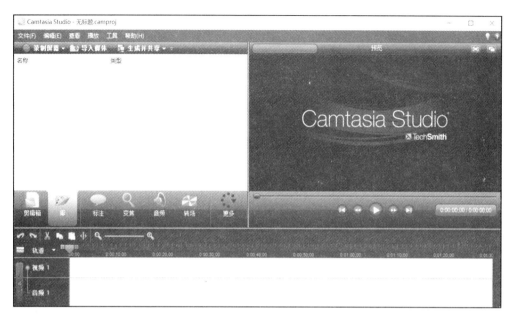

图 5-11 Camtasia Studio 录屏功能

5. PowerPoint 录屏

打开想要放置屏幕录制内容的幻灯片，单击菜单中"插入"选项卡最右边的"屏幕录制"，如图 5-12 所示。

图 5-12 PowerPoint 录屏界面

在出现的窗口中选择"视频录制"，再单击"REC"按钮即可录制，如图 5-13 所示。

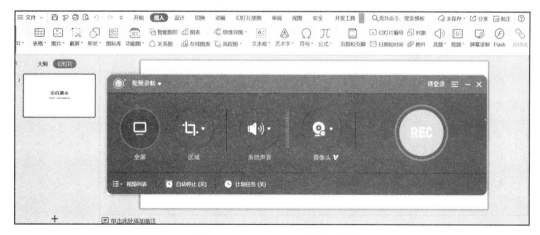

图 5-13 PowerPoint 录屏功能

三、移动终端录屏方法

1. 安卓手机录屏

从手机屏幕下拉通知栏,开启"屏幕录制"功能,即可录屏,如图 5-14 所示。

2. 苹果手机录屏

(1)打开"设置",进入"控制中心",选择"自定控制",在"自定控制"中找到"屏幕录制",单击"屏幕录制"前的加号"+"添加控制功能。

(2)屏幕录制功能增加完成后,教师可以上滑手机屏幕,进入"控制中心",找到屏幕录制功能的按键,轻触即可在 3 秒内开启录屏,如图 5-15 所示。

图 5-14 安卓手机录屏功能　　　　图 5-15 苹果手机录屏

3. ShowMe 录屏

(1)在平板上打开 ShowMe,选择功能区中的"Create"按钮,即可出现录制界面,如图 5-16 所示。

(2)在录制界面单击功能区中间的录制按钮(一个红色圆点),即可将教师在白板中的操作过程录制下来,单击"Done"按钮可完成录制,如图 5-17 所示。

4. Educreations 录屏

(1)在平板上打开 Educreations,单击左上角的"+"新建一节课,如图 5-18 的界面。

第五章　精品一流在线课程的微课制作

（2）单击左上角的话筒图标，即可将教师在白板中的操作过程及声音录制下来，如图 5-19 所示。

图 5-16　ShowMe 课堂页面

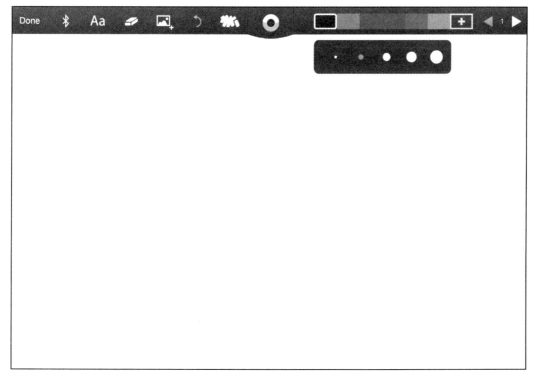

图 5-17　ShowMe 录屏功能

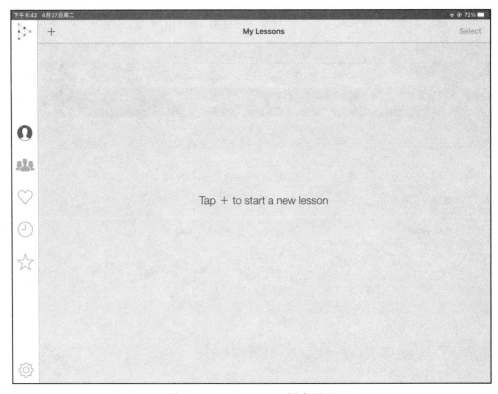

图 5-18　Educreations 课堂页面

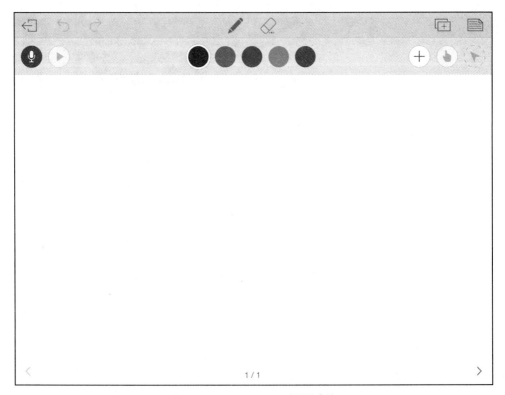

图 5-19　Educreations 录屏功能

第六章

精品一流在线课程的教学实施

教学实施是教学设计"落地"的环节,在线课程的教学实施与线下课堂中的教学实施有相同的地方,更有许多不同之处。如何利用课程平台提供的有关功能与工具来实施教学,是在线课程取得好的教学效果的关键。在线课程的教学实施最主要的是教学活动组织、教学评价测验和教学服务等。

第一节 在线课程的活动组织

在线课程的活动是指学习者在课程学习过程中的学习行为。一般的在线课程平台提供了许多有效的课程工具,以便教师与学生更好地开展在线教与学。这些工具有些适合纯线上的学习,有些适合线上线下的混合学习,可以支持主动式学习或者探究式学习等方式。在设计教学活动时,要根据工具的特点选择最适合的课程工具,要充分合理地利用每一种工具的功能,要注意它们之间的相互配合,才能在最大限度地发挥课程功能的同时,实现良好的教学效果。

一、组织课堂活动

在课程页面单击右上方菜单栏中的"活动"按钮,可以进入活动设置页面,平台提供了"签到""投票""选人""抢答""主题讨论"等活动工具,如图 6-1 所示。

图 6-1 活动功能按钮

1. 签到活动

签到是教学中的重要环节,可以确定有哪些学生参与了教学。单击图 6-1 中的"签到",可进入签到设置页面,如图 6-2 所示。

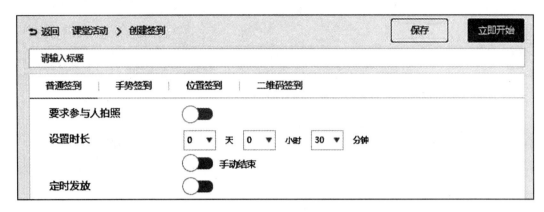

图 6-2　签到设置页面

签到一共有四种形式:"普通签到""手势签到""位置签到"和"二维码签到",默认的是"普通签到"。所有的签到都可以设定一个标题。设置好后可以单击"保存",或单击"立即开始"。

①"普通签到"可以设置是否"要求参与人拍照""设置时长""定时发放"等参数。如选择"手动结束",则不需要设置时长。

②"手势签到"可以在左边九宫格圆圈图案中设置一个手势,然后再在右边"设置时长"、是否"定时发放",如图 6-3 所示。

图 6-3　手势签到设置页面

③"位置签到"需要参与人开启位置服务,如图 6-4 所示。

④"二维码签到"是签到发放后即可生成二维码,学生通过扫描这个二维码完成签到。这个二维码还可以设置是否"每 10 秒更换二维码",如图 6-5 所示。

签到结束后,可以将签到的数据情况导出。另外,在课程"统计"的"课堂活动"中可以查看所有签到发放情况。

设置完毕后,单击"立即开始",或单击"保存"按钮以后再进行。

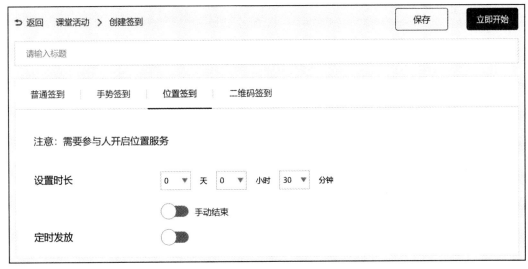

图 6-4　位置签到设置页面

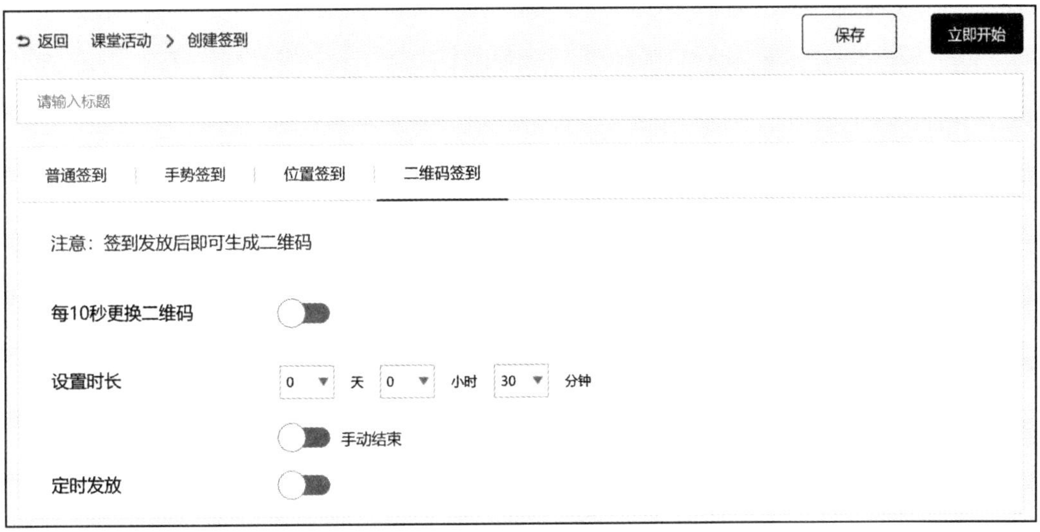

图 6-5　二维码签到设置页面

2. 投票活动

投票是在线学习活动中的重要活动，旨在帮助教师通过统计学生的投票数据或问卷填写数据，对此次活动进行效果评价，以帮助教师改正或完善活动设计。

单击图 6-1 中的"投票"，可进入投票设置页面，如图 6-6 所示。

首先需要输入投票的主题内容，再确定投票的选项。默认的选项有"赞同/反对""正确/错误""选 A/选 B"以及"选 A/选 B/选 C/选 D"四种。

另外，投票可以设置一些参数。比如"积分奖励"，可以设置 0~10 分；可以设置是否"允许参与者查看统计"、是否"匿名投票"和"活动时长"，如选择"手动结束"，则不需要设置时长。

设置完毕后，单击"立即开始"，或单击"保存"按钮以后再进行。

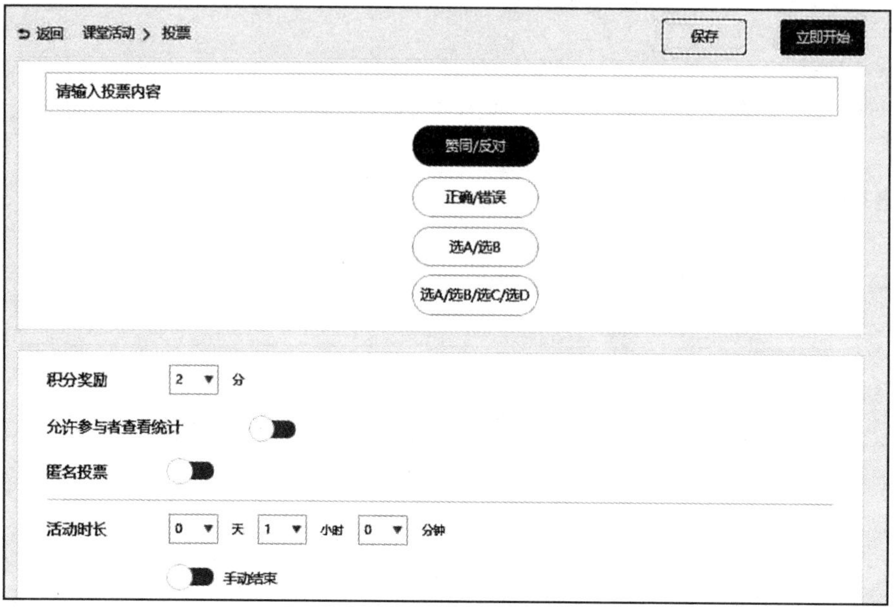

图 6-6　投票设置页面

3. 选人活动

选人属于在线学习活动要素中的交互过程，是师生交互的一种形式，旨在帮助教师快速选择回答问题的学生。单击图 6-1 中的"选人"，可进入选人设置页面，如图 6-7 所示。

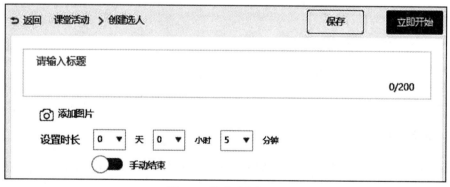

图 6-7　选人设置页面

首先教师可以输入活动的标题，也可以添加图片，比如需要选的人的照片等。然后可以进行活动时长，如果选择"手动结束"，则不需要设置时长。设置完毕后，单击"立即开始"按钮，或单击"保存"按钮以后再进行。

4. 抢答活动

抢答属于在线学习活动的交互过程，是一种交互性特别强的活动，教师可以通过抢答立即得到学生对某一问题或任务的反应结果。单击图 6-1 中的"抢答"按钮，可进入抢答设置页面，如图 6-8 所示。

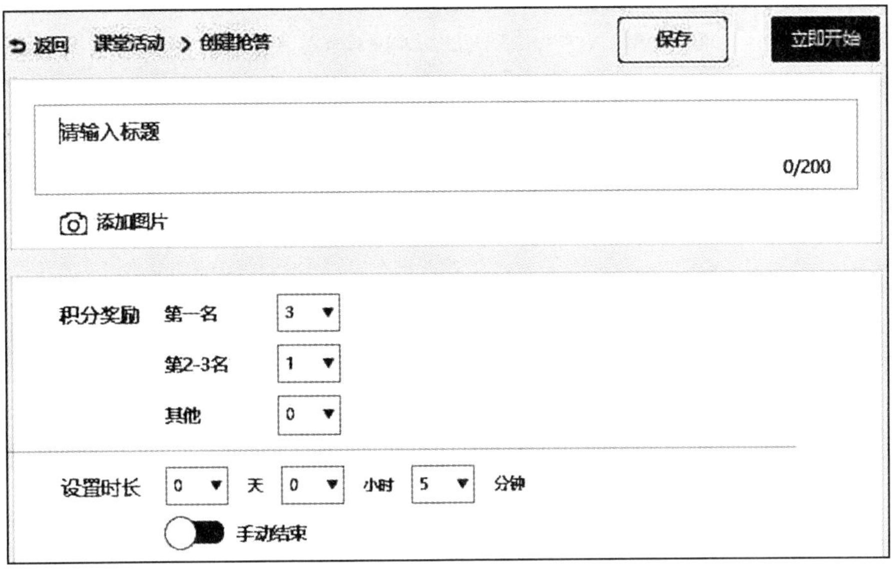

图 6-8　抢答设置页面

首先，教师需要输入活动的标题和内容，抢答的内容也可以是图片。然后可以设置抢答活动"积分奖励"，平台提供了"第一名""第 2～3 名""其他"三类，分别可以给予 0～10 分。抢答也可以设置时长，也可以手动结束。设置完毕后，单击"立即开始"，或单击"保存"按钮以后再进行。

5. 问卷活动

问卷是在线学习活动要素中的重要形式，旨在帮助教师通过统计学生的问卷填写数据，对此次活动进行效果评价，以帮助教师了解学生的学习情况、学习进度及自身课堂内容安排是否适宜等问题。单击图 6-1 中的"问卷"，可进入问卷设置页面，如图 6-9 所示。

平台提供单选题、多选题、简答题三种类型的问卷题目。题目类型可以通过单击"单选题""多选题"和"简答题"三个按钮进行切换，也可以在每题的题目类型下拉列表中选择。题目也可从问卷库中选题。

每个题目有题目题干、选项内容两部分，答题选项的数量可以自定。题干和选项可以插入图片，单击输入框右端的图标就可以插入图片。长按右上角的方向标识可以拖动题目进行排序，如需要删除题目，可以单击右上角的回收标识。题目都可以设置是否是必答。

另外，问卷还提供了一些功能参数，可以设置"积分奖励"，分数是 0～10 分，可以设置是否"匿名答题"，可以设置"活动时长"等。

设置完毕后，单击"立即开始"，或单击"保存"按钮以后再进行。

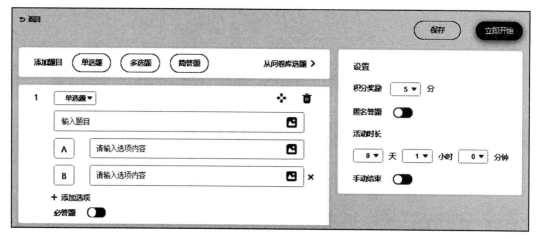

图 6-9 问卷设置页面

6. 评分活动

评分既属于在线学习活动要素中的活动，也属于交互过程，可以开展自评和同伴互评，也可帮助教师获取学生对教师教学的意见，以促进师生的共同进步。单击图 6-1 中的"评分"按钮，可进入评分设置页面，如图 6-10 所示。

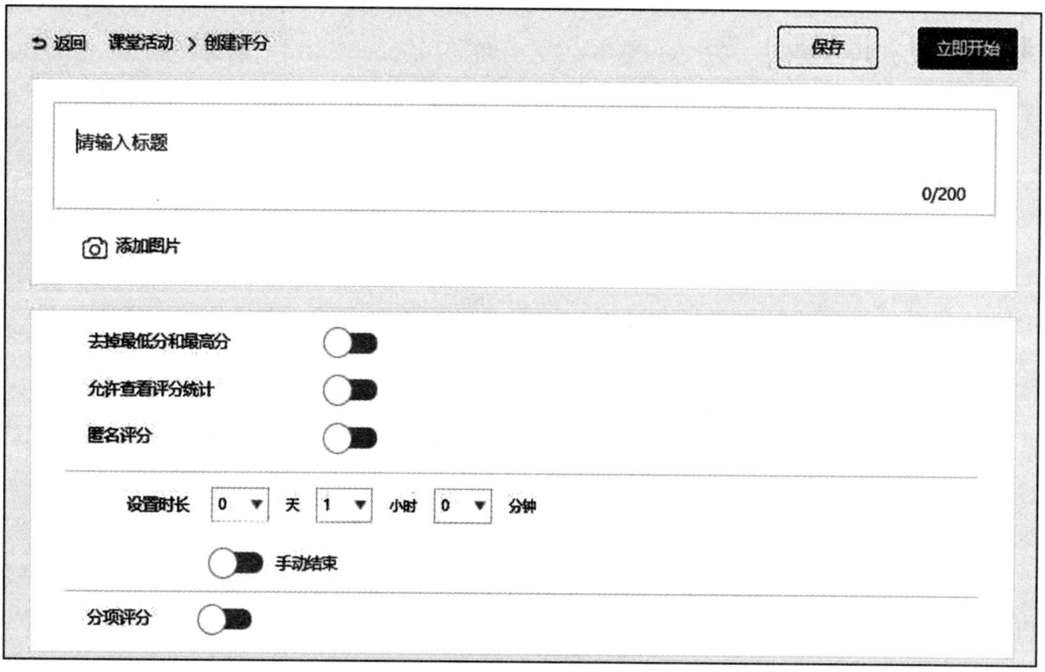

图 6-10 评分设置页面

教师首先要输入评分事项的标题，也可以添加图片。然后进行评分方式、评分统计和时长的设置。如选择"分项评分"，教师则需要输入具体的评分内容及其所占分值，如需添加分项，单击"添加评分项"即可。评分可以设置是否要"去掉最低分和最高分"、是否"允许查看评分统计"、是否"匿名评分"等。设置完毕后,单击"立即开始",或单击"保存"按钮以后再进行。

7. 分组任务

分组活动是课堂学习的重要活动方式,是能够囊括多个基本活动(如投票、讨论、通知、评价等)的综合性学习活动。单击图 6-1 中的"分组任务"按钮,可进入分组任务设置页面,如图 6-11 所示。

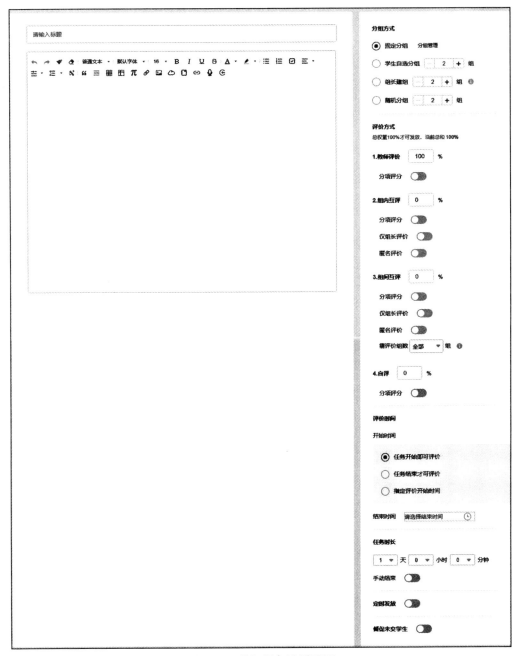

图 6-11　分组任务设置页面

首先教师可以为该任务添加标题，接着在下面的文本框中添加任务描述，并在右侧进行分组设置。在"分组方式"页面，单击"固定分组""学生自选分组""组长建组"和"随机分组"中的任一项进行选择，并设置小组数量，形成活动的小组。

接着教师可以对评价方式和评价时间进行设置，评价方式包括"教师评价""组内互评""组件互评"和"自评"，通过设置不同评价方式的权重实现多元评价。如果需要设置分项指标，则可以选择"分项评分"，并添加指标及权重。所有的评分指标可以设置为"仅组长评价"，也可以设置为"匿名评价"。

分组也可以设置结束时间，还可以"定时发送"和"督促未交学生"。

设置完毕后，单击"立即开始"按钮，或单击"保存"按钮以后再进行。

8. 活动库

单击图 6-1 中的"活动库"，可以查看已经开展的活动，并可了解每一个活动的具体设置与内容。

二、组织课外活动

1. 发布公告通知

公告通知是在线学习活动中的重要环节，教师通过通知与公告来告知学生学习的相关要求。公告通知一般都在课外进行。在课程首页中，单击"通知"按钮，即可进入通知编辑页面，如图 6-12 所示。

图 6-12　通知编辑页面

公告通知的添加有两种方式：一是直接单击页面中心的符号"+"添加公告通知；二是单击右上角的"新建"，都可打开通知编辑窗口，如图 6-13 所示。

教师在添加公告通知时，首先选择发送对象，全部班级或是部分班级同学，然后输入公告通知的标题及内容。公告通知文本内容不能超过 1000 字，也可以图片或者附件的形式上传。

2. 开展交流讨论

交流讨论是在线课程教学的重要环节。交流讨论主要在课外进行，也可以在课内开展。在设计讨论的问题时，要注意设计有效的问题，要根据学习目标和要求，提出有针对性的、能促进学生思考的问题。

图 6-13　发布通知窗口

在课程首页单击"讨论"按钮，即可进入讨论编辑页面，如图 6-14 所示。

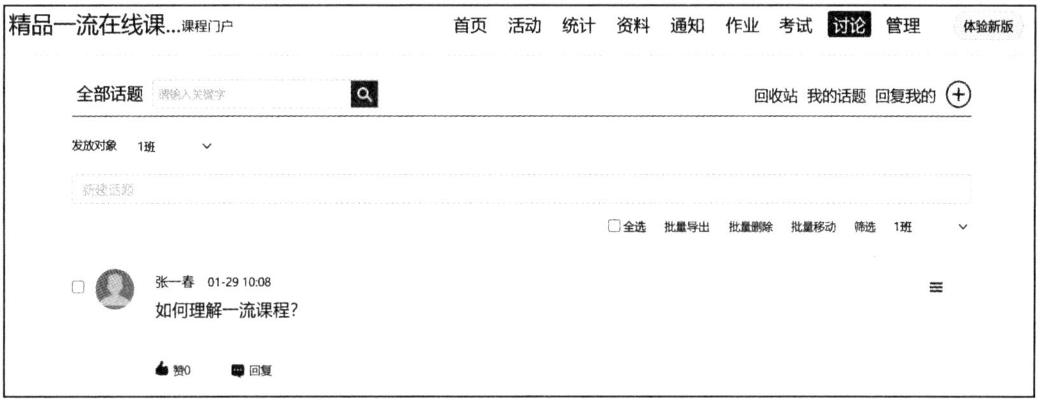

图 6-14　课程讨论编辑页面

单击右上角的"+"，可以新建一个讨论文件夹，或直接新建一个讨论主题，如图 6-15 所示。输入讨论的主题和内容，按"确定"按钮即可。内容可以添加图片、附件、录音等。

对于已经发布的讨论，教师可以对话题进行置顶、加精、编辑、删除、移动等操作，也可以对所有帖子按操作时间排序筛选，可以批量导出、批量删除、批量移动等，如图 6-16 所示。

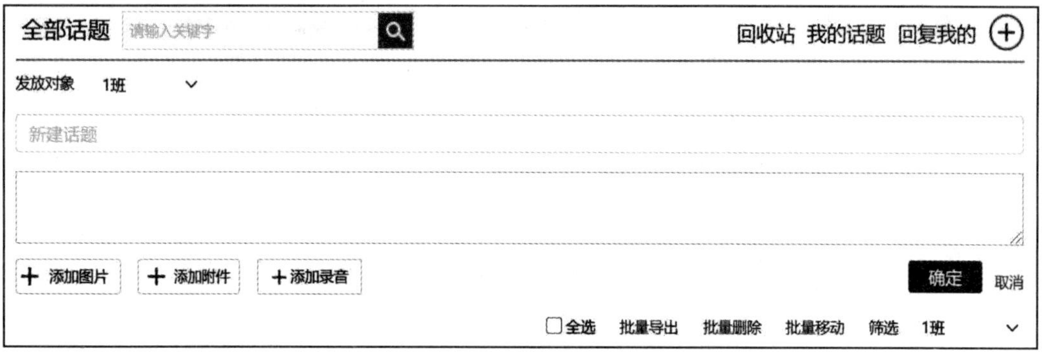

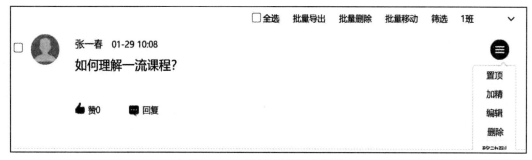

图 6-15 讨论内容编辑页面

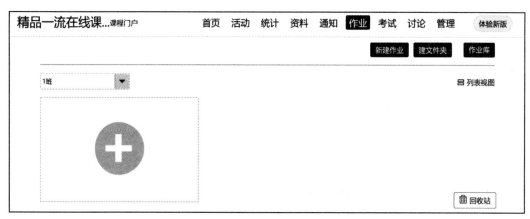

图 6-16 对讨论话题进行操作

3. 布置作业练习

作业与练习是在线课程学习活动中的重要组成部分，是检查学生学习效果的重要手段。通过在线测验的自动评分及时地给学习者反馈结果，使学习者可以及时了解自己的学习效果，以便帮助学习者判断是否有必要重新学习某些薄弱的知识点。

在课程首页单击导航栏中的"作业"，即可进入作业编辑页面，如图 6-17 所示。

图 6-17 作业编辑页面

单击"新建作业"进入如图 6-18 所示页面。首先要添加作业的标题，并且可以单击标题右侧的"设置"，设置此项作业的评分机制与题型设置方法，如图 6-19 所示。"百分制"是平均分配每道题的分值,"自定义"选项允许教师根据需要自行设定每道题的分值。

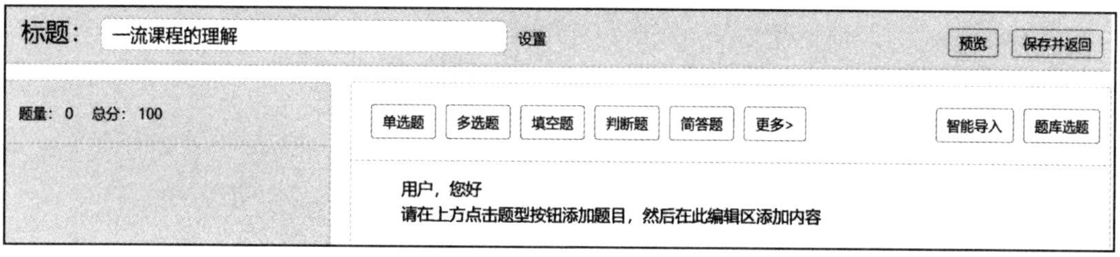

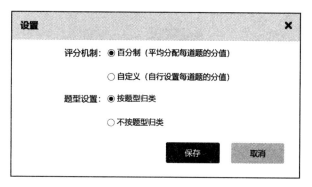

图 6-18　新建作业页面

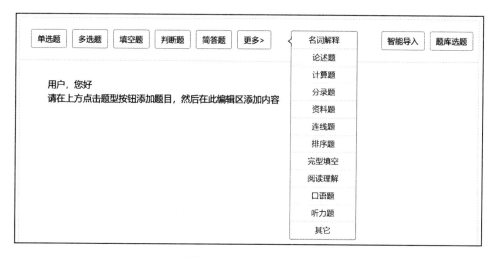

图 6-19　作业设置页面

其次,要选择作业题目的类型。平台提供了单选题、多选题、填空题、判断题、简答题、论述题、计算题、分录题、资料题、连线题、排序题、完形填空、阅读理解、口语题、听力题等多种类型,供教师选择使用,如图 6-20 所示。

图 6-20　作业题的类型

最后,选择好题型后,教师可编辑题目内容以及答案,如图 6-21 所示。可根据需要设置内容的字体等信息,添加超链接和上传附件。另外,还可以设置此练习题的难度,分"难""中""易"三档。每一个作业题目设置所属的知识点。编辑完成后,单击"保存该题",此题就会被自动收录到题库中。

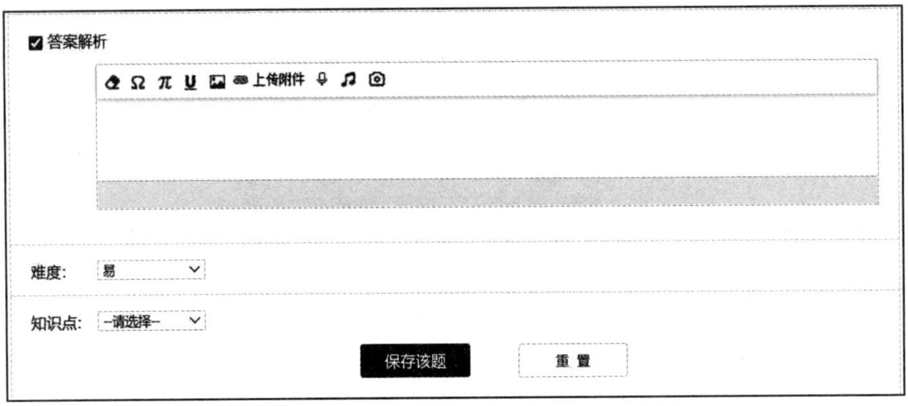

图 6-21 编辑作业题目答案

作业题目除了通过编辑创建外,还可以"智能导入"或"题库选题",减轻输入试题的工作量。"智能导入"可以每次导入 1000 道以内的题目,题目必须根据平台提供的格式编排好,如图 6-22 所示。"题库选题"可以从教师开设的所有课程的题库中选题。

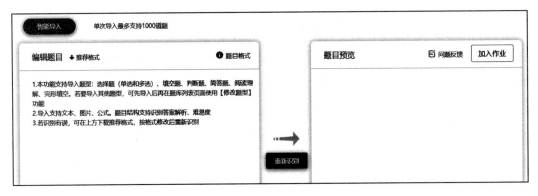

图 6-22 智能导入题目

作业题目编辑好后就存入了作业库中。教师可以对题目调整顺序、编辑、复制或删除的操作。单击作业后面的"发布"即进入作业发布的编辑页面,如图 6-23 所示。

发布作业需要设置发送对象、发送时间以及作业的截止时间。其中,发送对象如果是"按班级发放",只要在班级列表中选择目标班级即可;选择"选人发放"需要选中指定的学习者,每次选择人数不能超过 50 人。发送时间有"立即发放"与"定时发放"两种方式。选择"定时发放"需要设定发放的具体时间。截止时间也有"立即截止"与"定时截止"两种方式,选择"定时截止"需要设定截止的时间。超过截止时间,学习者将无法进行作答。

另外,作业发布时提供了一些高级设置。单击图 6-23 中的高级设置,可以展开高级设置页面,如图 6-24 所示。在这里可以设置该作业题目的及格标准、重做设置、作答要求、督促设置、分值设置、防作弊设置、评分设置等,还可以设置"生生互评"的功能。

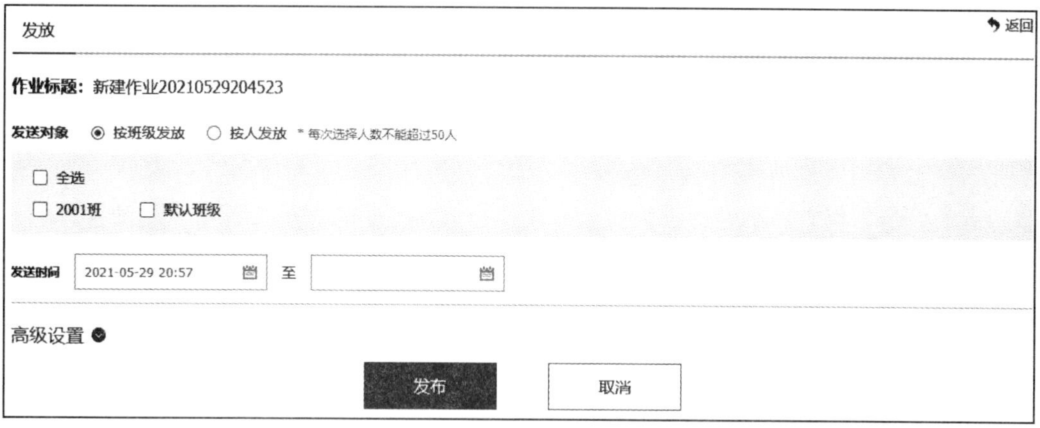

图 6-23　发布作业页面

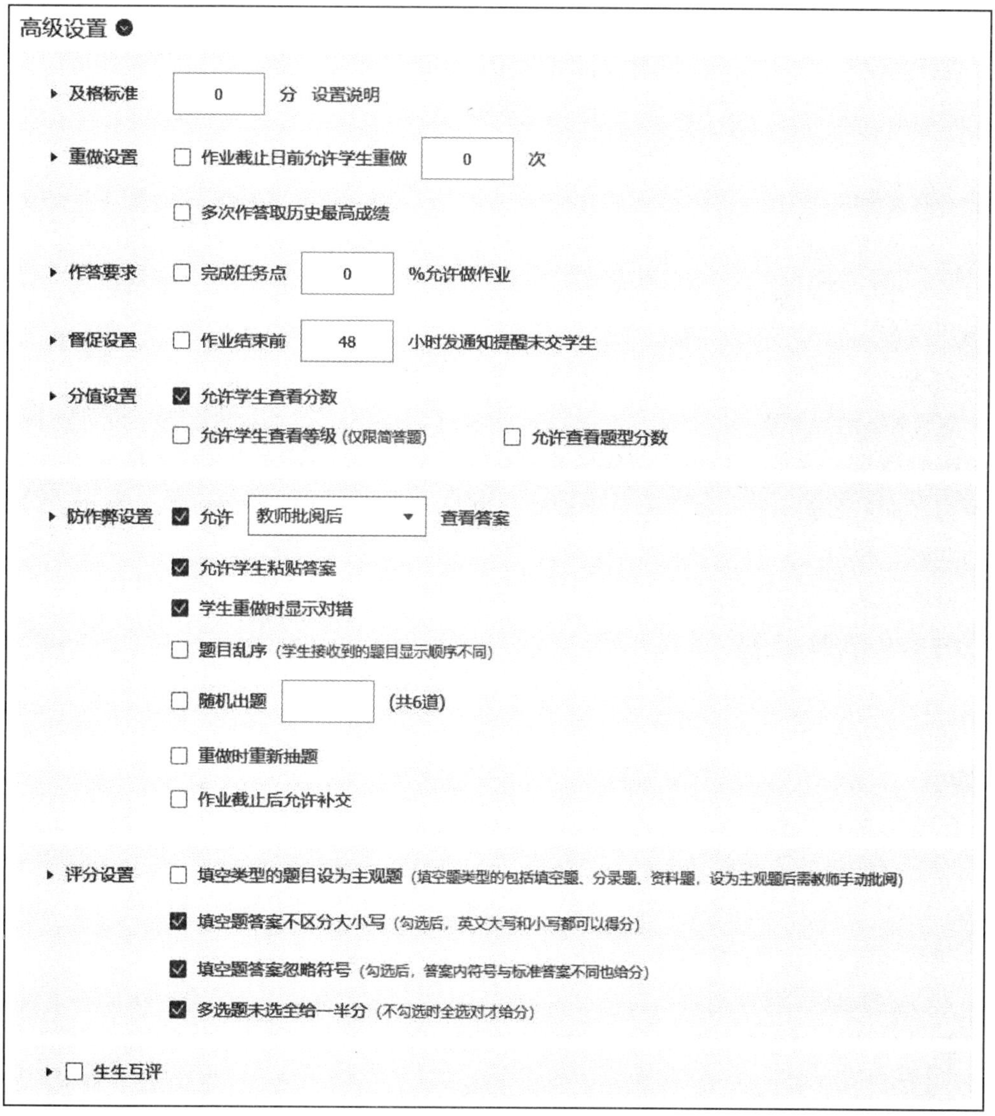

图 6-24　发布作业高级设置页面

第二节　在线课程的评价测验

在线开放课程的学习者经过学习成果的考查和认证，并参加考试合格后，可以获得相应的证书，这是在线开放课程较过去传统在线学习的重大突破。在线开放课程对学习者的评价不仅有总结性评价，还十分注重形成性评价和过程性评价。总结性评价一般是在一个阶段的教学任务结束之后检验学习者的最终学习成效而开展的评价活动；形成性评价和过程性评价是在教学过程中进行的，一般通过编制的测验试题或精心设计的问题来检测学习者的学习成果、进展与存在的问题，来判断当前阶段的学习成效与不足。对学习效果的评价一般采用驻点测验、随堂练习、课后作业与考试测验等方式。

一、设置驻点测验

在线课程为了开展过程性评价，需要对学习者的学习过程进行监督和评价。在学习者观看教学视频时，采用的方法是驻点测验。

驻点测验是在课程视频播放过程中，到预先设定的某个时间点时自动弹出题目，学习者必须回答正确之后课程视频才会继续播放。这是在线课程中最为常用、最为有效的一种问题设置方式，不仅可以强化学习者对于关键知识点的记忆，而且可以促使学习者集中注意力观看学习课程视频。视频中的提问一般难度较低，紧密结合课程视频中的内容，题型多以单项选择题或判断题为主，避免使学习者感到过于困难而产生厌烦心理。

驻点测验的试题一是要具有针对性与代表性，题目内容要紧扣教学中的知识点；二是内容应尽可能细致，致力于帮助学习者全面掌握学习知识；三是题目要适量，不宜过多，也不能太少。一般是在单个视频长度的 1/3～2/3 处，密度以 5～8 分钟设置一次，问题数量以 2～5 个为宜。

设置驻点测验的步骤如下。

（1）上传课程视频

在如图 6-25 所示的课程编辑页面中单击"视频"按钮，可打开上传课程视频对话框，如图 6-26 所示。视频上传可以有"从本地""资源库"等多种方式，常见的视频格式都可以，大于 1G 的视频要用超星云盘客户端上传。

（2）设置插入位置

在上传的教学视频中插入驻点测验，需要在如图 6-27 所示的视频编辑页面中单击"插入对象"，则出现如图 6-28 所示的页面。平台提供了在视频中可以插入图片、测验、PPT 和字幕等功能，如图 6-29 所示。

（3）添加实时测验题目

教学视频中需要添加的驻点测验题目一般有单选、多选、判断三种客观题型。在图 6-29 中"插入测验"，可打开插入测验编辑页面，如图 6-30 所示。题目可以直接输入，也可以从题库中导入。驻点测验题可以设置为如果答错，可以强制学习者回看教学视频,并可以设置回看的时间长度。

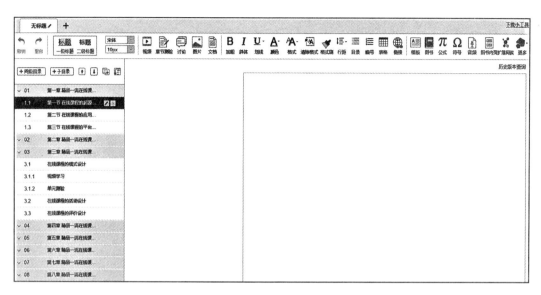

图 6-25 课程编辑页面

图 6-26 视频上传页面

图 6-27 在教学视频中插入对象页面

图 6-28　设置测验出现的时间节点

图 6-29　选择插入测验对象

图 6-30　编辑驻点测验题

二、布置随堂练习

随堂练习是检测学生课堂学习效果的重要工具，教师可以通过随堂练习了解学生的学习效果，并使学生能够通过随堂练习很好地巩固自身所学。单击图 6-1 中的"随堂练习"，可进入随堂练习设置页面，如图 6-31 所示。

图 6-31　随堂练习设置页面

随堂练习的题型比问卷多，包括"单选题""多选题""填空题""判断题""简答题"五类。每一类题目的设置方法如问卷题目设置，一般包括题目题干和选项的设置，并且可以上传图片等内容，可以设置题目答对获得的课程积分，可以是 0～10 分。题目可以重新排序，可以设置是否是必答题。

随堂练习提供了"结束后允许参与者查看正确答案"的功能，也可以不让学生看答案。

设置完毕后，单击"立即开始"，或单击"保存"按钮以后再进行。

三、进行考试测验

在线课程的测验形式是基于网络的在线测验，可以分为单元测验和结课考试两种类型。

单元测验以回顾每单元中的重点难点内容为主，与每一单元的授课知识点相匹配。题目一般设置为 70%简单题、20%中等难度题和 10%较难题。单元测验可以设有参考答案，分数按正确率与分值权重计算后纳入总成绩中。

结课考试需要全方位地回顾整个课程涉及的重要知识点，是对整门课程学习效果的测量。结课考试的题量大约是单元测验的 1～2 倍，学习者需要在限定的时间内完成结课考试，并且只能参加一次。结课考试成绩占比由教师认定。

在线课程考试测验的试题可以手动输入，也可以从考试题库中直接调用。一般来说，都是预先出好题目，将其存入考试题库之中，考试时直接从考试题库中调用。所以在进行在线课程建设时，要重视试题库建设，要尽量多出题，试题的题型应尽可能丰富，要持续对试题库进行优化与更新。

1. 设置单元测验

在课程内容的编辑页面中，单击顶部工具栏中的"章节测验"按钮，打开添加测验的窗口，如图 6-32 所示。可以通过输入测验标题后创建新的测验，也可以从作业库中选择。

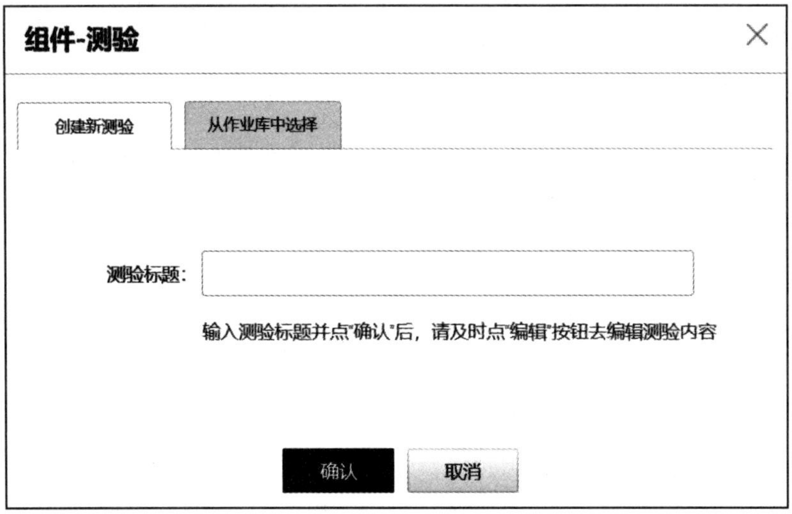

图 6-32 创建新测验

2. 设置结课考试

（1）进入考试编辑页面

在课程首页单击图标工具栏中的"考试"按钮，则可以进入考试编辑页面，如图 6-33 所示。

图 6-33 考试编辑页面

（2）选择试卷来源

在图 6-33 考试页面中，单击"新建"，或页面下方的"+"号，即可创建新的考试，如图 6-34 所示。有手动创建试卷、自动随机组卷两种方式。

第六章 精品一流在线课程的教学实施

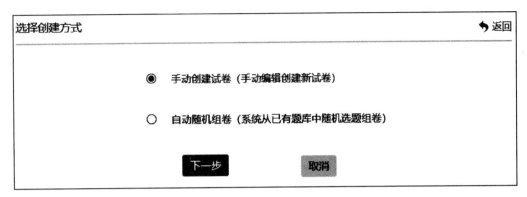

图 6-34 选择创建方式

① 手动创建试卷

如果选择手动创建试卷，则进入试卷编辑页面，与作业编辑页面相同，如图 6-35 所示。教师可以为试卷设置标题和难度，可以手动选择题目类型，如"单选题""多选题""填空题"等，接着在编辑区域输入题目内容。教师也可选择右上角的"智能导入"或"题库选题"，减轻输入试题的工作量。完成后单击右上角"预览"，检查试卷的情况，最后单击"保存并返回"即可。

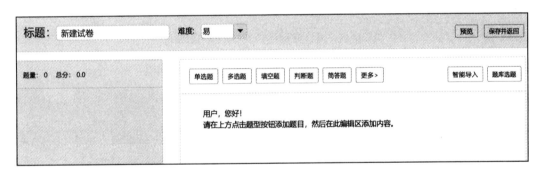

图 6-35 手动创建试卷编辑页面

② 自动随机组卷

如果选择自动随机组卷，则需要设置试卷标题、满分的分值、随机组卷的套数与试卷的难易度，然后分别设置每种题型的随机抽取情况与分值，可根据题库目录选题保证题目来自某单元，或按照难易程度选题，如图 6-36 所示。

（3）保存试卷

编辑好试卷之后，试卷自动保存到资料栏目的试卷库中，并可编辑、删除和查看，确认无误后可选择发布。注意：试卷一旦发布并有学生提交，就不能进行修改操作，所以务必要事先确认好才能发布，如图 6-37 所示。

（4）发布试卷

发布试卷时，需要设置发放对象、发放时间、截止时间、考试限时、限时提交、限时进入、防作弊设置等，还可编写一段考试说明。其中，"发送对象"如果选择"全部班级"则会将试卷发送给选择该门课程的班级的所有学生，如果按"按班级发放"

图 6-36 设置自动随机组卷的试卷结构

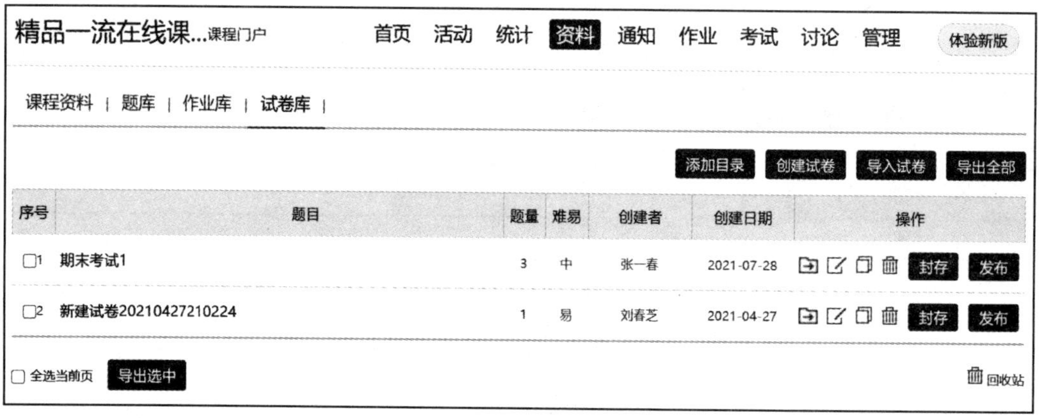

图 6-37 试卷库的操作页面

只要在班级列表中选择目标班级即可，选择"选人发放"需要选中指定的学习者，每次选择人数不能超过 50 人。"发放时间"可以选择"立即发放"或"定时发放"两种方式，选择"定时发放"需要设定发放的具体时间。"截止时间"也可选择"立即截止"或"定时截止"两种方式，选择"定时截止"需要设定截止的时间，超过截止时间，学习者将无法进行作答。"考试限时"功能可以限定学习者答题的时间，超过限定的时间将无法继续作答，系统会自动提交答卷。考试还可以设定"限时提交"，即考试开始多长时间内不允许提交试卷；或设定"限时进入"，即考试多少时间之后不允许参加考试。如果需要防考试作弊，可以设置题目乱序、选项乱序、考试过程中抓拍监控、考试过程中切屏监控等功能。试卷发布设置界面如图6-38所示。

图 6-38　试卷发布设置

（5）设置其他功能

如果单击"高级设置"，可以设置一些考试的其他功能，如图6-39所示。

"及格标准"可以让教师设置及格线，大于等于及格线视为合格。

"允许重考"可以设定允许重考的次数。重考时，可以设定以最后一次考试的成绩为准，或以最高一次成绩为准。

学生考试后如果允许其查看试卷，可选中"允许学生考后查看试卷"；如果允许学生查看正确答案，应选中"允许学生提交后查看答案"或"允许学生考试时间截止后查看答案"；如果考试后允许学生了解其考试的分数情况，可勾选"允许学生查看分数"或"允许查看题型分数"选项。

"允许粘贴答案"功能可以对学生能够粘贴内容的权限进行设置，选中后学生才能在答题时使用粘贴功能。

"允许学生在学习通上传附件"功能可以允许学生上传附件。

"考试到达截止时间后自动提交"，可以在考试结束时统一结束考试提交试卷。

"填空题设为客观题"功能系统将按客观题自动批阅。

"填空题答案不区分大小写"功能可以对填空题答案的大小写情况进行设置，如果填空题中涉及字母，大小写都可以视为正确答案时，可选中此选项。

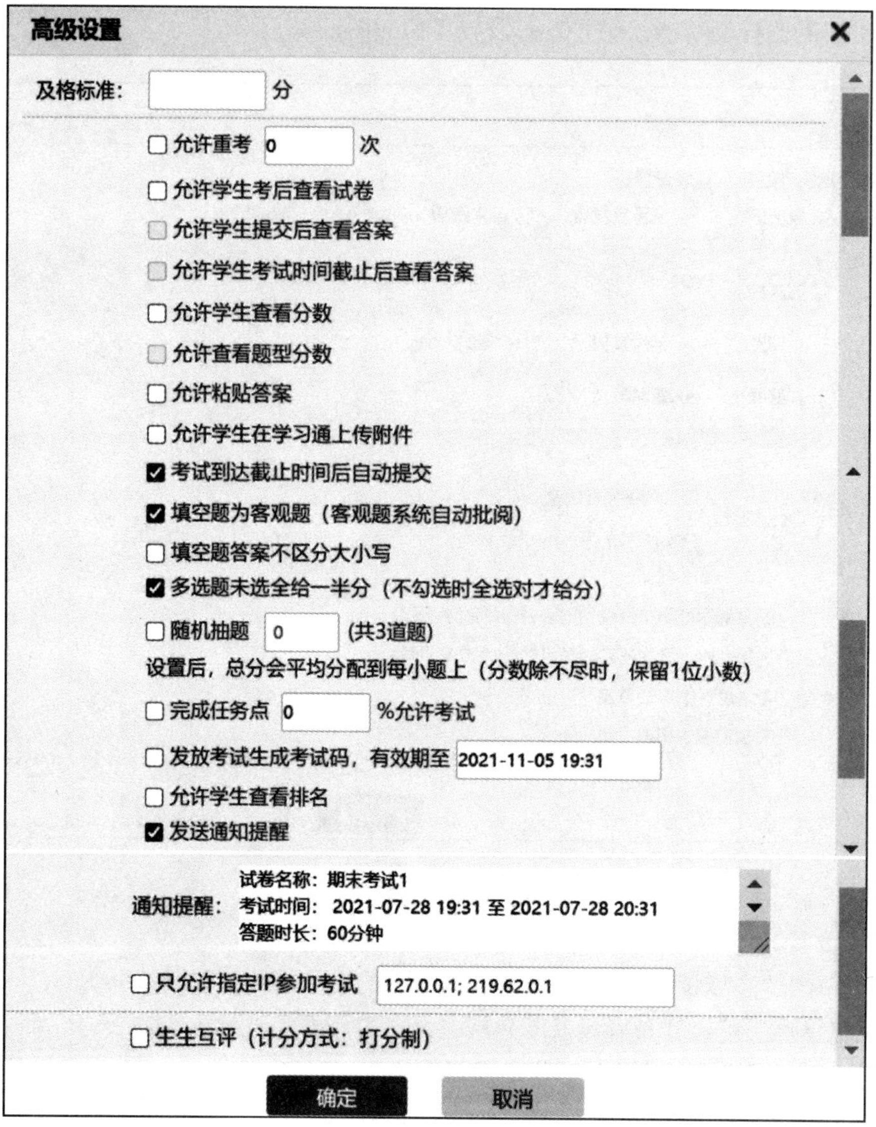

图 6-39 试卷发布的高级设置

"多选题未选全给一半分"功能可以对多选题的给分进行设置，选中后多选题没有选全学习者也能获得一半的分值，没有勾选此选项意味着只有选全才能得分，选错或不全均不得分。

"随机抽题"功能可以从题库中抽取指定数量的试题，随机生成作业。

"完成任务点□%允许考试"功能可以对学生做作业的要求做限制，设定具体的百分比后，学生只有达标后才能考试。

"发放考试生成考试码"功能选中后，学习者通过考试码的验证才能够领取到试卷。可以设定考试码失效的时间。

"允许学生查看排名"是学生考试后允许学生查看本次考试的排名情况。

"发送通知提醒"功能可以给学习者发送通知提醒服务。

"只允许指定 IP 参加考试"可以设定考试登录的 IP 范围,以确定参加考试人员范围。

考试试卷也可以开展"生生互评",可以设定互评数量、是否匿名等信息。

第三节　在线课程的教学服务

教学服务是在线课程的重要组成部分,能够保障在线课程的教学质量。根据在线开放课程的开放性、自由性以及时空分离的交互特性,在线学习平台需要为学生提供课程导学、协同答疑等教学服务,使学生的在线学习过程最优化,从而高效地完成在线课程的教学目标。

一、课程导学服务

课程导学是课程教学和学习的入口,清晰、合理的导学能够使学习者高效地利用在线课程进行自主学习。课程导学设计需要符合学习者的认知心理,尽可能地清晰、明确、简单。通常在课程导学设计中直接列出简明的课程介绍、合理的团队教师、清晰的课程目标和评价、优质的教学资源等,可以采用提供信息网络结构图、思维导图等展示形式,给学习者提供个性化、人性化的导学服务。

1. 导学设计策略

导学是教师指导或引导学生自主学习和个别化学习。导学策略是指教师根据学生实际,有目的、有计划、有组织地引导学生主动、热情、高效地投入学习的教学过程系统。导学的策略应包括知识、技能和情感三方面的内容,其最终目的是让学生会学知识,提高学生自主获取知识的各种能力,特别是创新能力。在网络课程设计中,要充分利用网络所具有的优势,发挥各种媒体的教学特性,通过具体的可操作的方法来指导学习者学习,最终实现网络课程的教学目的和对学习者的发展目的。

在线导学的目的一是增强在线学生的网络学习适应性,提高其学习效率,引导学生有效地获取和利用资源,提高在线学习效果;二是有目的地提高学生的在线学习能力,使学生在学习上逐渐由教师引导转向自我引导。

在线课程的导学首先要定义学习领域,即确定在线学习内容并进行学科特点分析;其次要确定课程学习计划,如学习时间安排、教学任务分配等;最后还应了解课程的现有条件、可利用资源等诸多影响在线学习的因素。

在设计导学内容时,要深入了解学生的基本特征,要了解他们的学习风格、学习背景、学习动机、学习技能和已有知识经验等;同时要了解学生的社会学习特征,如学生分布状况、可支配时间、上网条件、工作性质等,这有利于教师选择导学方式(如面授、在线会议、实时聊天等)和实施个别化导学。

在导学内容的设计中要做好导航设计。一是要有较清晰的系统导航或导学栏目，清晰明确，使学生一看便知自己该怎样去"做"。二是平台要有明确功能导航，网络课程平台使用说明、课程结构及定位信息等，如平台操作、安装指南、课程使用、教师简介（包括联系方式）等，可以随时通过平台导航资源来"查找"解决问题的方法。三是在课程内部也要有清晰的内置导航，在学习材料中内置一组与内容相关的补充、扩展学习材料，如学习导读、提问、所学内容总结、摘要等引导支持学习。

为了提高对在线学习活动的引导效率，还可以设计一些学习社区。如，以论坛的方式建立"教师信息发布区"，用来发布公告，或者解决学生问题。在课程内容的设计上可以用"时间提示"法来提醒学生注意学习时间，按时完成学习任务，以便跟上后继学习进程。

2. 编辑课程导学

课程的导学主要是在课程门户中呈现，主要包括课程主页面中的课程信息、封面信息和宣传图片等内容，有课程介绍、教师团队、课程评价、教学资源、课程章节等，如图6-40所示。

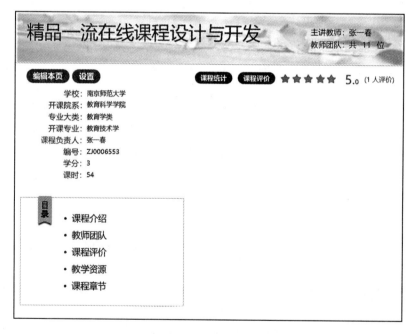

图 6-40 课程门户模块

章节是课程内容的框架，学生可以通过章节的设置，对在线课程的整个内容有个初步的了解；教师可以通过章节建设，对每个章节的具体内容进行填充。章节内容的设置应全面，确保实用性；同时，也应风格统一，通俗易懂，恰当精简。可以在创建课程时选择"按照周、课时自动生成单元"，也可以选择"不自动生成单元"，在进入课程编辑后再自行设置，在课程门户即可显示出课程目录，课程章节目录如图6-41所示。

图 6-41　课程章节建设

3. 发布学习任务

学习任务是为了达到既定目标而提出的问题或活动。学习任务贯穿于整个教学过程中，是告知学习者学习目标、促进学习者认真完成学习任务的重要手段。任务是知识与技能的载体，学习者在完成任务过程中需要对知识和技能进行有效的组织。

学习任务目标要清晰明确、可操作性强。任务的内容要贴合教师的教学内容，符合学习者的学习特点，并能激发其完成任务。任务的难度要遵循循序渐进的原则，由表及里，由浅入深。

在线课程中，一般是通过"通知"来发布学习任务，也可以通过讨论区来发布讨论题目，布置学习任务。

在课程主页右上角的工具菜单中单击"通知"，即可进入通知编辑页面，教师可以在通知中布置相关的学习任务，如图 6-42 所示。

添加学习任务时可以直接单击页面中心的符号"+"添加学习任务，或单击右上角的"新建"。在添加学习任务时，首先选择发送对象，全部班级或是部分班级，然后输入学习任务的标题及内容。学习任务文本内容不能超过 1000 字，可以以图片或附件的形式上传通知。任务编辑好之后单击"发布"即可。已经创建的学习任务也可以重新编辑或删除，如图 6-43 所示。

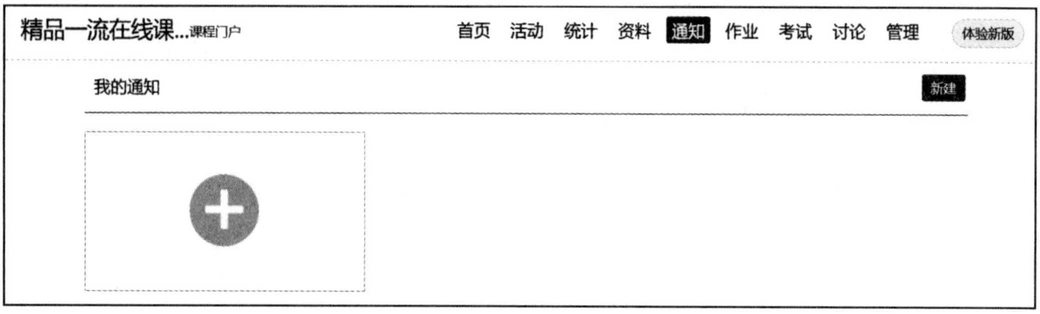

图 6-42　添加学习任务

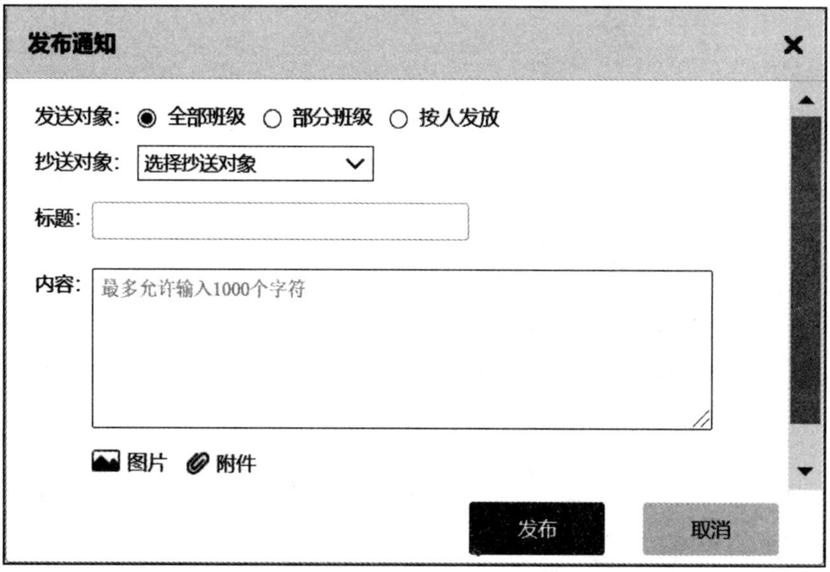

图 6-43　添加学习任务

二、交互答疑服务

在线课程一般是非实时的学习过程，教师与学习者往往不同步。因此，当学习者有问题时，可以通过留言等方式来提出问题，教师或其他学习者看到后再回答。在线课程平台一般提供了较为强大的交流、互动、答疑、讨论功能，并且能够跨 PC 端和移动端，具有极大的灵活性。

当学生提出问题时，系统将问题发给与问题相关的教师，学生也可以通过系统向其他教师、专家求助。对于每一次新问题的解答，系统都会记录下答疑的过程，存放到系统中，为将来解答类似疑问及教师解答时提供帮助与支持。

在线课程的互动答疑是通过"讨论"功能实现的。教师在课程平台上发布讨论任务，可以查看学习者参与讨论的情况，还可以对讨论的主题帖子进行按时间排序、置顶、加精等操作。学生也可以主动提出问题，教师和其他学生可以来回答。

在课程首页的右上方工具按键中单击"讨论"，即可添加讨论主题。教师可以查看学习者参与讨论的情况，也可以把讨论内容导出保存或删除，如图 6-44 所示。

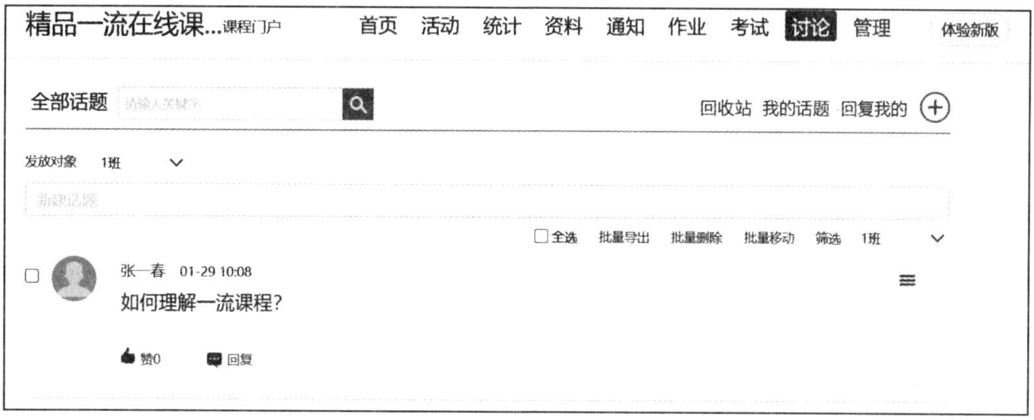

图 6-44 课程交互答疑

三、开展直播教学

在教学中,教师有时需要实时授课或答疑,则可以使用直播方式进行。直播教学是开放的,教师在直播时,学习者对教学内容可随时提出疑问,教师则可以根据学习者的反馈来动态调整教学内容与进度。

直播教学可以通过专门的直播软件或平台进行,比如腾讯会议、ZOOM 等,也可以用在线课程提供的直播功能进行。

超星泛雅平台使用的直播软件是"超星直播客户端"。使用"超星直播客户端"教师不仅可以上传多种格式的教学课件,还可在直播时书写板书、与学生互动、进行桌面共享等。使用时教师需要提前在 PC 端安装客户端软件,然后使用学习通的扫码功能登录账号。软件界面如图 6-45 所示。

图 6-45 直播平台页面

进入直播平台后，单击开始直播按钮或左上角直播间名称区域，可以为本次直播设定标题和简介。单击"开始直播"按钮后，输入标题简介，单击创建直播即可开始直播。直播间标题信息可以在直播中进行修改。

单击左侧文档列表区域的"添加"，即可将电脑本地的课件上传共享。注意单个文件大小不能超过200MB，如图6-46所示。

图6-46　添加共享课件

单击右侧互动页面，可以进行聊天、查看用户列表、答题、广播、查看我的直播记录等。

直播结束时，单击"结束直播"按钮即可。关闭前可设置"本场直播是否允许回放"的操作。若允许回放，学生可以在课后复习直播内容。

第七章

精品一流在线课程的教学管理

教学过程中，教师希望能准确了解学习者的学习情况，以便更好地调整和开展教学。现在的在线课程平台大都引入了大数据精确分析技术，平台后台提供了较多的学习数据和统计图表，包括考勤、讨论发言、观看视频时长、测验等情况，精确到每一个学习者和每一天，可以动态地呈现每一个学习者复杂多变的信息，为教师、管理者与学习者的学习分析实现准确性和便利性。

第一节 在线课程的数据管理

在线教学平台中的数据源于教学活动，一般有过程性数据和结果性数据两类。通过对平台自动收集到的行为数据由系统自动进行模型分析，并以可视化的形式在平台中展示，可以给教师教学和学生学习提供参考。比如学习进度数据、资源浏览数据、任务点完成数据等。另外，教师也可以根据教学的要求，设计相关的教学活动，并对学生的学习情况和结果进行数据分析，并通过测验或考试的形式判断学生的学习效果。

一、过程性的教学数据

1. 资源统计分析

教师在授课之前或者在授课过程中都可以上传课程资源，资源类型包括视频、音频、文档、动画、图片以及其他资源。

在课程页面中，单击"统计"，进入"统计"页面，如图 7-1 所示。统计页面中包括班级统计、资源统计、课程报告和课程统计四类。

（1）班级统计

在统计页面中默认的是"班级统计"，会展示出某班级的学习情况统计信息。一般包括教学数据的单击量、学生根据时间对课程章节的访问量、课程任务点类型分布、学生综合成绩分布、课程学习进度、学生观看时长等。如果班级不止一个，可以选择不同的班级查看情况。某个班级的情况还可以通过单击"一键导出"，导出需要的数据，如图 7-2 所示。

图 7-1 统计页面

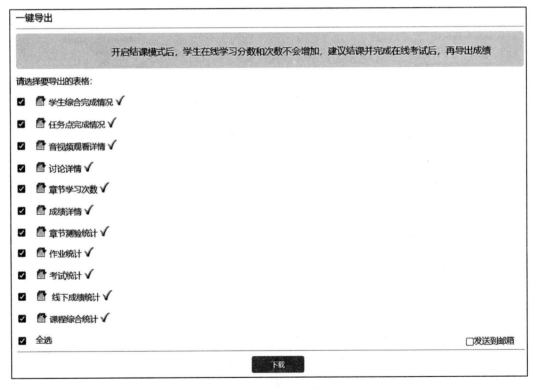

图 7-2 一键导出页面

(2) 资源统计

在图 7-1 中,单击"资源统计",进入资源统计页面,如图 7-3 所示。"资源统计"页面提供资源基础统计数据,如视频、音频、文档、动画、图片以及其他资源的个数;还可以查看各资源类型分布及占比情况、各资源类型变化趋势情况等。

图 7-3　资源统计页面

（3）课程报告

在图 7-1 中，单击"课程报告"，进入课程统计页面，如图 7-4 所示。"课程报告"页面提供整门课程的统计数据，如课程成绩综合情况统计表、课程成绩综合情况对比图等，还可对此图表内容、格式等进行编辑，以便输出。

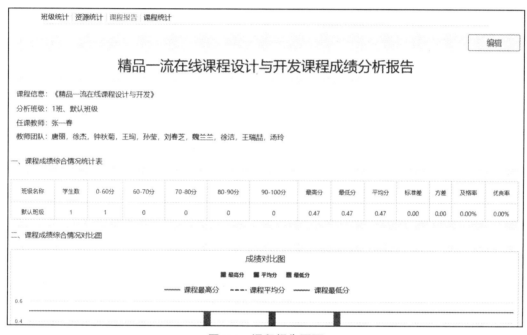

图 7-4　课程报告页面

（4）课程统计

在图 7-1 中，单击"课程统计"，进入课程统计页面，如图 7-5 所示。"课程统计"页面提供课程的统计数据，有课程介绍、教学团队、章节目录、课程评审等数据信息。课程评审包含课程资源数量、选课人数、课堂活动、测验和作业、线上互动、考核、通过人数等信息。

2. 讨论统计分析

在图 7-1 中，单击色块图中的"讨论"功能，进入讨论统计页面。"讨论"统计页面分为学生讨论统计和教师讨论统计两类。学生讨论统计包括学生姓名、总讨论数、发表讨论、回复讨论与详情，如图 7-6 所示。教师讨论统计包括教师姓名、总讨论数、发表讨论、回复讨论与详情，如图 7-7 所示。

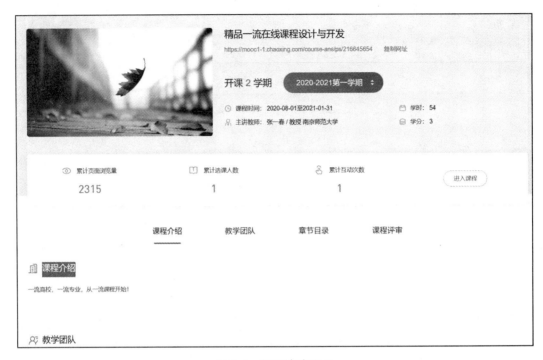

图 7-5　课程统计页面

一班 > 讨论　　返回

学生讨论统计数 | 教师讨论统计数

学生姓名	总讨论数	发表讨论	回复讨论	详情
学生查看	1	0	1	查看
王瑞喆	0	0	0	查看

图 7-6　学生讨论统计页面

一班 > 讨论　　返回

学生讨论统计数 | 教师讨论统计数

教师姓名	总讨论数	发表讨论	回复讨论	详情
学生查看	0	0	0	查看
汤玲	1	1	0	查看

图 7-7　教师讨论统计页面

还可以单击“详情”，查看每位学生或教师发布或回复的讨论主题有哪些，讨论情况如何等信息。

在课程统计中可以看到学生参与互动情况。如图 7-8 为某门课程学生参与互动情况。

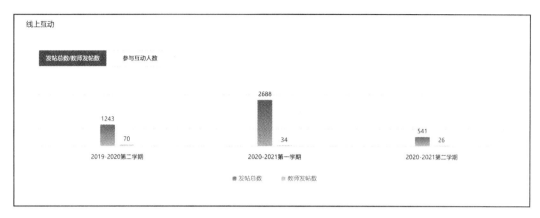

图 7-8　线上互动统计

学生可以在讨论区中将自己在学习过程中遇到的各种困难（包含知识理解困难、作业解答困难、学习方法上的困难或者是其他影响学习的问题）与教师进行交流讨论，从而解决学生学习过程中的问题。同时教师可以通过统计讨论区来收集学生学习情况，掌握学生的学习难点、盲点，为教师进行传统面对面课堂教学提供依据并及时对教学内容、教学方法进行调整。

3. 作业统计分析

（1）统计作业题类型及成绩情况

在图 7-1 中，单击色块图中的"作业统计"功能，进入作业统计页面，如图 7-9 所示。

图 7-9　作业统计页面

在作业统计页面，可以了解自课程创建以来创建的作业数量，以及发布的作业情况。可以分别统计展示已批阅学生的成绩和全部学生的成绩情况。并能对发布作业统计、作业情况统计、作业成绩统计分别用图形可视化表现，也可以下载列表结果。

在课程报告中也可以看到统计结果。如图 7-10 所示为某门课程学生测验和作业统计情况。

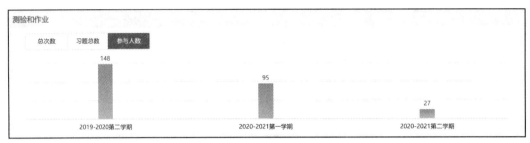

图 7-10 测验和作业参与人数统计页面

（2）查看作业布置及批阅情况

在课程页面中单击右上侧菜单栏中的"作业"，进入作业查看页面，如图 7-11 所示。

图 7-11 作业查看页面

在作业查看页面，可以看到每次发布作业的情况以及作业的开始时间、截止时间与提交数。

单击想要查看的某次作业框的右下角的"查看"按钮，即可看到学生的作业提交情况。在作业提交情况的页面，可以选择"按人批阅"与"按题批阅"。

"按人批阅"的详细情况如图 7-12 所示。其中包括姓名、学号/工号、状态、

图 7-12 作业已交情况

提交时间、IP、批阅时间、批阅人、批阅 IP、成绩等信息，还可以进行批量打分、批量打回、导入成绩、导出成绩、导出作业附件与导出答题详情等功能。

单击"未提交作业人员"可以选择"批量加时""导出名单"等功能，如图 7-13 所示。

图 7-13　作业未交情况

"按题批阅"的详细情况如图 7-14 所示。其中，包括题号、题目、题型、待批与操作等信息。

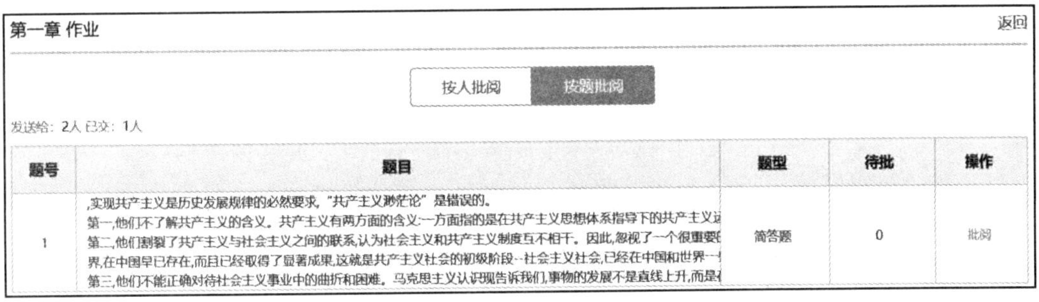

图 7-14　作业按题批阅情况

在每个知识点学习完毕，授课教师布置作业，学生可以提交作业，教师可以检查学生学习情况。在线课程平台的"作业提交功能"构建了一个学生乐于接受的个性化在线作业提交评价管理平台，有助于促进学生和老师使用信息技术，加强师生之间的交流，通过互联网分享自己的学习成果和教学成果，改善移动终端教学资源的呈现方式和与移动用户的交互形式，更利于形成一种教学相长的有益循环。

4. 章节学习统计分析

在图 7-1 中，单击色块图中的"章节学习次数"功能，进入"章节学习次数"统计页面，即可看到学生访问统计、统计学生学习课程章节的次数，如图 7-15 所示。

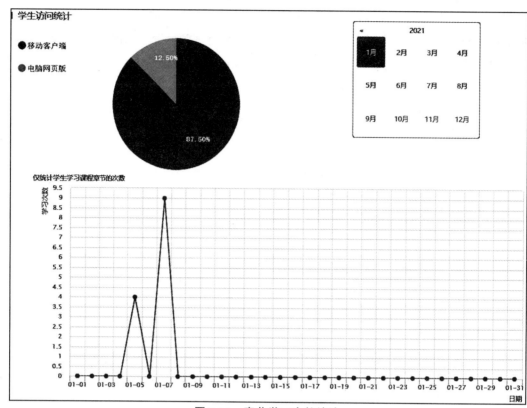

图 7-15　章节学习次数统计

单击"章节学习次数"中的详情，可以按月统计或按日统计查看章节学习更加详细的信息。

按月统计章节学习次数可以分析一个月中每日具体的访问次数，可以分析学生是否按教师的要求进行了相关的内容学习，并根据访问趋势掌握学生学习特点，分析学生学习规律。以时间（单位/日）为横轴，以访问次数为纵轴绘制一学期中课程访问次数，如图 7-16 所示。

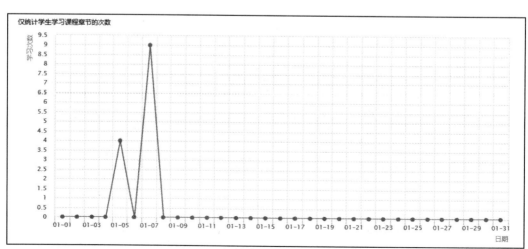

图 7-16　按月统计章节总学习次数

按月统计章节学习次数可知，开课之初，学生按部就班投入相关课程的线上学习，由于教师在开课之初制订了教学计划，包括课程任务节点等，从而学生开始访问课程，明确课程要求，完成教师预留作业。在此期间，会出现访问次数相对偏低，但访问次数呈现上涨的趋势，课程中期难点内容居多，学生课上没有及时掌握的知识点需要通过课后线上观看教学视频，消化知识点。虽然对于学生个体而言，其学习周期并不稳定，但是教师更应该了解整体的学习趋势与周期，通过访问率的高低掌握学生的学习情况。

按日统计章节学习次数是在一天内，以每 4 小时为一段，将每天分为 6 个时间段，以访问时段为横轴，访问次数为纵轴绘制每日内不同时间段访问数量的统计图，如图 7-17 所示。

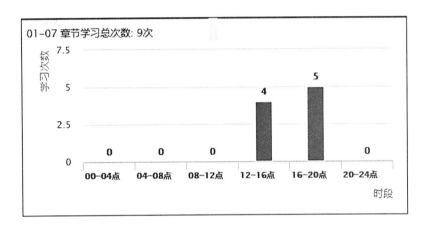

图 7-17　按日统计章节的学习次数

根据按月统计和按日统计，教师可以了解学生在哪个时段访问量最大，哪几个时段是学生学习高峰期，教师可以通过这些数据选择更容易引起学生关注的时间发布任务或通知，也可以通过部分学生的按时统计章节次数可以发掘每位学生的学习时间段，更容易针对性教学。

这些统计数据可以通过"一键导出"导出下载保存，可以全部导出，也可以仅导出某一项统计数据，如图 7-2 所示。

二、结果性的教学数据

1. 随堂练习结果分析

在课程编辑首页右上侧菜单栏中单击"活动"进入活动页面，可以查看"未开始""进行中""已结束"的各项活动，如图 7-18 所示。

单击"已结束"，可以查看已经结束完成的活动。如果其中有随堂练习活动，单击则可以看到此项随堂练习的详情统计，如图 7-19 所示。

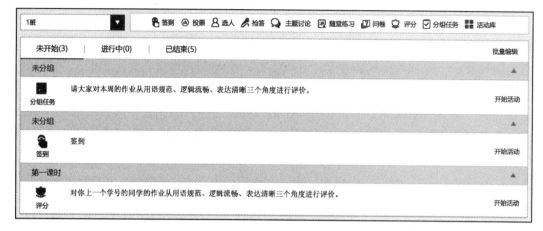

图 7-18　班级活动统计页面

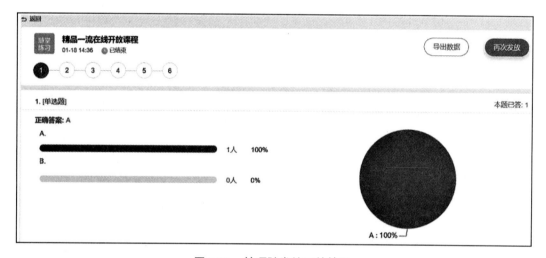

图 7-19　某项随堂练习的情况

选择"导出数据",可以看到课程的基本信息与学生答题的详情。

教师可以根据学生作答不同题目的结果数据,构建在线作业知识点关联规则挖掘模型,挖掘各知识点之间前后的关联关系;也可以借助挖掘的结果,分析影响学生学习质量提升的各知识点间潜性的规则。教师根据教学内容制定难度适中的练习题,放在作业模块中,以此来检验学生在线自主学习的情况。教师根据课程作业与练习的反馈情况,掌握学生学习中存在的问题和困难,同时通过平台的对学习数据的分析,综合分析学习者学习情况。教师也可在平台上设置调查问卷,让学习者对自己的学习进行评估。

2. 考试成绩结果分析

在课程编辑首页右上侧菜单栏中单击"考试",可以查看本课程开展的所有考试,如图 7-20 所示。

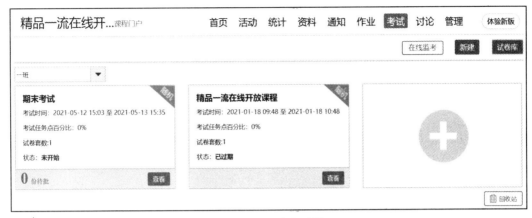

图 7-20　课程的考试情况

单击某项考试下方的“查看”按钮，可以具体了解此项考试的情况，比如学生的姓名、学号/账号、状态、领取时间、提交时间、IP、客观题正确率、批阅时间、分数、批阅人、批阅 IP 等信息，如图 7-21 所示。

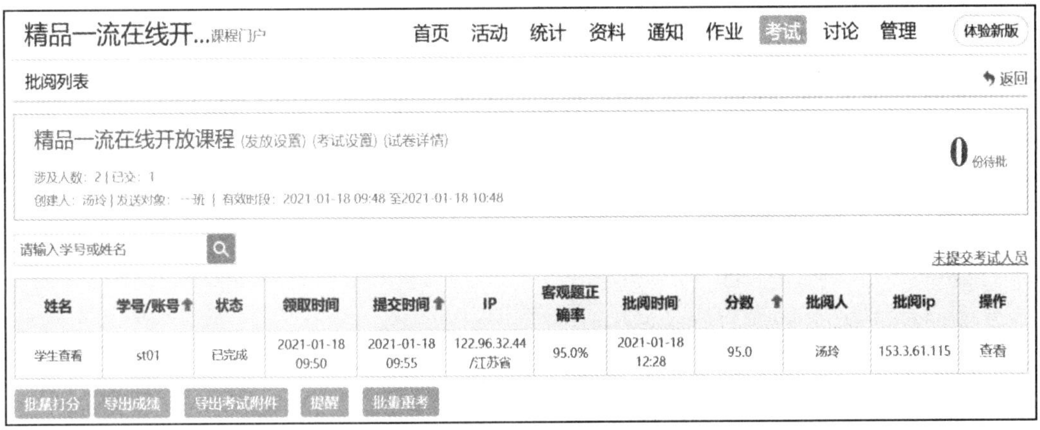

图 7-21　考试具体信息

选择“导出成绩”，则可以看到每位学生每道题的得分情况，如图 7-22 所示。还可以进行“导出考试附件”“提醒”或“批量重考”等操作。

试卷名称：精品一流在线开放课程

账号/学号	学生姓名	院系	专业	班级	课程ID	课程名称	分数	状态	领取时间
st01	学生查看	教育科学学院	教育技术学	一班	216418336	品一流在线开放课程设计开	95.0	已完成	021-01-18 09:50:0
	王瑞喆	教育科学学院	教育技术学	一班	216418336	品一流在线开放课程设计开	0.0	未参加考试	

IP	考试离开次数	学生排名	单选题（满分40.0）						多选题（满分40.0）					填空题（满分20.0）		批阅教师	批阅ip
			总得分（满	(1)	(2)	(3)	(4)	(5)	总得分（满	(1)	(2)	(3)	(4)	总得分（满	(1)		
22.96.32.44/江苏省	0	1	40	8	8	8	8	8	35	10	10	5	10	20	20	汤玲	53.3.61.115
	0																

图 7-22　学生得分信息

如果选择“导出考试附件”，则可以导出每位同学的答题试卷，可以清晰地看到学生答案与正确答案，更加详细、清晰，如图 7-23 所示。

```
                     精品一流在线开放课程(1)
姓名：学生查看   学号：st01   课程：精品一流在线开放课程设计开发   班级：一班   提交时间：2021-01-18 09:55   ip：122.96.32.44   成绩：
95.0 分
一、单选题（题数：5，共40.0分）
  1  社会进步的内在根据是（）（学生得分：8.0 分）
     A. 社会基本矛盾运动
     B. 物质文明的发展水平
     C. 精神文明的发展水平
     D. 生态环境的不断改善
     正确答案：A        学生答案：A
     答案解析：

  2  社会意识形态是指（）（学生得分：8.0 分）
     A. 个人意识和群体意识
     B. 包括社会心理在内的不同层次的社会意识的总和
     C. 社会科学、自然科学、思维科学
     D. 政治法律思想、道德、宗教、艺术、哲学和大部分社会科学
     正确答案：C        学生答案：C
     答案解析：

  3  "坐地日行八万里,巡天遥看一千河",这一著名诗句包含的哲理是（）（学生得分：8.0 分）
     A. 物质运动的客观性和时空的主观性的统一
     B. 物质运动无限性和有限性的统一
     C. 时空的无限性和有限性的统一
     D. 运动的绝对性和静止的相对性的统一
     正确答案：D        学生答案：D
     答案解析：

  4  一定社会上层建筑所包括的内容（）（学生得分：8.0 分）
```

图 7-23　某位学生考卷答题情况

在考试页面单击"批阅列表"中的"试卷详情"可以看到试卷的统计分析。"考试统计"是全班考试成绩的分析统计，则可以看到班级学生整体的"分数分布情况"以及"题目正确率"，如图 7-24 所示。

也可以通过每道题的统计结果中的"统计详情"，看到每道题目学生回答情况，并可以以柱状图、饼状图、条状图以及折线图等形式呈现。同时也可从答题记录中看到每位学生的选择情况与提交时间，如图 7-25 所示。另外还可以通过"导出答题详情"与"导出统计详情"的方式，更清晰、明了地看到每道题的答题正确率、题目难度等。

成绩统计分析实现了考试数据的采集分析和可视化功能，平台对学生在线学习过程中产生的数据进行统计，记录每个学生的姓名、学号、班级、分数、难易程度、知识点等。并且教师可在成绩模块中设置平时成绩的权重，自动根据权重计算出学生在线学习的总成绩。这些数据能侧面反映出学生的学习态度、交流协作能力、资源的利用能力、学习效果等，为教师对学生进行形成性评价和结果性评价提供了重要的参考依据。

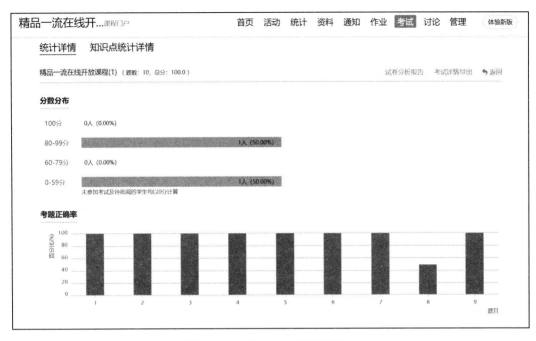

图 7-24 分数分布与正确率统计

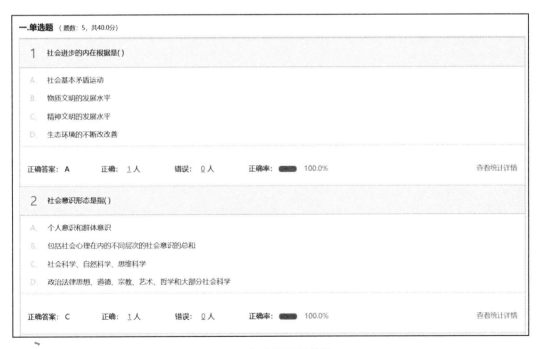

图 7-25 每道题目回答情况

3. 课程作业结果分析

在课程编辑首页单击右上菜单栏中的"作业",可以查看作业的详细情况,如图 7-26 所示。

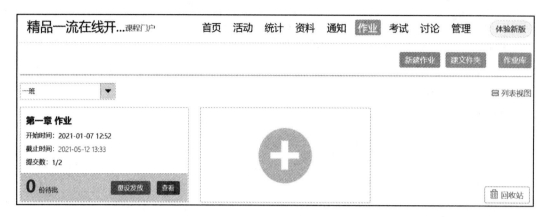

图 7-26 作业页面

单击某项作业下方的"查看"按钮,可以看到已提交作业学生的姓名与未提交作业学生的姓名,可以选择"导出成绩""导出作业附件"与"导出答题详情"来查看学生作业情况,如图 7-27 所示。

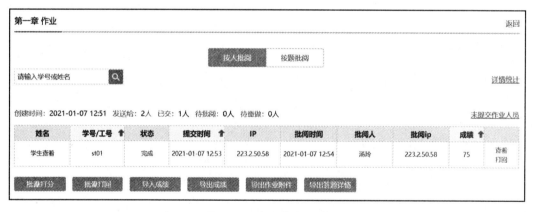

图 7-27 作业统计页面

教师可以基于学生在线作业结果,诊断分析学生对知识点的掌握程度,评价学生在线学习质量,还可以单击"详情统计",来了解学生作业的情况。教师根据教学内容制定难度适中的练习题放在作业模块中,以此来检验学生在线自主学习的情况。教师根据课程作业的反馈情况,掌握学生学习中存在的问题和困难,同时结合平台的功能优势,分析云课堂跟踪记录的学习数据,如在线时间、模块利用率等,也能侧面反映学生情况。教师也可在平台上设置调查问卷,让学生对自己的学习进行评估。

4. 课堂参与结果分析

课堂参与度不仅仅可以在签到、讨论、作业提交等方面体现,也可以从投票、选人、抢答、评分等活动中得到体现。

在图 7-1 的"统计"页面中单击"课堂活动",进入课堂活动页面,如图 7-28 所示。在课堂活动页面中单击想要查看的课堂活动,可以查看所有课堂活动的发布与提交情况。包括姓名、学号/工号、院系、专业、行政班级、次数与操作等详细信息。

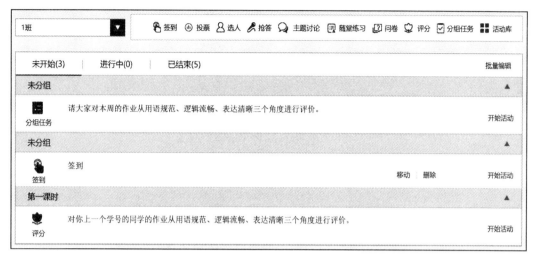

图 7-28 课堂活动页面

课程报告中也可以看到教学活动情况，如图 7-29 所示。

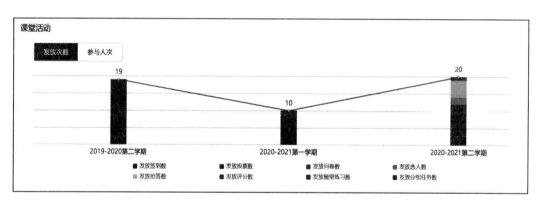

图 7-29 课堂活动统计

对课堂活动的统计与分析可以了解课堂中学生的参与情况，有效地提高学生课堂参与度以及教师对学生知识掌握的了解程度。教师进行适时指导，有助于提升学生的思维能力，也有助于检验、巩固学生掌握方法的情况。

第二节　在线课程的课程管理

课程管理是在线课程正常运行的重要保障，一般涉及在线课程的权限管理、在线课程的运行管理两个方面。

在课程编辑首页单击右上菜单栏中的"管理"按钮，即可进入课程管理页面，包括班级管理、教师团队管理、助教管理、下载中心与操作日志等功能，如图 7-30 所示。

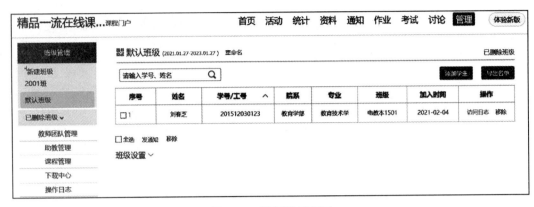

图 7-30 课程管理页面

一、在线课程的权限管理

在线课程的使用者包括教师、学生、助教等。在线课程的教学组织是通过设定班级来实现，班级由若干学生组成。

1. 班级管理

（1）新建班级

在图 7-30 的"班级管理"页面，单击左边栏目中的"新建班级"，在弹出的"班级名称"对话框中输入班级名称，单击"完成"按钮，即可完成新班级的创建，如图 7-31 所示。

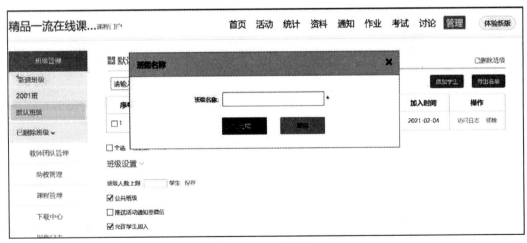

图 7-31 新建班级

（2）设置班级属性

班级建好后，可对班级上限人数、是否为"公共班级"、是否"推送活动通知至微信"、是否"允许学生加入或退课"、是否"开通本课程邮件通知"、是否"对学生隐藏该班级"、是否"开设结课模式"、是否"显示第三方答疑"等内容进行设置。也可对"开放报名""章节开放""班级开放时间""班级所属学期"进行设置，如图 7-32 所示。

第七章 精品一流在线课程的教学管理

图 7-32 班级属性设置页面

（3）添加学生

单击"添加学生"按钮即可出现添加学生对话框，如图 7-33 所示。添加学生有"手动添加""从学生库添加""批量导入""从课程班级添加"等方式。

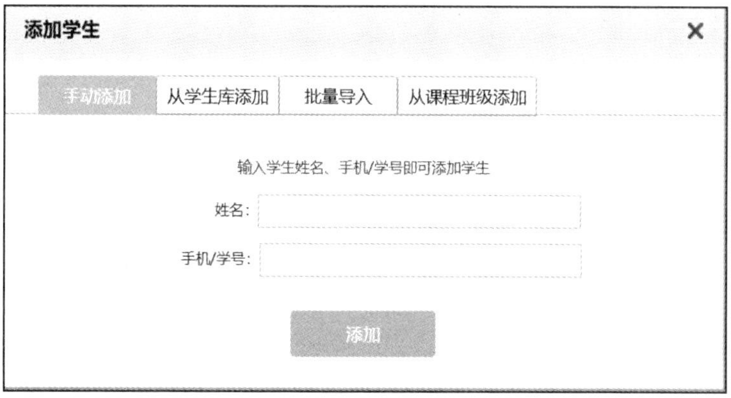

图 7-33 添加学生

除了常规的手动添加或导入学生信息的方式外，更快捷的方式是通过班级二维码加入。单击班级名称前的二维码标志，出现二维码之后，让学生扫描二维码进入班级，或者将二维码或邀请码分享给学生，让学生扫描进入，如图 7-34 所示。

图 7-34 二维码添加学生

2. 教师团队管理

（1）添加教师

添加教师的方法与添加学生类似。在图 7-30 中选择左侧"教师团队管理"，可进入教师管理页面。单击右侧"添加教师"按钮，即可打开添加教师对话框，如图 7-35 所示。添加教师可以采用"手动添加""从教师库添加"和"批量导入"三种方法。

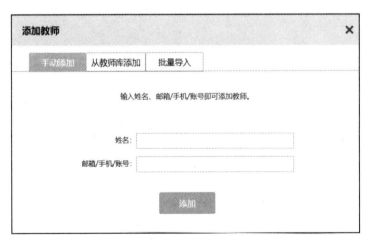

图 7-35 添加教师

（2）设置权限

除了开设课程的主讲教师外，其他添加的教师都可以只设置部分权限，或进行移除。

在教师列表中，单击该教师最右侧操作栏中的"查看"，即可打开该教师的"权限设置"窗口，如图 7-36 所示。主讲教师默认是能够"管理教师团队的课堂活动"，这是最高权限，其他教师默认是不能"管理教师团队的课堂活动"，当然也可以给某位教师添加此项功能，使其具备该权限。

第七章 精品一流在线课程的教学管理

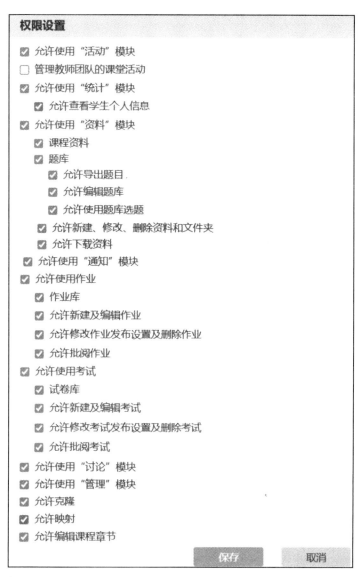

图 7-36 教师权限设置

除了此项功能外，一般教师还可以设置的权限包括：是否"允许使用'活动'模块"，是否"允许使用'统计'模块"（包括是否"允许查看学生个人信息"），是否"允许使用'资料'模块"（包括"课程资料""题库"文件夹操作、资料下载等），是否"允许使用'通知'模块"，是否"允许使用作业"（包括作业操作、批阅等），是否"允许使用考试"（考试操作、试卷操作、试卷批阅等），是否"允许使用'讨论'模块"，是否"允许使用'管理'模块"，是否"允许克隆"和"允许映射"，是否"允许编辑章节"等。

（3）课程门户显示

在"教师团队管理"页面中，选中教师列表最下方"显示到课程门户"的选择框，然后选中需要显示到门户页面中的教师前面选项方框，即可将该教师信息显示到课程门户页面中，如图 7-37 所示。

图 7-37 教师团队管理页面

（4）班级分配

如果是公共课或教师要同时担任几门课的，则可以为教师进行班级分配。在图 7-30 管理页面中，选择左侧"班级分配"，则列出需要分配教师的班级列表。选中每个班级最右侧的"分配"按钮，即可出现所有教师名单，选中需要分配的教师，按"保存"即可。班级分配页面如图 7-38 所示。

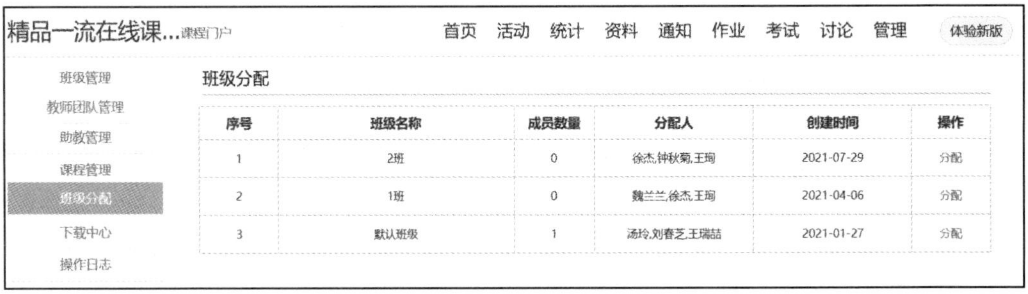

图 7-38 班级分配页面

3. 助教管理

（1）添加助教

助教起到协助教师开展教学的工作，尤其是参与作业批改、论坛管理等。在图 7-30 中选择左侧"助教管理"，可进入助教管理页面。单击右侧"添加助教"按钮，即可打开添加助教对话框，如图 7-39 所示。添加助教可以通过手动添加、从库中添加两种方法。

（2）设置权限

添加助教之后，会出现如图 7-40 所示的助教列表页面。勾选中"权限设置"的

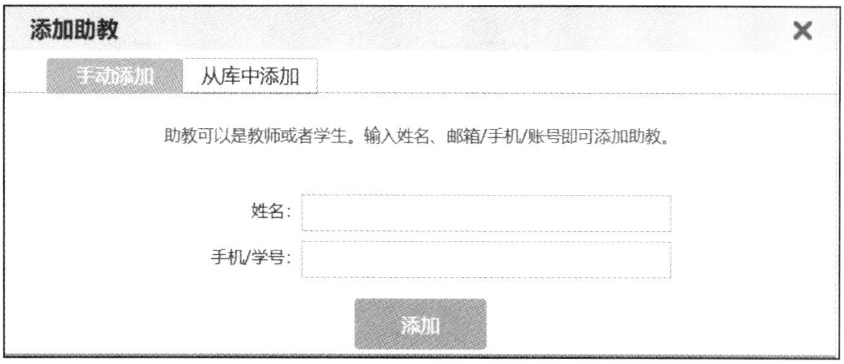

图 7-39　添加助教

图 7-40　助教管理页面

选择框，选中某位助教，再单击"权限设置"，即可弹出"权限设置"对话框。或者单击助教列表最右侧的"查看"按钮也可。助教的权限条目与教师基本一致，仅教师的"允许编辑章节"权限更换成"允许管理讨论区"。

助教一般不赋予编辑、发布、删除作业与考试等权限，也不在门户页面中显示。

二、在线课程的运行管理

课程运行管理是对在线课程建设、运行、保存等方面进行设置和管理，是一项非常重要的管理工作。

1. 课程管理

在图 7-30 管理页面中，选择左侧"课程管理"，则进入课程管理页面，如图 7-41 所示。

（1）学生端设置

主要是针对学生在使用在线课程时页面的导航功能设置。可以选择学生学习页面是否出现"活动""统计""资料""通知""作业""考试""讨论"等功能按钮。对于"讨论"，还可以设置是否"只允许教师发帖"及"发表话题需教师审核可见"，并且可以让学生"允许自测（学生自助从题库中选择题目）"功能。设置完成后，单击"保存"即可。

图 7-41　课程管理页面

（2）安全设置

主要是针对考试题库的安全增加密码管理。可以打开"加密考试、题库"按钮，开启后，教师团队进入考试和题库模块，需要进行密码验证。密码需要 6 位以上数字和字母组合。

（3）课程门户设置

主要是针对课程的显示及管理方面的设置。"通知服务设置"包括对"课程开放时间""作业""考试"的通知。"课程试读设置"是对没有登录课程的用户开放课程的设置，包括"允许试读""关闭试读""试读第一章"或"试读前三章"。"课程章节设置"是设置是否"显示章节序号"。"课程所属院系"是确定此门课程的归属。"课程说明"是课程首页显示的一段关于本课程的说明文字，字数在 1 万字以内。

课程门户设置中有一个比较重要的功能"课程复用"，这是在线课程使用结束之后的设置。其中"克隆课程"是产生当前课程的一个副本，这个副本可以给他人或者自己，一般用于教师基于此门课程再创建一门新课程；"映射课程"是不允许对课程内容进行编辑，但可以从资料的作业库和试卷库发放作业、考试，这一般用于提供给其他教师或课程共享使用课程中的相关资源。如果需要克隆课程或映射课程，需要输入主讲教师的手机号进行验证。

（4）课程其他设置

在如图 7-42 的课程首页中，单击"设置"按钮，则进入本课程的信息设置页面，如图 7-43 所示。

第七章 精品一流在线课程的教学管理

图 7-42 课程首页

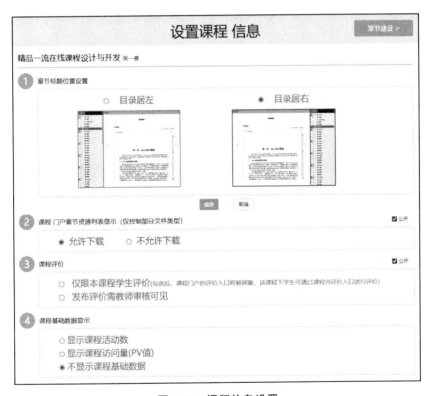

图 7-43 课程信息设置

在此页面中，可以设置是否允许下载"课程门户章节资源列表显示（仅控制部分文件类型）"的内容。

"课程评价"是设置评价方式。其中勾选"仅限本课程学生评价"后，课程门户的评价入口将被屏蔽，该课程下学生可通过课程内评价入口进行评价，一般没有注册或登录的浏览用户无法进行评价。另外可以设置"发布评价需教师审核可见"，如果勾选了此项，则所有评价需要教师审核之后才会显示。

"课程基础数据显示"是设置是否将课程的相关数据公开。可以根据需要选择"显示课程活动数""显示课程访问量（PV 值）"或"不显示课程基础数据"。

（5）课程删除

如果开设的在线课程已经不需要，可以直接删除。在教师登录平台后的个人空间页面中，将鼠标停留在课程的封面图片上，图片右上角会出现一个"删除"按钮，如果单击此按钮，系统会提示"删除后学生将无法学习课程，确认删除？"确认之后此课程便删除了。

2. 下载中心

在图 7-30 管理页面中，选择左侧"下载中心"，则进入课程下载页面，如图 7-44 所示。即可查看相关的下载文档，例如学生的成绩详情、课程综合统计等。

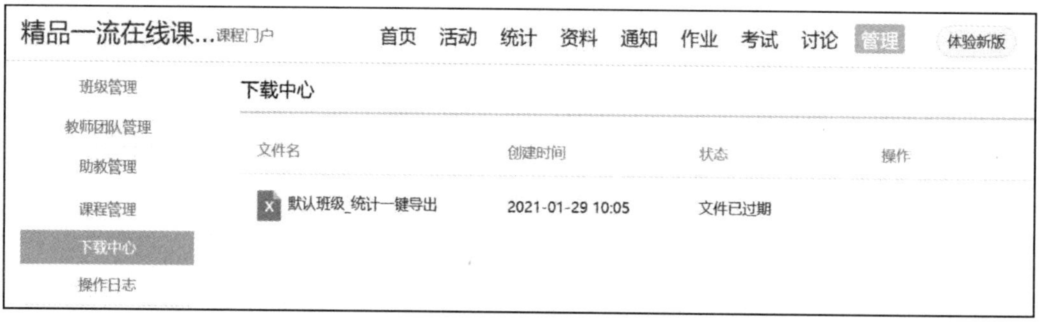

图 7-44　下载中心页面

3. 操作日志

在图 7-30 管理页面中，选择左侧"操作日志"，则进入课程操作日志管理页面，可查看对此课程的操作信息，如图 7-45 所示。

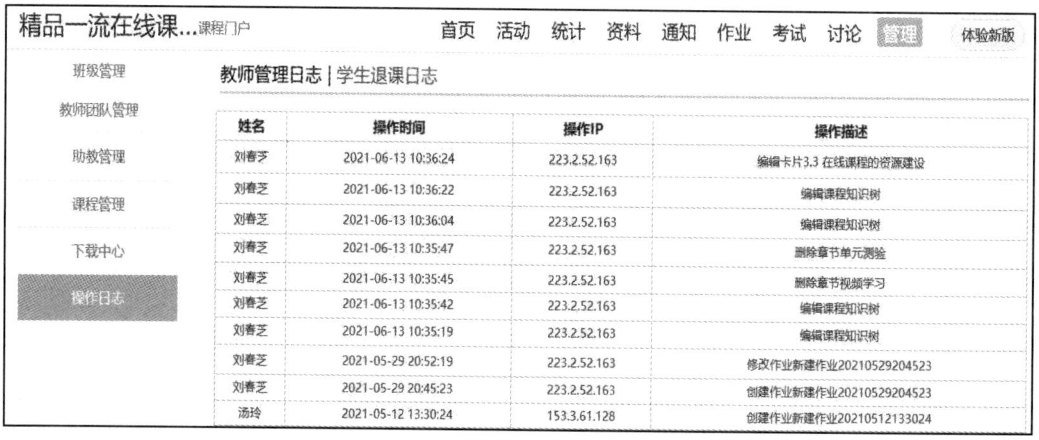

图 7-45　教师操作日志

"教师管理日志"可以看到课程操作的教师姓名、操作时间、操作IP、操作描述等。可以监控各个教师操作平台的详细情况。

"学生退课日志"可以看到退课的学生姓名、班级、操作时间、操作IP、操作描述等，如图7-46所示。教师如果不允许学生退课，可以单击操作中的"恢复"，恢复学生的课程信息。

图7-46　学生退课日志

第三节　在线课程的质量管理

在线学习平台基于多元智能理论及建构主义教学理论，以模块化备课、自主学习、多元评价为核心，旨在充分发挥信息技术的优势，加强课程质量管理，实现信息技术教与学方式的转变，进而提高课堂教学效果。在线课程是否能达到预期目标，需要对其质量进行评价。

一、在线课程质量评价指标

2018年9月17日，国家市场监督管理总局、国家标准化管理委员会发布2018年第11号公告，批准发布了GB/T 36642—2018《信息技术学习、教育和培训在线课程》国家标准（以下简称《标准》）。

该《标准》由清华大学等多家高校和教育企业联合研制，给出了在线课程和评价方案的信息模型和要素，规定了各要素的功能、属性以及相应的XML绑定。《标准》适用于对不同类型的在线课程开展建设以及评价，适用于需要开放共享和在不同平台间迁移的在线课程的设计、资源开发。

《标准》主要包括三部分内容：在线课程信息模型、在线课程评价方案、对在线课程运营平台的要求。

1. 在线课程信息模型

在线课程信息模型包括课程概要与要求、学习活动设计、测验类学习资源文件集、非测验类学习资源文件集、课程讨论区、知识点集、教学分析报告以及扩展八个方面。

在线课程信息模型要素如表 7-1 所示。

表 7-1　在线课程信息模型要素

编号	名称	定义	详细指标
1	课程概要与要求	描述课程相关的信息以及课程要求	课程概要与要求：课程信息、课程负责人、课程编号、课程名称、课程简介、教学目标、标签、参考教材、先修要求、版本、教学团队信息、收费制度、开课时间、建议周学时、课程提供机构、课程封面图片、预览视频、测验类学习资源数量统计、非测验类学习资源数量统计 课程公告：标识符、标题、关键字、上传角色、上传者、上传日期、重要级别、公告内容 考核方法：计分项（计分项标识符、计分项名称、计分组标识符、加权、分数上限）、计分组（计分组标识符、积分方式、组分数上限、加权） 教学日历：日历项（标识符、周序号、学习活动项、学习活动 ID、学习活动描述）、扩展
2	学习活动设计	课程主要内容，可包括多个可再分的学习活动	标识符、标题、类型、描述、开放时间、开放截止时间、完成截止时间、建议时长、讨论区链接、资源链接、依存环境、是否再生、学习活动
3	测验类学习资源文件集	所有测验类相关的资源文件集合，没有顺序或层次之分	基址、扩展、试题（标识符、类型、试题定位）
4	非测验类学习资源文件集	除测验类学习资源文件以外的所有学习资源文件的集合，没有顺序或层次之分	基址、扩展、资源（标识符、类型、资源定位、基址、扩展）
5	课程讨论区	课程的讨论区描述	基址、扩展、讨论帖（标识符、标题、位置、类型、关键字、相关知识点、被回复帖标识符、角色、上传者、创建时间、修改时间、是否可见、是否匿名、点"赞"数、点"赞"列表、点"踩"数、点"踩"列表、附件资源 URL、相关学习活动）
6	知识点集	课程的学习活动涉及的知识点的集合	标识符、标题、内容（内容定位、扩展）、相关学习活动
7	教学分析报告	课程总体情况分析报告	标识符、标题、内容描述、报告文件
8	扩展	本标准以外的元素	

其中，在线课程的核心，是学习活动设计。学习活动主要包括了本学习活动所需的学习课程讨论区链接、资源链接、本学习活动所需的依存环境描述。每一个学习活动都可以有相应的子学习活动，学习者需要完成每一个学习活动来完成课程，从而完成学习目标。设置子学习活动，将教学目标细分，从而使学习者得以更顺利地完成整

个学习任务。

2. 在线课程评价方案

在线课程的评价方案包含四个评价维度，分别是：课程信息完善度、课程的建设和维护、课程设计和课程参与度。其中的重点是课程设计和课程参与度，这两个维度各占 40%权重，课程信息完善度及课程的建设和维护各占 10%，在线课程评价方案主要维度及其分项如表 7-2 所示。

表 7-2　在线课程评价方案主要维度及其分项

评价维度	分项	分项建议权重
课程信息完善度（10%）	必选元素完善度	80%
	可选元素完善度	20%
课程的建设和维护（10%）	课程公告信息得分	50%
	课程讨论区教师助教贡献	40%
	其他资源维护	10%
课程设计（40%）	学习知识点的时长设置合理性（根据教学经验判断）	25%
	学习活动设置的时长和学习者投入的一致情况	25%
	较难的学习活动是否有充足的投入（视频、题目）	25%
	学习活动的人数参与情况（例如，基础的学习活动应该设计的学习者群要大一些）	25%
课程参与度（40%）	人员参与度	20%
	视频参与度	20%
	习题参与度	20%
	讨论区参与度	20%
	考试参与度	20%

其中，课程设计方面，主要关注：学习知识点的时长合理性；学习活动设置的时长和学习者投入的一致情况；较难的学习活动是否有充足的投入；学习活动的人数参与情况。在课程参与度方面，主要包括人员参与度、视频参与度、习题参与度、讨论区参与度与考试参与度。

具体到指标层面，《标准》强调以下指标。

①过程评价：追踪记录学习过程，包括各单元的学习情况和掌握程度，形成学习者可以随时查看的报表。

②交流协作：结合主要课程内容设计需要学习者讨论或协作解决的问题，讨论交流可以借助教学平台提供的交流功能实现。

③内容交互：课程应提供充分的交互机会，引发学习者对学习内容的积极投入、操纵和思考。

④学习者控制：在学习过程中，学习者能按照自己的需要对学习环境进行个性化定制，控制学习进程，选择和组织学习内容。

⑤媒体选用：适当运用文本、图表、图像、音频、视频、动画等媒体形式表示课程内容。

⑥学习帮助：在整个学习过程中，学习者能获得适应性学习指导和帮助。各学习活动都有明确具体的学习目标。

⑦学习目标：目标层次上，各主要单元的学习目标中包含有应用、分析、综合、评价等高层次要求。

⑧动机兴趣：采用适当策略吸引学习者注意力，激发和维持学习者对课程的学习动机和兴趣。

⑨练习反馈：课程应提供不同层次的练习，让学习者应用知识并得到有意义的反馈。

3. 对在线课程运营平台的要求

（1）对教学团队的支持

为满足教学团队的需求，在线课程平台应支持以下功能。

①备课功能：包括课程简介（个人展示、课程基本信息、课程扩展信息、课程自定义信息）、课程团队（管理授课教师、管理合作教师、管理助教）、课程讲授（课程大纲、学习单元、讨论单元、练习单元、课间提问、课程预览）、课程考核（测验单元、实验单元、评价方式）、学习资料（参考资料、网络资料链接、Wiki）等。

②开课功能：课程排期（注册时间、发布时间、开课时间）、按课程计划发布课程内容、教与学过程等。

③管理功能：一般管理（公告、通知、群发邮件、论坛）、作业管理与批改、课程结业（成绩汇总、导出、证书管理）、学习行为记录等。

④课程资源管理：上传和分类管理各类视频课件、各类文档型的静态课件、各类主客观习题、调查问卷，自定义排序显示课程资源目录、导入/导出课程、资源共享等。

⑤数据统计分析：根据教学过程中教师所发布的课堂活动与测验成绩，进行数据统计分析。

⑥消息提醒：课程团队消息（邀请通知、加入团队反馈）、发布提醒、作业批改提醒（作业批改提醒、申诉通知、互评举报提醒）、论坛举报提醒等。

（2）对学习者的支持

为满足学习者的以下需求，在线课程平台（包括移动终端）应支持以下功能。

①基本信息：学习者基本信息，包括姓名、昵称、头像、简介、兴趣点、微博账号等。

②选课功能：查找课程（查看课程、推荐课程）、课程管理（加入、退出）等。

③学习课程：课程内容导航、学习内容获取、在线和离线学习、学习管理（学习提醒、任务标注、进度跟踪）、笔记资料（管理、编辑、导出、分享）、作业与测验（时

间提醒、临时保存、结果提交、上传附件、讨论、互评、查看成绩、申诉）等。

④交流功能：学习群组（创建、加入、更新学习进度、圈子动态、上传资料、分享笔记）、论坛（发言、回帖、举报、帖子操作、帖子管理）等。

⑤证书功能：提交申请、电子版证书生成与颁发、已获得证书管理等。

⑥移动终端数据同步支持：支持移动终端应用程序与教学平台数据同步。

（3）对管理者的支持。为满足管理者的需求，在线课程平台应支持以下功能。

①系统管理：日志查询、账号信息查询与修改、教学机构信息配置、首页配置与管理、新闻类信息的管理等。

②课程管理：发布审核（查看预发布课程、通过、驳回、评审意见）、课程总列表、课程详情、课程检索、推荐排序等。

③教学机构管理：教学机构的信息展示页面配置、学习者的身份认证审核、当前教学机构的课程开设情况查询、学员学习总体情况等。

④系统统计及分析：可根据活动时间、课程、教师、学习者等进行统计和数据分析等。

⑤成绩与证书管理：审核成绩修改、证书内容管理、证书申请管理、证书发放管理等。

（4）系统安全要求

平台要求应遵守国家网络与信息安全管理规范，为在校师生和社会学习者提供优质安全的学习平台，建立全方位安全保障体系，对网络安全、内容安全、数据安全、运行及服务进行规范管理，防范和及时制止网络有害信息的传播。要求用户用账号、密码、验证码的方式登录。

平台应符合以下要求：①系统应要求用户密码具备一定的复杂度，并建议定期修改；②用户密码应采取加密传输和存储；③网络数据传递应采用合格的数据加密方式或者安全级别高的链接方式；④具备防备互联网技术攻击的能力，确保系统的高可用性；⑤提供应用系统应急备用机制、防止各种原因导致的生产环境系统停机造成的系统无法使用；⑥提供多数据存储点、安全存储机制，并及时备份来保证数据不会损坏、丢失；⑦部署环境安全，要有防火墙、安全策略等；⑧审核和监控上线课程视频和其他学习资源，防范和及时制止网络有害信息的传播。

二、在线课程质量评价操作

目前对在线课程质量做出科学合理的评价仍然是重要的研究课题之一。在线课程平台也不断地提供更多的功能协助教师对在线课程进行评价。

1. 课程统计

通过在线课程的门户页面可以了解到一些课程的介绍信息，更多的课程信息可以单击"课程统计"进行查看，"课程统计"可以综合了解在线课程实施情况。在课程门户页面，单击"课程统计"按钮，即可进入课程统计页面，如图7-47所示。

图 7-47 课程统计

课程统计页面主要提供了"课程介绍""教学团队""章节目录"与"课程评审"等信息。

（1）课程介绍

课程信息主要包括课程名称、网址、开设学期、课程时间、主讲教师、学时、学分等数据；还可以看到课程的累计页面浏览量、累计选课人数与累计互动次数；还可以看到详细的课程介绍。

（2）教学团队

在教学团队列表中，可以查看到主讲教师和课程教师的信息，包括教师姓名、学院、大学与研究领域等。

（3）章节目录

章节目录则是包含了课程的章节数以及章节中的具体课程，对内容起到概括作用，便于快速检索。

（4）课程评审

课程评审包括"课程资源""选课人数""课堂活动""测验和作业""线上互动""考核（试）"以及"通过人数"等信息，如图 7-48 所示。这些数据可以导出保存。课程评审信息可以了解课程教与学的状态，可以了解学生的学习细节，有助于开展教学质量督导和评价，及时发现课程的问题与不足，以促进教、学、学生评估、课程评估和学生的学习成效。

2. 课程评价

在课程门户页面单击"课程评价"，即可进入课程评价页面，如图 7-49 所示。

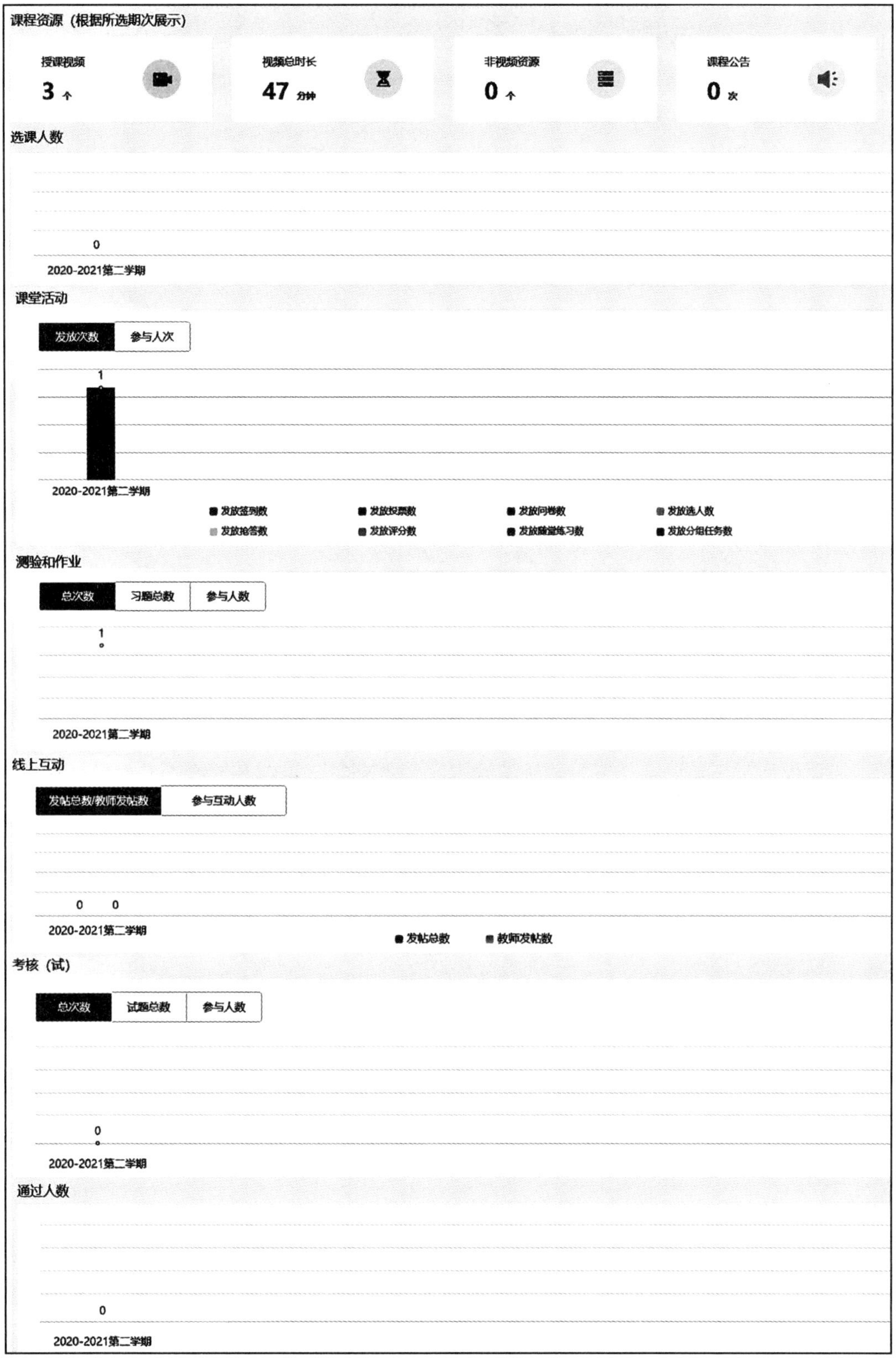
课程资源（根据所选期次展示）
授课视频
3 个
视频总时长
47 分钟
非视频资源
0 个
课程公告
0 次
选课人数
0
2020-2021第二学期
课堂活动
发放次数
参与人次
1
2020-2021第二学期
发放签到数
发放投票数
发放问卷数
发放选人数
发放抢答数
发放评分数
发放随堂练习数
发放分组任务数
测验和作业
总次数
习题总数
参与人数
1
2020-2021第二学期
线上互动
发帖总数/教师发帖数
参与互动人数
0
0
2020-2021第二学期
发帖总数
教师发帖数
考核（试）
总次数
试题总数
参与人数
0
2020-2021第二学期
通过人数
0
2020-2021第二学期

图 7-48 课程评审

图 7-49　课程评价页面

　　课程评价页面主要包括四个评价方面，分别为"知识量""趣味性""教师参与"和"课程设计"。"知识量"主要是从课程内容是否充实、是否有价值等方面进行评价。"趣味性"主要从教学过程是否有趣、是否吸引人等方面进行评价。"教师参与"是从教师是否积极参与交流与互动进行评价，教师参与可以引发和强化学习目标、制订和调整学习计划、激励学习者学习兴趣、激发学习者学习动机，以及问题解答、学习监控和反馈等。"课程设计"主要是从课程是否合理、形式是否丰富等方面进行评价。

第八章

精品一流在线课程的移动应用

随着移动互联技术在教育领域的充分应用,出现了大量以服务教育教学为目的的移动应用。在这些应用支持下,在线学习成为学习者学习知识、获取学习资源的一种途径。通过移动终端设备学习是在线学习的重要途径,有着使用台式电脑在线学习无法比拟的优势,受到越来越多的教师和学生的欢迎。

第一节　在线课程的移动课堂

一、移动学习的含义

1. 移动学习的优势

移动学习是在数字化学习和网络化学习的基础上发展起来的,它最初被定位为数字化学习、网络化学习的扩充。但随着移动学习逐渐发展成为独立的支持服务系统后,移动学习就逐渐演化成为基于互联网学习的主要方式。随着移动学习终端由多种设备共存走向归一化、平台要素隐性化、资源和内容高度耦合化等发展变化,移动学习已越来越普遍,并成为当前学习教育研究实践的重要领域与热点主题。移动学习具有以下突出优势。①

(1)体现学习者为中心

移动学习模式所具有的数字化、网络化特征突破了学习者获取资源的限制。在移动学习模式中,学习者既是知识信息的接收者,同时也是知识信息的传播者;学习者能够自主参与学习资源与知识信息的传播活动,从传统的、单纯的知识消费的被动者转变为主观能动的知识创造者。学习者通过主动参与学习活动,在接纳知识信息的同时,也可突破时空限制,自由、自主地进行自我表达,与他人分享观点,接受他人的评论与评判,可以与他人进行持续性互动。在互动过程中,可助力学习者实现对知识的更深层次理解与掌握。

---

① 李金林. 移动学习发展及其绩效评价设计探究[J]. 中国电化教育,2017(7):95-98.

（2）提升课程学习效率

在移动学习模式中，学习的需求与动力发端于学习者自身。为此，在移动学习模式中，学习者是带着明确的问题、清晰的目标去学习的。在移动学习的过程中，学习者还可以根据个性化需求，自主地安排学习计划（学习内容、进度计划、时空选择、任务安排）以及考核评价等。而且，移动学习平台向学习者提供的丰富多彩的学习资源，能够帮助学习者获得及时、持续的学习交互（问题探讨与交流），从而有助于大幅提升学习效率。

（3）促进公平终身学习

移动学习模式突破了教育资源获取的制约因素，为实现全民教育提供了可能，客观上实现了学习者按需获取资源的无差异的机会，移动学习成为学习者个体主观能动获取信息、处理信息，并创造新的内容的学习活动。而且，移动学习模式也突破个人职业终身发展所需要的知识制约因素，促进了终身学习的实现。

（4）发展多元自我评价

移动学习模式具有资源开放性、过程自主性以及学习动机、需求与选择个体化等特性，这为学习者的多元化发展、多元化评价提供了可能，更为学习者的自我评价提供了实现路径。

2. 移动课堂的要求

移动课堂是基于无线网构建的课堂教学支撑平台，充分吸收了无线互联的优势，教师可根据教学目标、教学内容、教学方法等，利用资源支持备课、上课等教学环节，并建立知识点之间的内在联系。因此，建设移动课堂，开展移动学习，需要满足下列条件。[①]

（1）满足课堂教学需求

移动课堂要能支持课堂教学的各个环节，包括备课、上课、提问、课堂练习、单元测验、考试、学生评价等，并具有可操作性和方便性。

（2）支持随时组织教学

移动课堂要能在无线网络的支持下，突破时间和地点的限制，随时随地组织课堂教学。

（3）支持多种教学模式

移动课堂要能支持多种形式的教学模式，包括慕课模式和翻转课堂模式等。

（4）支持个性因材施教

要能支持基于大数据，自动或人工获取教学行为、学习行为等数据，建立评价体系和数据挖掘模型，客观评价学习效果、教学效果、学生分析等，实施因材施教。

（5）支持资源开放共享

移动课堂要能支持各种形式的教学模式和学习方式。

---

① 王瑞. 信息化环境下移动课堂教学模式探究[J]. 中国教育学刊，2015（12）：59-62.

3. 移动课堂的功能

常见的移动课堂有雨课堂、蓝墨云班课、超星学习通等。

（1）雨课堂

雨课堂是清华大学和学堂在线共同推出的移动学习平台，为教师教学过程提供数据化、智能化的信息支持。它将课件、MOOC、微信融为一体，实现"互联网＋电子白板＋移动终端"。雨课堂的主要功能如表 8-1 所示。

表 8-1　雨课堂支持的教学功能

模 块	功 能
移动课前预习系统	教学资源推送、大数据统计分析、学习监控
移动课堂互动系统	二维码签到、课堂测验、问题抢答、答题报告、弹幕、投稿、课堂红包、随机点名、全周期的教学数据分析、课堂分组、多端互动、资料共享
移动教务系统	教务通知、课表查询、成绩查询、选课查询、私信查询、评价查询
移动社交系统	课堂班级、课堂小组、动态通知、消息通知

（2）蓝墨云班课

蓝墨云班课是北京智启蓝墨信息技术有限公司开发的一款基于移动网络环境，满足教师和学生课堂内外即时反馈教学互动的客户端 APP，以帮助教师提高与学生的互动效率，激发学生在移动设备上学习的目的，实现教师与学生之间教学互动、资源推送和反馈评价。蓝墨云班课的主要功能如表 8-2 所示。

表 8-2　蓝墨云班课支持的教学功能

教学服务	功 能
创建移动课程	创建班课、编辑课程信息、添加课程资料、创建班级、创建移动课程、添加学生、设置云教材
开展课堂互动	课堂签到、测验活动、举手、抢答、随机选人、手动选人、数据分析、课堂分组、多端互动、资料共享、投票问卷、头脑风暴、学生互评、指定评分、混合模式（教师评分、组内互评、组间互评）创造答疑/讨论
管理课程绩效	库管理、发布作业考试，统计学习结果

（3）超星学习通

学习通是超星公司基于微服务架构打造的课程学习、知识传播与管理分享平台。它整合了海量的图书、期刊、报纸、视频、原创等资源，集知识管理、课程学习、专题创作、办公应用为一体，为学习者提供一站式学习与工作环境，可以提供基于智能移动终端的教学服务。超星学习通的主要功能如表 8-3 所示。

表 8-3　超星学习通支持的教学功能

模块	功能
移动课堂互动系统	课堂签到、课堂投票、讨论上墙、随机选人、资料共享、提高课堂活跃度移动课堂互动系统课堂报告、电子教案、教学评价、大数据分析、问题抢答、多屏互动
移动修学分系统	学习监控、闯关学习、在线支持、在线互动、在线笔记、在线考试
移动阅读系统	图书、期刊、海量专题、讲座、报纸、网络阅读
移动开放课程	提供来自全国名校名师的千余门优质课程，供教师备课参考、学生学习
移动教务系统	教务通知、课表查询、成绩查询、选课查询、学分查询
移动社交系统	小组广场、动态分享、通讯录、消息通知

在学习通中，包含了支持教师创建课程、开展教学、管理教学等功能，如表 8-4 所示。

表 8-4　超星学习通教师端功能

维度	功能
创建移动课程	创建课程、编辑课程目录、添加课程资料、课程广场、创建班级、创建移动课程、添加学生
开展课堂互动	发布公告通知、实施课堂签到、开展课堂调研、进行课堂评分、创建学习小组
管理课程绩效	发布作业考试，统计学习结果

二、创建移动课堂

1. 注册登录学习通

学习通支持 Android 和 OS 操作系统，在使用前需要先下载安装到手机或移动终端设备。如果已经注册过了，则输入账号与密码即可登录，如图 8-1 所示。新用户首次登陆学习通前需要注册账号。单击登录页面左下方的"新用户注册"，输入手机号和验证码后单击"下一步"即可注册账号。学习通支持多种注册登录方式，如手机号、机构账号、微信以及 QQ 等，如图 8-2 所示。

2. 建设移动课程

（1）新建课程

如果有已经建好的课程，则直接进入课程即可。如果是新建课程，则在我的页面中单击"课程"，在打开的课程页面如图 8-3 中，单击右上角的"+"，即可打开新建课程页面，如图 8-4 所示。输入"课程名称"，上传课程封面后，单击"完成"，即可新创建一门在线课程。

图 8-1　登录页面

图 8-2　注册页面

图 8-3　课程页面

图 8-4　新建课程页面

（2）编辑课程目录

进入课程后，在如图 8-5 所示课程页面中选择"章节"，进入章节编辑页面，单击"新建单元"，在弹出页面中输入并创建单元名称后，单击"完成"即可。其余章节设置方式均相同，如图 8-6 所示。

图 8-5　课程内容页面

图 8-6　章节目录页面

如果存在与待创建课程章节目录相同的目录时，可直接导入。选择右上角三横线图标中的"导入"，即可将相似的专题章节、课程章节、教学资源库或笔记导入到本课程中。建好的目录可以排序、设置是否显示章节序号或者导出。

（3）添加课程资料

在课程页面中单击"资料"，单击资料页面中的"添加资料"或右上方的"+"即可添加。资料来源包括相册、拍摄、教学资源库、云盘、文件、笔记、网页链接和资料库等。选择资源后，单击"确认"，资料添加即可添加完成。

三、管理移动课堂

1. 创建我的班级

在课程页面中单击"班级"旁边的"+"，弹出新建班级页面，如图 8-7 所示。在此页面输入班级名称，单击"完成"后班级即可创建完成。同时会弹出班级邀请码和二维码，如图 8-8 所示，教师可以共享此码或二维码邀请学生加入。除了共享班级邀请码和二维码的方式邀请学生加入班级之外，还可以手动方式添加学生。

建成班级后，进入班级管理页面，可以修改班级名称、查看班级二维码、进行班级设置、添加学生，如图 8-9 所示。班级设置可以设置"允许学生加入""允许学生退课""推送活动通知至微信""结课模式"。打开结课模式后，学生的学习行为将不再计入学习记录，如图 8-10 所示。

图 8-7　新建班级页面

图 8-8　班级邀请码页面

图 8-9　班级管理页面

图 8-10　班级设置页面

2．管理课程教学

在课程页面中选择"作业",即可查看已发放作业、作业库,如图 8-11 所示。在作业库中,也可以单击右上角的"+",新建作业、教学资源库、文件夹,如图 8-12 所示。

图 8-11 作业页面

图 8-12 作业库功能区页面

在课程页面选择"统计",即可看到课堂报告、学情统计与成绩统计,如图 8-13 所示。单击"详情",教师即可根据需要查看每一个内容的详情。另外,如果教师在该平台中发布了考试,也可以在"成绩统计"中查看学生的考试情况,如图 8-14 所示。

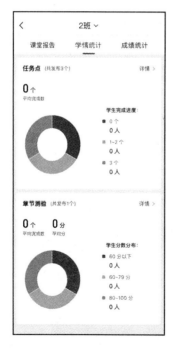
图 8-13 班级课堂报告页面

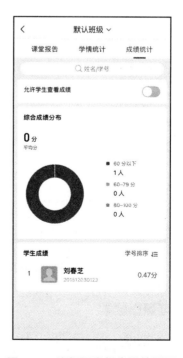
图 8-14 班级课堂报告详情页面

第二节 在线课程的移动资源

移动资源是移动学习的核心部分,是教师教学的辅助力量,也是学习者获取知识的主要途径。移动学习资源从狭义范畴来看是各类学习信息面向移动终端的技术实体化,早期认为包含短文本(短信)、web 页面、离线学习包等。然而,随着技术的升级,目前普遍认为移动资源包括以下几种。①短信息文本,如手机短信、APP 及电子邮件推送消息。②微视频,重新设计的短时长学习视频,可独立适用,也可嵌入到各类应用中。③H5 页面及富文本,以 H5 或 EPUB3 等标准设计的复合学习资源,适合当前移动设备的普遍呈现。④移动 APP 及变体,可承载以上几种资源的移动应用载体,具有传统 e-learning 系统的学习、管理功能,并衍生出移动社交、资讯等多种功能,如各学习 APP、微信学习类小程序等。

一、云盘资源

1. 搭建云盘结构

首先,在如图 8-15 所示"我"的页面中选择"云盘"即可进入云盘页面,如图 8-16 所示。其次,选择云盘页面右上角的"+",在弹出窗口中选择"建文件夹",输入文件夹名称与设置文件权限后即可完成文件创建。最后,教师根据需要按照相同步骤创建其他文件夹,即可构建云盘结构,如图 8-17 所示。

图 8-15 "我"的页面

图 8-16 云盘页面

图 8-17 云盘上传功能

2. 添加云盘资源

学习通提供了丰富学习资源，包括期刊文章、图书书目、学术视频、电子书、学术论文、会议论文、报纸文章、故纸堆文史资料、法律法规、专利等。同时支持多种添加云盘资源的方式，主要包括检索添加、手机上传、电脑上传等。

（1）检索添加

在首页搜索栏直接输入关键字进行检索，得到并打开待添加资源。然后单击资源页面右上角的"收藏"，在弹出页面中选择目标目录后，即可将此资源添加到云盘，如图8-18所示。

图8-18 收藏页面

图8-19 手机上传页面

（2）手机上传

选择云盘页面右上角的"+"，在弹出窗口中选择"手机上传"。然后在手机上传页面中，如图8-19所示，选择待上传资料类型后，即可将资料上传至云盘。

（3）电脑上传

选择云盘页面右上角的"+"，在弹出窗口中选择"电脑上传"。这时手机会出现一个4位随机上传码，如图8-20所示。然后在电脑上输入：http://yun.chaoxing.com，则会出现如图8-21所示的上传页面提示，在电脑上输入上传码后，即可将电脑上的资料上传至云盘。

二、专题资源

1. 创建专题

首先，单击云盘页面的"收藏"，进入收藏页面，如图8-22所示，单击"我创作的专题"。然后,单击我创作的专题页面右上角的"+"号,如图 8-23 所示。选择"新建专题",打开新建专题页面,如图 8-24 所示。最后,编辑专题名称、作者、封面等信息后,单击"完成"即可。专题单元的创建编辑与课程相同。

图 8-20　手机端上传码页面

图 8-21　电脑端上传页面

图 8-22　收藏页面

图 8-23　我创作的专题

图 8-24　新建专题页面

2. 收藏资源

首先，在首页按关键字搜索感兴趣的专题。其次，在搜索页面中，选择用户上传专辑类旁的"更多"，如图8-25所示。最后，选择自己感兴趣的专辑旁的"收藏"后，选择收藏目录后即可。在阅读具体资源时，也可以随时进行收藏，如图8-26所示。

图8-25　资源列表

图8-26　资源阅读

3. 参与讨论

将页面拖拽到专辑或资源页面最下方的评论区，单击专辑页面下方的对话框，输入观点，单击"发布"后即可发表个人观点，如图8-27所示。

或者选择评论区自己感兴趣的内容或评论，即可进入其话题页面，在页面下方的对话框中发表自己的看法，参与讨论，如图8-28所示。

三、视听资源

1. 移动图书馆

在首页选择微应用的"全部"，即可出现所有的微应用，如图8-29所示。在弹出页面中选择"移动图书馆"，单击即可进入移动图书馆的页面，如图8-30所示。移动图书馆提供了图书、期刊、报纸、讲座、学术资源、有声读物、公开课等阅读资源，用户根据需要进行选择即可。

第八章　精品一流在线课程的移动应用

图 8-27　资料阅读页面

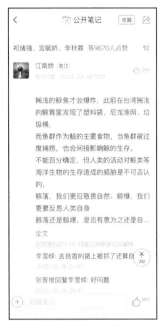

图 8-28　话题讨论页面

图 8-29　微应用列表

图 8-30　移动图书馆页面

2. 移动博物馆

在微应用列表页面，找到移动博物馆分类，如图 8-31 所示，此类别下包括金色名片、展览推荐、国家宝藏与第二课堂。根据需要选择移动博物馆类别下的选项。金色名片是以卡片的形式介绍各地博物馆，如图 8-32 所示。展览推荐是介绍各地文物展览，如图 8-33 所示。国家宝藏是介绍国家珍贵文物，如图 8-34 所示。第二课堂则是汇聚了各类讲座,如图 8-35 所示。

图 8-31　移动博物馆微应用

图 8-32　移动博物馆金色名片

图 8-33　移动博物馆展览推荐

图 8-34　移动博物馆国家宝藏

3. 名师讲坛

在移动博物馆的"第二课堂"中,可进入名师讲坛首页,有热播榜、直播厅、名师汇,如图 8-35 所示。"名师汇"有大量名师讲座,如图 8-36 所示。

也可以选择"知识胶囊"或"30分钟讲座",即可进入全部分类页面,用户可根据阅读时间和需要选择不同类别,如图8-37、图8-38所示。

图 8-35 第二课堂

图 8-36 名师讲坛

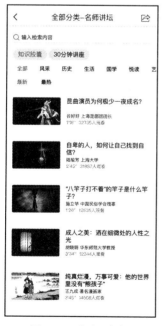

图 8-37 知识胶囊

图 8-38 30分钟讲座

在首页选择"热播榜"即可观看播放次数高的讲座,或者选择"直播厅"观看讲座回放,或者在"名师汇"选择教师即可观看该教师的讲座。

第三节　在线课程的移动交互

课堂互动是课堂教学活动中最活跃的因素，直接影响着课堂教学的效果和质量。相比于传统课堂，移动交互能更好地利用先进的信息处理、加工和呈现技术，搭建一个更能满足师生互动教学需求的泛在技术环境和新型学习空间。在移动协作学习环境中，学习者拥有比传统教学环境更多的交互机会、更丰富和灵活的交互方式和更广阔的交互空间，这种模式能支持更为复杂的主体交互关系构建，满足学习者对有效交互的需求。

一、教学交互

1. 发布公告通知

公告通知是教师与班级互动的一种方式，教师可以通过这种方式给学生发布课前任务、课后作业以及班级管理的相关事项等。在如图 8-39 的课程页面中单击"通知"，会进入发通知的页面，单击右上角的"+"，可以进入新建通知页面，如图 8-40 所示，包括收件人、抄送、标题和详细内容。其中收件人默认的是该课程的班级，教师根据教学进度，来发放相应的通知。

除此之外，教师还可以选择通知页面左下方的"⊕"如图 8-40 所示，可以插入图片、视频、语音、云盘资源、电脑文件、笔记、小组、直播、位置、网页链接、章节等内容。单击通知编辑页面下面工具栏中的"评论设置"按钮，可以进入设置页面，可以设置此通知是否允许评论、未读时可以通过邮箱、短信、电话、学习通、微信来进行提醒，如图 8-41 所示。

图 8-39　课程首页

图 8-40　发布新通知

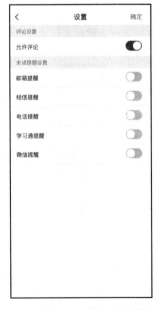
图 8-41　通知的设置

2. 实施课堂活动

（1）签到

移动端的课堂签到，是对传统课堂点名签到的低效方式的一种补充。在班级页面（见图8-42）中单击下方中间的"⊕"按钮，可以打开课堂活动功能页面，如图8-43所示。单击"签到"，打开签到页面，如图8-44所示。签到可以有"普通""手势""位置""二维码"四种签到方式。选择其中一种方式，设置"活动时长"及是否"定时发放"，以及其他相关参数。最后单击"立即开始"即可。

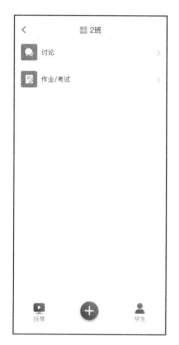
图8-42 班级页面

图8-43 课堂活动页面

图8-44 签到页面

（2）投票

在图8-43课堂活动页面中，单击"投票"，可打开投票页面，如图8-45所示。输入投票内容，投票结果的设计有四种基本方式："赞同/反对""正确/错误""选A/选B""A/B/C/D"多项选择。如果还要更多的题目及题型，可以使用问卷来进行。

单击右上角的"设置"，可以设置投票是否有"奖励积分"，积分从0~10分，是否"允许参与者查看统计"，是否"匿名投票"等，并可设置"活动时长"，如图8-46所示。最后单击"立即开始"即可。

（3）选人

在教学过程中有时会请学生回答问题，可以通过随机选人方式进行。在图8-43课堂活动页面中，单击"选人"，可打开选人页面，如图8-47所示。可以输入选人事由后，开始选人。也可以打开右上角的"设置"按钮，设置"优先2小时内签到人员""音效""每次选人数量"等，如图8-48所示。

图 8-45 投票首页

图 8-46 投票设置

图 8-47 选人首页

图 8-48 选人设置

（4）抢答

在教学中有时需要进行抢答。在图 8-43 课堂活动页面中，单击"抢答"，可打开抢答页面，如图 8-49 所示。输入抢答内容就可以开始。也可以打开右上角的"设置"按钮，设置"活动时长"，以及可以设置是否"根据抢答顺序奖励积分"，可以对第 1 名、第 2 名、第 3 名等设置奖励分数，如图 8-50 所示。

图 8-49　抢答首页　　　　　　　图 8-50　抢答设置

（5）分组

以小组为单位完成相关学习活动和讨论，是促进学生之间交流、协作的有效方式。在图 8-43 课堂活动页面中，单击"分组任务"，可打开分组页面，如图 8-51 所示。在这里可以设置"任务描述""分组方式""评价方式""评价时间""任务时长"，以及是否"定时发放"、是否"督促未交学生"等参数。分组方式比较灵活，可以"固定分组"，由教师分，或"学生自选分组"，也可以"组长建组"，也可以"随机分组"，如图 8-52 所示。最后单击"立即开始"即可。

在小组中，学生可以创建专题文件夹、上传学习资料、发布专题讨论等。学生除了自己创建小组之外，还可以在学习通首页通过扫码或者搜索输入邀请码加入小组。

（6）主题讨论与群聊

如果要在教学中开展主题讨论，可以在图 8-43 课堂活动页面中，单击"主题讨论"，可打开主题讨论页面，如图 8-53 所示。输入主题和相关内容后就可以开始讨论。主题讨论可以设置"活动时长"，也可以设置是否"活动结束后不允许回复"。

群聊是所有的人都可以相互讨论。可以在图 8-43 课堂活动页面中，单击"群聊"，可打开群聊页面，如图 8-54 所示。群聊也可以设置时长。

3. 进行课堂评价

（1）问卷

课堂调研一般有问卷、投票等方式，通过网络移动终端，可以快速地完成相关问题的调研和统计分析工作。在图 8-43 课堂活动页面中，单击"问卷"，可打开问卷页面，如图 8-55 所示。编辑问卷的题目类型、题目内容、题目答案等。单击页面右上角的"设置",可以设置题目的"奖励积分"、是否"允许参与者查看统计"、是否"匿名答题"或"活动时长"等信息,如图 8-56 所示。最后选择"立即开始"即可发布问卷。

图 8-51　分组任务页面

图 8-52　分组方式

图 8-53　主题讨论页面

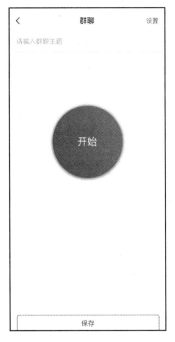

图 8-54　群聊页面

图 8-55 问卷页面　　　　　　　　图 8-56 问卷设置

（2）随堂练习

随堂练习可以在课堂教学过程中随时完成形成性练习。在图 8-43 课堂活动页面中，单击"随堂练习"，可打开随堂练习页面，如图 8-57 所示。输入题目内容、类型、选项或答案即可。单击页面右上角的"设置"，可以设置题目是否"结束后允许参与者查看统计"、是否"结束后允许参与者查看正确答案"、是否"多选题半对给一半分"以及"活动时长"，如图 8-58 所示。最后选择"立即开始"即可开始随堂练习。

图 8-57 随堂练习页面　　　　　　图 8-58 随堂练习设置

（3）评分

课堂评分即让学生为教师在本节课的表现进行评价，以帮助教师改进教学。在图 8-43 课堂活动页面中，单击"评分"，可打开评分页面，如图 8-59 所示。输入评分内容即可开始评分。也可以单击右上角的"设置，可以设置"奖励积分"、是否"允许查看评分统计"或"活动时长"、是否"分项评分"、是否"匿名评分"、是否"去掉最低分和最高分"等内容，如图 8-60 所示。然后单击评分页面中的"立即开始"即可开启评分并查看统计结果。

图 8-59 评分页面

图 8-60 评分设置

二、直播课堂

1. 观看直播

在图 8-29 微应用页面中，单击"直播广场"，即可进入直播广场的页面，如图 8-61 所示。这些直播按直播的时间进行排序，可以根据需要观看直播即可。单击以前的直播可以回看，如图 8-62 所示。

2. 进行直播

通常，移动学习的学生大多是异地开展学习的。因此，有时教师可能通过直播形式开展教学。在图 8-43 课堂活动页面中，单击"直播"，可打开直播页面，如图 8-63 所示。也可在图 8-29 微应用页面中，单击"直播"，即可进入直播页面。在开始直播前，需要输入直播的标题和简介，单击"立即开始"后会生成一个登录码和二维码，如图 8-64 所示，学习者输入登录码或扫二维码即可进入直播。

第八章 精品一流在线课程的移动应用

图 8-61　直播广场页面

图 8-62　直播回看

图 8-63　直播页面

图 8-64　直播登录码

3. 投屏直播

在课堂教学中，教师如果要将自己手机上的操作直播给全体学生看，可以通过投屏功能。在图 8-29 微应用页面中，单击"投屏"，手机即出现如图 8-65 提示。然后在电脑上输入 http://x.chaoxing.com，电脑即会出现一个窗口，如图 8-66 所示。输入手机上提示的投屏码即可实现投屏。

图 8-65　手机投屏提示

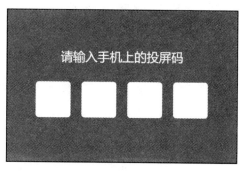

图 8-66　电脑上提示

三、共享成果

1. 建立学习档案

建立学习档案就是学生将自己在校期间的学习成果上传到学习通平台中，以帮助学习者管理、储存学习成果。在图 8-29 微应用页面中，单击"学习档案"，即出现学习档案页面，如图 8-67 所示。学习者可以将证书荣誉、个人简历、个人作品、自我介绍视频等上传到平台中，并可进行学习积分、能力测评、证书学历申请等。学习积分可以记录学习者每天的学习情况，如图 8-68 所示。

2. 撰写个人笔记

笔记功能旨在帮助学习者记录学习心得、读书体会、课堂内容等。在如图 8-15 所示"我"的页面中选择"笔记本"即可进入笔记本页面，如图 8-69 所示。在笔记模块，学习者可以通过右上角的"+"来创建新的笔记，如图 8-70 所示。笔记可以设置权限，除了"仅自己可见"这一权限之外，其他权限的笔记可被公开的好友看到。

笔记中除了文字外，还可以添加图片、录音、视频等多媒体文件，笔记也可以转发到小组、消息、云盘、通知、微信、朋友圈等，如图 8-71 所示。

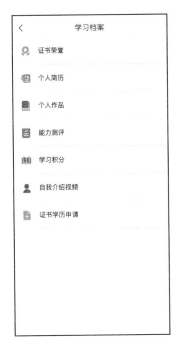

图 8-67　学习档案页面　　　　图 8-68　学习积分页面

图 8-69　笔记本页面　　　图 8-70　个人笔记　　　图 8-71　笔记转发

3. 课程示范共享

课程建设完成后，在图 8-72 所示的课程页面中，单击右上角"管理"按钮，即可进入课程的管理页面，如图 8-73 所示。在这里可以进行"班级管理""成绩权重设置"

"教学团队管理"等，可以"克隆本课""再次开课"，也可以"导入示范教学包"，学习使用其他人的优秀的课程，也可以将自己的课程"申请成为示范教学包"，给大家共享。

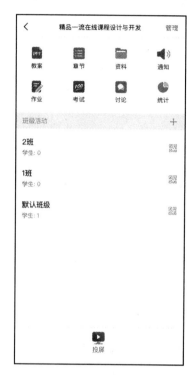

图 8-72　课程页面

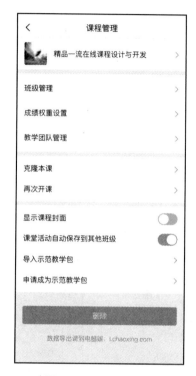

图 8-73　课程管理

第九章

精品一流在线课程的资源工具

一流在线课程教学的各个环节都会用到相应的资源与工具，丰富的资源与工具是支持课程教学和学习过程取得好效果的重要保证。在本章中，对在线课程设计的基本理论、在线课程的工具技术、在线课程的拓展资源三大部分介绍。

第一节 在线课程的基本理论

课程设计作为探索解决教学问题的有效方案，离不开理论的指导。目前已有的在线课程设计与开发所涉及的理论丰富多元，本节介绍一些主要的理论和概念。

一、课程设计的基本理论

1. 建构主义

建构主义学习理论（constructivist learning theory）最早可追溯到20世纪60年代瑞士心理学家皮亚杰（J. Piaget）的儿童认知发展理论，是认知心理学的一个分支。建构主义学习理论认为，学习者学习和掌握知识不是在教师传授知识的时候得到的，学习者是在教师和其他学习者的共同帮助下，借助必要的学习辅助资料，通过意义建构的方式而掌握知识。建构主义倡导以学生为中心，学生是知识意义的主动建构者，教师是意义建构的帮助者、促进者而不是知识的传授者与灌输者。

建构主义学习理论认为"情境""协作""会话"和"意义建构"是学习环境中的四大要素。教材所提供的知识是学生主动建构意义的对象，媒体是用来创设情境、进行协作学习和会话交流。建构主义学习理论对教师开展在线学习有如下启示：教师要积极利用情境、协作、会话等学习环境要素充分发挥学生的主动性，鼓励学生进行协作与会话，引导帮助学生进行知识的意义建构。

2. 在线协作

在线协作学习理论（online collaborative learning）于20世纪80年代初被提出，该理论认为人与人之间的讨论与互动在学习过程中处于首要地位。最早也称为计算机支持的协作学习（computer supported collaborative learning），是指利用计算机技术（尤其是多媒体技术和网络技术）建立协作学习的环境，使教师与学生、学生与学生在讨论、协作与交流的基础上进行协作学习的一种学习方式，是传统合作学习的延伸和发展。协作学习有两大特点：一是借助于计算机网络的优势来进行学习；二是认为在线交互就是在线协作学习的本质。①

在线协作学习理论对教师开展在线学习的启示为：教师首先需要提供合适的学习资源，组织合适的在线协作学习活动供学生开展协作交流。教师作为知识社区的一员，在指导协作学习的同时，还要懂得如何指导个别化学习，引导学生参与协作。②

3. 联通主义

联通主义学习理论（connectivism learning theory）由乔治·西蒙斯首先于2005年提出，这种理论摒弃了以往将学习当作一个人的活动的观点，而是把学习视作连接各个专门知识节点和信息源的过程。③联通主义的知识观主要强调知识是一个动态变化的过程，它就如管道中的石油，不断流通，管道就是联通的各个节点；知识以片断的方式散布在网络中，每个人都拥有其中一部分，每个人都可以对其中的知识进行创造、完善、更新和批判等④。

联通主义学习理论对在线课程的启示有以下四点：①教师角色由课堂的主导者变为影响者，要对教学组织和学习活动进行系统设计；②课程需要通过联通更多的开放学习资源、分布式的学习环境和学习工具、多样化的学习背景的人群来促进课程开放，以促进网络构建、知识生成；③在进行课程设计时要围绕学习者多样的学习需求展开课程设计；④在课程建设中要传授给学生最新的知识，教师要改变学生的学习方式，指导他们获取知识的途径，帮助学生建立个人学习网络。

4. 自我导向

自我导向学习（self-directed learning）是美国诺尔斯（Malcom Knowles）于1975年基于加拿大Allen Tough（1966）的观点提出的。自我导向学习是一个过程，在这一过程中，个体主动地诊断他们的学习需要，明确地表述学习目标，鉴别并确定学习所需要的人力、物力资源，选择并实施适当的学习策略以及学习评价结果，期间不需要其他人的帮助。⑤自我导向学习理论注重学习者自身的学习能动性和自主性，学习者要善于自行确立学习目标，寻找学习策略，制订学习计划，注重学习过程，反思学习行为，以实现对学习条件的改善，完善学习结果的评价等。⑥

---

① 刘玉姣. 基于在线学习平台的教学交互差异对学生化学学习影响的研究[D]. 天津师范大学，2019.
② 胡玥. 混合式学习在小学英语阅读教学中的实践研究[D]. 苏州大学，2018.
③ 何迪，崔鹏，张辅轩. 联通主义视角下MOOC的发展对地方高校教学改革的启示[J]. 商，2014（6）：41+22.
④ 黄清芬，王瑾. 联通主义学习理论对成人教育的启示[J]. 中国成人教育，2017（2）：15-17.
⑤ 刘婷婷. 自我导向学习理论对我国成人在线学习的启示[J]. 成人教育，2017，37（8）：15-17.
⑥ 王光雄. 乡村教师专业发展支持路径研究[D]. 西南大学，2018.

自我导向学习理论对在线课程的启示有以下四点。①在线学习资源需要量大。知识点和资源之间应该是一对多的关系,为学习者提供了多种选择的可能。②在线学习资源需要有多种展现形式。视频、图片、文字、PPT、测验题都应该成为展现知识的方式,学习者可以根据自身特点,选择其中的一种或多种开展学习。③在学习过程中需要实现充分交互学习。包括在线讨论、小组作业、相互打分都应该成为学习方式,有利于学习者获得更高、更深层次的知识,也有利于隐性知识显性化。④在线学习的设计需要有多种支持方式。由于学习者掌握学习主动权,所以遇到问题需要的支持方式也是不同的。①

5. 自适应学习

自适应学习(adaptive learning)是指为了提高学生学习的适应性,通过学习环境的自身调整来适应学生的个性特征和认知水平,满足学生个别需要的学习过程。自适应学习包括了学习者、系统环境和自适应三个部分。自适应学习就是学习者和系统环境间不断协调与融合,最终达到和谐的状态。在自适应学习的过程中,通过数据挖掘与分析,对学习者的行为数据进行处理加工,匹配相适应的学习策略,学习者根据自身需求进行学习计划的制订、选择和调整,通过系统提供的反馈信息来监控到学习活动并进行评估。学习者通过这种不断学习不断反馈并评估的循环,获得了适应自身情况的定制化的服务。

自适应学习理论对在线教学的启示如下:①教师需要在观念上认同自适应学习课程,理解自适应课程的相应理念;②教师要在知识上应该具备足够的数量与合理的结构;③教师在能力上掌握支持自适应学习课程的教学策略和教学方法,并学会基于数据的教学分析。②

6. 多媒体认知

多媒体认知学习理论(cognitive theory of multimedia learning)是由美国当代教育心理学家、认知心理学家理查德·迈耶(Richard Meier)在《多媒体学习》中提出,并通过大量的心理实验证明该理论的正确性和科学性。迈耶认为按照人的心理工作方式设计的多媒体信息比没有按照人的心理工作方式设计的多媒体信息更能够产生有意义的学习。③基于此认识,迈耶研究了多媒体学习的认知规律,依据双通道假设、容量有限假设、主动加工假设的心理学原理,提出了多媒体学习的五个步骤:选择相关文字、选择相关图像、组织所选择的文字、组织所选择的图像、整合基于文字和图像的表征。

多媒体学习理论对在线课程的启示为:多媒体学习的五个加工过程的每一步可能

---

① 徐宏卓. 自我导向学习理论视角下的在线课程设计策略——以技能类新专业课程为例[J]. 成人教育, 2019, 39(12): 24-30.
② 汪存友, 黄双福. 自适应学习支持下的美国高校课程设计和教师角色研究——以科罗拉多理工大学 IntelliPath 项目为例[J]. 电化教育研究, 2020, 41(7): 35-41+54.
③ 梁业生, 孙青霭, 郑小军. 多媒体网络教学常见误区与对策探析[J]. 高教论坛, 2012(5): 108-110.

在多媒体呈现中发生很多次。这些过程在一个又一个的片断中进行应用，而不是对作为整体的全部信息进行应用。因此，为了能在多媒体环境中产生有意义学习，学习者必须参与这五个认知加工过程。这五个过程不一定按照线性的顺序发生，学习者可以采用不同的方式从一个过程转到另一个过程。成功的多媒体学习要求学习者能够协调并监控这五个过程。①因此在在线课程建设过程中要尽量应用多种媒体与资源，多感官刺激学习者，以取得最佳效果。

7. 认知负荷

认知负荷理论（cognitive load theory）是由 20 世纪 80 年代 Sweller 等人基于资源有限理论和图式理论提出的。认知负荷是指人在学习或完成任务过程中进行信息加工所耗费的认知资源的总量，它被分为三类：一是内在认知负荷，即取决于学习材料的复杂性和学习者先前的知识经验；二是外在认知负荷，取决于学习材料的呈现和组织情况；三是相关认知负荷，取决于有关学习的认知加工，如重组、提取、比较和推理等②。根据认知负荷理论，内部认知负荷是由学习材料的复杂程度和学习者的专业知识决定的，教学设计不能对此产生影响。而外部认知负荷和关联认知负荷都受控于教学设计。

认知负荷理论对教师开展在线课程的启示有以下四点。①教师在进行教学设计时，为了防止学生会产生认知超载现象，在教学设计中选择的教学内容应控制好认知负荷的总量，与学生原有的认知水平相当，准备的教学素材应与学生的生活实际相关联。②教师要创设良好的积极的学习环境。③在对教学内容进行安排时，要充分考虑学生对该内容是否能够充分理解，以及是否能够理解与之相关联的内容。③④学习资源的设计应减少与学习无关的冗余信息，降低外在认知负荷的产生，保持适当的内在认知负荷，通过合理的教学设计增加相关认知负荷。④

8. 交互距离

交互距离理论（theory of transactional distance）由穆尔（Michael G. Moore）提出。交互距离是学生与教师之间的心理和交往的距离。如果教师和学生能够通过各种方式进行交流，师生之间的距离就会缩小；反之，交互距离就会增大。同时，教学计划结构化程度越高，学生处于被动接受的状态，交互距离会增大；反之，交互距离就会缩小。交互距离越大，学生在远程学习过程中所应该承担的自主性学习的责任就越大。⑤交互距离受到对话、结构和自主学习这三类变量的直接影响。

---

① 盛群力，张丽. 把握学习性质善用媒体促进——梅耶的多媒体学习认知观简介[J]. 浙江教育学院学报，2010（1）：1-8.
② 杨九民. 在线视频课程中教师对学习过程与效果的影响[D]. 华中师范大学，2014.
③ 董雪娇. 基于认知负荷理论的高中信息技术课程教学设计研究[D]. 内蒙古师范大学，2021.
④ 王刚. 面向泛在学习环境的移动情境学习资源设计研究[J]. 淮南师范学院学报，2020，22（3）：139-143.
⑤ 黄新辉，朱潇婷，钱小龙. 面向全民终身学习的在线教育体系复杂性探究：构成元素与显著特征[J]. 继续教育研究，2021（5）：24-29.

交互距离理论对在线课程的启示有四点。①影响远程教育交互的因素不仅仅是物理距离，更重要的是物理距离和社会因素等带来的学习者与教师之间的心理和交往距离。②课程结构化程度越高，课程中对话越少，交互影响距离越大，对学生的自主性要求也会越高。①③教师要针对不同的学生，构建结构适宜的网络课程和适合师生双方的对话交流机制，从而使师生处于最佳距离。④教师要借助信息技术的支持，以交流互动为核心，促进师生、生生、组组间的交互。通过多线交互使得学习者与学习环境中各个要素相互作用，构建学习共同体，使学习者感受到思想及情感等交互的成果。②

二、课程设计的重要概念

1. 翻转课堂

翻转课堂（flipped classroom）是指在信息化环境中，学生在上课前完成对学习资源的观看和学习，在课堂上一起完成作业答疑、协作探究和互动交流等活动的教学模式。③在这种教学模式下，在课堂内的宝贵时间里，学生能够更专注于主动的基于项目的学习，共同研究相关问题，从而获得更深层次的理解。

翻转课堂与传统的教学模式进行比较具有如下特征。

第一，改变了教学流程，从传统的"教师讲授+学生作业"的教学过程转变成"学生课前自主学习+师生交流"的教学过程。第二，教师从知识的传播者变成了学生学习过程中的帮助者，学生从知识的被动接收者变成了知识的主动学习者。第三，微课成为教学资源的重要组成部分。第四，整合线下课堂与网络空间，方便教师和学生管理记录学习情况。

2. 泛在学习

泛在学习（U-learning）是由"泛在计算"衍生而来，是美国的马克·威士（Mark Weiser）重新审视了计算机和网络应用后提出的概念。泛在学习是指每时每刻的沟通，无处不在的学习，是一种任何人可以在任何地方、任何时刻获取所需的任何信息的方式。泛在学习具有永久性、易获取性、即时性、交互性、真实性、适应性、协作性等特点。泛在学习的目标就是创造让学生随时随地、利用任何终端进行学习的教育环境，实现更有效的学生中心教育。在泛在学习环境中，学生根据各自的需要在多样的空间、以多样的方式进行学习，即所有的实际空间都成为学习的空间。知识的获得、储存、编辑、表现、传授、创造等最优化和智能化环境将提高人们的创造性和问题解决的能力。

---

① 焦广兰. 浅析交互影响距离理论及其对学习支持服务的指导意义[J]. 现代教育技术，2006（2）：30-32.
② 朱旭，周峰. 基于深度学习的高校在线课程的实施模型及检验[J]. 高教探索，2021（2）：62-69.
③ 钟晓流，宋述强，焦丽珍. 信息化环境中基于翻转课堂理念的教学设计研究[J]. 开放教育研究，2013，19（1）：58-64.

3. 合作学习

合作学习（cooperative learning）是20世纪70年代初兴起于美国，并在70年代中期至80年代中期取得实质性进展的一种教学理论与策略体系。合作学习是指以异质学习小组为基本形式，系统利用教学动态因素之间的互动，促进学生的学习，以团体成绩为评价标准，共同达成教学目标的教学活动。由于它在改善课堂心理气氛，大面积提高学生的学业成绩，促进学生良好非智力品质的发展等方面实效显著，很快就受到世界各国的普遍关注，并成为一种主流教学理论和策略。合作学习是以小组活动为主体进行的一种教学活动；是一种同伴之间的合作互助活动；是一种目标导向活动；是以各个小组在达成目标过程中的总体成绩为奖励依据的；是由教师分配学习任务和控制教学进程的。[①]

4. 以生为本

以学习者为中心（learner-centered teaching）是美国人本主义心理学家卡尔·罗杰斯（Carl Rogers）提出的。他认为学生是学习的主体，带着一定的概念框架进入课堂，是积极的知识发现者和建构者，有时也称为"以生为本"。教师是指导者和协助者，从传授知识转变为支持和指导学生学习。教师职责不在于教学生思考什么，而在于教学生学会如何思考。学生对学习承担更多的责任，学习成为一种主动、参与型的深度学习，在学习过程中学生拥有更多的选择权，被鼓励提问和质疑，允许学生自主构建学习路径。学习环境更强调合作，教师和学生权利共享，相互合作，相互尊重，在互动中一起对教与学过程进行持续性反思，学习不再局限在教室里，时空范围大大拓展[②]。

5. 基于问题

基于问题的学习（problem-based learning）是指把学习置于复杂的、有意义的问题情境中，通过让学生以小组合作的形式共同解决问题，学习隐含于问题背后的知识，形成解决问题的能力，发展自主学习和终身学习的能力。它是以学生为中心、以问题解决为中心的教学方法。这是一种促进学生"学会学习"的教育方法，更多的是学习一种能力，而非仅仅以获得知识为目的。整个教学过程围绕问题的解决进行，学生在学习过程中进行分组和协作，在教师的帮助下，组织多种形式的学习活动，通过多种形式获取信息，形成问题解决的方案，并以作品展示等方式对问题解决和学习成果进行表达。基于问题的学习模式的环节是：创设情境，提出问题；界定问题、分析问题、组织分工；探究、解决问题；展示结果、成果汇总；评价、总结与反思。

6. 基于项目

基于项目的学习（project-based learning）。"项目"是管理学科中的项目在教学领域的延伸、发展和具体运用，基于项目的学习是以学科的概念和原理为中心，以制作

[①] 王坦. 合作学习简论[J]. 中国教育学刊, 2002（1）: 32-35.
[②] 朱旭, 周峰. 基于深度学习的高校在线课程的实施模型及检验[J]. 高教探索, 2021（2）: 62-69.

作品并将作品推销给客户为目的，在真实世界中借助多种资源开展探究活动，并在一定时间内解决一系列相互关联着的问题的一种新型的探究性学习模式。基于项目的学习主要由内容、活动、情境和结果四大要素构成。基于项目的学习的主要内容是现实生活和真实情境中表现出来的各种复杂的、非预测性的、多学科知识交叉的问题。内容应该是现实生活中的问题，是完整的而非支零破碎的知识片段，即强调知识的完整性和系统性；是值得学生进行深度探究、学生有能力进行探究的知识；内容应该与个人的兴趣一致。

7. 能力本位

能力本位教育（competency-based education，CBE）实质是一种以能力培养为中心的教育模式，强调学生"做中学"，并通过学生在相关技能或活动上的表现来评价教学和学习效果。能力本位教育模式产生于第二次世界大战之后的美国，后被广泛应用于职业教育和培训。能力本位教育把能力当成教育的基础、目标和评价标准，改变了传统教育中以学科为主体来确定学时和课程的做法。许多国家都把实施能力本位教育当成提高教育效率的有效手段或变革方向。CBE 教育模式虽然发祥于现代职业技术教育，但现在已经广泛运用在各级各类的教育和培训机构中。①

8. 成果导向

成果导向教育（outcome-based education，OBE）是 1981 年美国学者斯派迪（William G. Spady）提出的，是一种以学生的学习成果为导向的教育理念，认为课程设计和课程实施的目标是学生通过教育过程最后所取得的学习成果。一般而言，成果并非是指学生的课业分数，而是学生于学习结束之时或之后，在特定情境中完成任务的能力，并以学生的行为表现来检视教育教学成效。②OBE 理念的关键点在于以学习者学习成果为导向，由上而下制定教学目标——从学校层次、到院系层次、到专业层次、再到课程层次。③

第二节　在线课程的常用工具与技术

本节介绍了多种在线课程中使用的工具与技术，主要包括：以腾讯会议为代表的课堂社交工具、以腾讯文档为代表的在线协作文档、以 OneNote 为代表的电子笔记本、以百度网盘为代表的云存储工具、以问卷星为代表的在线调查工具、以 Apower Mirror 为代表的演示工具、以实验空间为代表的在线实验系统、以 Process On 为代表的头脑风暴工具。同时，通过工具介绍、基础操作与使用、其他相关工具等对平台工具展开

---

① 任国防. CBE 教育模式对普通学科教育的启示[J]. 河南师范大学学报（哲学社会科学版），2012，39（5）：217-219.
② 王菠. 成果导向学前教育专业教育实习课程设计研究[D]. 东北师范大学，2019.
③ 汪潇潇，刘威童. 基于 OBE 理念的 MOOC 课程设计与案例分析[J]. 远程教育杂志，2017，35（6）：104-110.

探讨。

一、直播工具

1. 腾讯会议简介

腾讯会议是腾讯公司提供的一个基于互联网络的视频会议系统。个人版"腾讯会议"单场会议最多支持 300 人在线，时长在 9999 分钟内，会议次数不限，可以通过手机、平板、个人电脑等方式使用，支持安卓、iOS、Windows、MacOS 多种系统，会议过程中可播放 PPT、PDF、Word 等多种类型文件。从 2020 年 1 月 24 日起，腾讯会议面向用户免费开放 300 人不限时会议功能，可打开客户端直接使用。

腾讯会议的主要特点有以下几点。①参会方式多样。腾讯会议支持通过手机、电脑、小程序灵活入会，更独家支持微信一键入会，师生可在平台即时语音沟通，或通过内置聊天窗口文字沟通。此外，该软件支持录制，方便学生课后复习。②会议协作服务。它支持在线文档协作、实时屏幕共享、即时文字聊天等功能也让会议协作更高效。③支持多样会议需求。它在支持基础音视频智能降噪功能，保障会议沟通顺畅的基础上，特别配备了虚拟背景、美颜强化视频效果，支持 1080p 高清画质、云端录制及回放、共享屏幕及互动批注，同时它具有强大的会议管控功能，保证了会议的有序进行。

2. 腾讯会议使用

（1）加入会议

登录腾讯会议后，在主页面可以看到加入会议的 3 种基本方式，分别是"加入会议""快速会议""预定会议"，如图 9-1 所示。

图 9-1 加入会议的方式

加入会议主要用于参加他人组织发起的会议，点击"加入会议"，会弹出"加入会议"的窗口，如图 9-2 所示，输入会议号、您的名称即可加入由他人发起的会议，并可以进行加入会议时音频、视频、美颜等设置。

除了利用会议号加入会议以外，还可以通过点击邀请人发送的会议链接直接参会。

（2）发起会议

点击主页面"快速会议""预定会议"都可以发起一场会议。

快速会议主要用于立即发起会议，不需要填写各种会议信息，并且离开会议后，不能在会议列表中找到这个会议的记录。

预定会议主要用于发起计划中的会议，需要填写"会议主题""开始时间""结束时间"等信息，如图 9-3 所示。并且当会议到达设定的"结束时间"以后，系统并不会强制结束此会议。

第九章 精品一流在线课程的资源工具

图 9-2 加入会议页面

图 9-3 预约会议页面

（3）管理会议

进入会议后，腾讯会议提供了一系列操作按钮，如图 9-4 所示，协助进行会议管理。在会议中，支持静音、视频、共享屏幕、安全、邀请、管理成员、聊天、录制、分组讨论、直播、表情等操作，教师可以利用该平台进行音/视频管理、成员管理、聊天管理、权限管理等管理操作。

图 9-4 会议功能按钮页面

打开更多里面的设置功能，可以对会议的视频、音频、录制、背景等内容进行设置，如图 9-5 所示。

3. 其他直播工具

（1）钉钉

钉钉（Ding Talk）是阿里巴巴集团专为中国企业打造的免费沟通和协同的多端平台，包括视频会议、群直播、聊天、日程等功能。钉钉具有完善的客户管理体系，公司客户可以进行统一管理、分组、标记，方便进行有效、安全的沟通，方便进行电话查找、内部客户资源的共享、查询客户拜访记录等，并且钉钉对数据进行加密，来往记录不丢失、可追溯，多端消息记录不留痕，同时禁止拷贝和转发，也方便个人查找。在公司建立了一个私密性的内部的通信平台，方便团队内的信息发布，辅助员工进行办公。

图 9-5　会议设置页面

钉钉在直播沟通方面的优点：①提高师生沟通效率。钉钉具有显示消息未读已读、随时随地呼叫班级成员功能，让学习者可以像在班级中一样共同学习。②支持文档共享协作。提供 PC 版，Web 版，Mac 版和手机版，支持手机和电脑间文件互传，共享者还可以打开免打扰模式，在共享屏幕和文件时保护个人隐私。③提供班级社交架构。钉钉在"联系人"中有专门的联系人分组，班级组织架构一目了然。

（2）飞书

飞书（Lark）是字节跳动开发的一站式协作平台，它将即时沟通、日历、云文档、云盘和工作台深度整合，通过开放兼容的平台，让成员在一处即可实现高效的沟通和流畅的协作，全方位提升沟通效率。飞书主要有以下特点。①高保障的协作文档。飞书整合在线文档、表格、思维笔记、云盘等功能于一体，可以进行多种权限设置，保障文档的安全性。②高包容的视频会议。飞书支持 1000 人的视频会议，并且提供"语音自动转文字"，将内容转录为强搜索、有重点、可翻译的智能文字笔记。③高容量的存储空间。飞书提供 200G 云盘，将所有文档集中存储在云端，支持多格式文件，并支持多端随时随地查看、编辑、共享和协作，打造触手可及的知识智库。

二、文档工具

1. 腾讯文档简介

腾讯文档是一款多人同时编辑的在线文档，支持在线 Word、Excel、PPT、PDF、收集表多种类型，学生可以在电脑端（PC 客户端、腾讯文档网页版）、移动端（腾讯文档 APP、腾讯文档微信/QQ 小程序）、iPad 等多类型设备上随时随地查看和修改文档，可以实现多人同时编辑、批注、分享文档、设置权限等功能。

腾讯文档主要有以下特点。①协同性强。在线文档的一大精髓在于协同，协同则需要组织团体并交流，腾讯有着得天独厚的优势。腾讯文档依托于腾讯成熟互联网生态，深入渗透到广大用户当中，适用于多种场景。②服务丰富。腾讯文档支持智能纠错、翻译、远程会议、会议白板和远程 PPT 演示等功能，并迎合用户需求迅速调整产品，比如：最新版本可以登记成员的出行、发热情况。③基础功能完善。腾讯文档基本具有同类型工具有的功能，比如查看历史版本、添加水印等，但侧重于电脑端。

2. 腾讯文档使用

（1）新建文档

腾讯文档可以在线使用，也可以下载客户端后在本机使用。打开腾讯文档，登录平台后，点击"新建"按钮，即可根据需求，选择想要新建的文档类型。腾讯会议支持创建 Word、Excel、PPT、收集表、思维导图、流程图、文件夹等在线文档，还支持导入本地文件，如图 9-6 所示。

图 9-6 支持的文档类型页面

（2）编辑文档

创建文档后便可编辑文档，协作文档具有 Microsoft Office 的基本功能，编辑步骤一致。但在协作文档中，文档内容都会实时保存，并且可以通过右上角菜单中"查看修订记录"还原到任何版本，如图 9-7 所示。

图 9-7 文档编辑管理功能

（3）文档协作

文档编辑完成后，点击右上角的"协作"或"分享"选项，此时弹出文档分享页面，如图 9-8 所示。在该页面可以设置协作者的编辑权限，并可以选择分享途径，分享后便可以实现多人共同协作文档，提高编辑效率。

（4）文档导出

当文档协作完成后，可以将文档导出。点击文档右上角的"≡"后，在弹出的下拉栏中选择"导出为"，选择需要的文件格式，如图 9-9 所示，即可生成最终文档。

图 9-8 文档分享页面

图 9-9 文档导出页面

3. 其他文档工具

（1）石墨文档

石墨文档是武汉初心科技有限公司开发的一款云端文档工具，它不限用户可多人实时协作，有网页版和微信版，可以利用多种移动端使用，支持 Office 文档的导入和创建，支持在线协同、团队管理和项目进度等功能，适合学生的学习小组。学生可以邀请同组的成员同时参与协作编辑，编辑的内容会实时上传到云端。对于协作编辑文档中的内容可以选中并且与协同成员讨论、获取反馈。所有的编辑历史都将自动保存，随时追随查看，出错也可一键还原。

石墨文档主要功能特点如下。①严密的协作机制。在石墨文档当中，分享和协作被分开，共享文档的链接只能开启只读文档，如果需要他人协作，要通过邮件、手机等渠道邀请协作者。与此同时，协作部分也细分出了管理者和协作者，这有助于将文档协同关系的梳理。②支持思维导图。石墨文档支持思维导图功能，体现学习者对问题的思考描述与分析，使协同者更易理解。③响应速度快。石墨文档的同步响应速度达到毫秒级，极大提高学生的协作效率。

（2）WPS 云文档

WPS 云文档，又称"WPS+云办公"，是金山旗下的一款可多人协作编辑在线文档。WPS 云文档支持大容量云存储空间，推出了云备份、云文档等一系列服务，学生在云文档上创建、保存的文档自动更新至云端服务器，文档集中存储，多设备同步，任一设备都能查看和编辑，支持"历史版本"功能，一键找回编辑历史，防止文档丢失。WPS 云文档支持一键共享文档，学生分享文档更方便。

WPS 云文档主要功能特点如下。①深度集成。基于 WPS 本身的多平台的客户端，WPS 云文档在这些客户端中高度集成，通过软件、APP，无论是备份还是编辑文档都很便利。②数据安全可控。WPS 云文档支持文档单独设置权限，可灵活设置不同成员的文档操作权限，避免资料泄露。③无扩展服务。WPS 云文档单纯的云文档，无即时通信、视频会议等拓展服务，故其入口仅为 WPS 软件。

三、笔记工具

1. OneNote 简介

OneNote，全称为 Microsoft office OneNote，是微软发布的一套用于自由形式的信息获取以及多用户协作工具。OneNote 软件的界面实际上就是带有标签的三环活页夹的电子版本，学生可直接使用它记录笔记，也可用其收集打印的"页面"，或收集由其他应用程序发送过来的页面。页面可以在活页夹内部移动，同时可通过电子墨水技术添加注释、处理文字或绘图，并且其中还可内嵌多媒体影音或 web 链接。作为容器以及收集不同来源的信息仓库，OneNote 笔记本非常适合用于整理来自某个课程或研究项目的大量信息。

OneNote 的主要特点如下。①深度检索。OneNote 支持内建的检索功能，图像文件（例如屏幕截图、扫描的嵌入式文档、照片）中可以搜索内嵌的文本内容，电子墨水注释也可作为文字进行搜索。音频内容也可以通过关键字进行语义搜索，同时还可以在录制的同时播放笔记中记录的内容。②可脱机使用。OneNote 的多用户功能可实现脱机编辑和随后的同步合并，并以段落为基础进行合并。这使其成为一个非常适合就某个项目进行协作，而且所有成员并非总是在线的情况下使用的强大工具。③跨语言沟通。OneNote 支持不同的语言间的通信、翻译字词或短语，为屏幕提示、帮助内容和显示设置各自的语言。

2. OneNote 使用

（1）卡片笔记

OneNote 作为电子笔记本有着明确的层级结构，从拟物笔记本图标到分区组、分区、页的级别逐级划分，如图 9-10 所示，与实体笔记本中的本子、章节、小节一一对应。卡片笔记便于系统整理知识点，使其呈现出层级结构，从而构建笔记体系。

图 9-10　笔记本分区页面

（2）编辑笔记

OneNote作为Microsoft的产品之一，具备基础的文字编辑功能，具备排版笔记的基础功能。在笔记本的开始工具栏下，如图9-11所示，支持文字的加粗、倾斜、下划线、突出显示、字体颜色等，还能设置各级标题的样式。

图9-11　文字编辑页面

OneNote除了具备文字编辑的基础功能，还具备一些扩展功能，能够更好地辅助学习者记录笔记。笔记本具备绘图功能，在笔记本的绘图工具栏中，如图9-12所示，学习者可以选择绘图工具的颜色、样式，还可以"将墨迹转换为形状"，或者"将墨迹转换为文本"。

图9-12　绘图工具栏页面

在笔记本插入工具栏下，如图9-13所示，OneNote还可以插入各类Office支持的文件，比如表格、图片、符号、公式等，以及各类在线文件，比如在线视频、链接等，还可以实时录制音频。

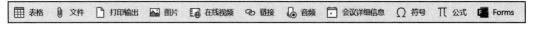

图9-13　插入工具栏页面

在笔记本视图工具栏下，如图9-14所示，可以执行大、缩小、翻译等操作。

图9-14　视图工具栏页面

（3）共享笔记

该笔记本除了可以记录笔记，还可以将自己记录的笔记进行共享。进行笔记共享前，需要先选择待共享的笔记，点击笔记本右上角的"共享"，即可弹出共享页面，如图9-15所示。在该页面，输入共享的邮箱地址，点击"共享"即可完成笔记共享。与此同时，还可选择共享权限。

图9-15　共享笔记页面

3. 其他笔记工具

（1）印象笔记

印象笔记是一款多功能的笔记类工具，源自多功能笔记类应用——Evernote，支持网页版和移动端使用。学生可以创建笔记并且设置提醒功能，可以搜索笔记内容，剪藏网页和图片，设置笔记内容格式，共享笔记内容，并且实现网页端和移动端笔记同步。

　　印象笔记主要特点如下。①笔记获取与管理。印象笔记支持图像、音像、文字、文件快捷方式等格式信息的保存，适合于学生记录多元素笔记，而在保存信息的同时，它会自动根据内容在文档的属性中"贴上"标签。并且对于使用过的标签，它都会在新的文档生成时显示出来，便于学习者对文档的分类管理。②与 XML 结合使用。印象笔记支持 XML，通过对所需要管理的知识进行结构分析，并将其表示为 XML 数据，总结出信息在印象笔记中存储的 XML 树模型。根据此树模型可帮助学习者制定出一套个人知识管理的策略。③深度搜索。印象笔记可以搜索到图片内的印刷体中文和英文以及手写英文，此搜索对 PDF、Excel、Word、PPT 等文件中的中文和英文也同样有效。

　　（2）有道云笔记

　　有道云笔记是网易旗下的有道推出的个人与团队的线上资料库。有道云笔记采用了增量式同步技术，即每次只同步修改的内容而不是整个笔记。它支持查看多种类型的文件，包括图片、PDF、Word、Excel、PPT 等，也可以编辑 Office、PDF 文档，支持电脑端和手机端都使用。学生可以建群协同编辑笔记，可以搜索查看笔记内容，将笔记内容通过微信、QQ 等一键分享给同伴，同伴无须下载便可直接查看内容或文档。

　　有道云笔记主要功能特点如下。①白板拍照优化。有道云笔记运用智能算法自动矫正歪斜的白板照片并去除冗余背景，一拍存档，提高学习者的学习效率。②增量式同步技术。学习者在有道云笔记中进行笔记修改，只同步每次修改的那部分内容。③知识结构架构。有道云笔记有多级文件目录功能，可以对内容进行更细致的分类，方便学习者构建有层次的知识体系。这种功能提供了一种框架，学习者日后收集的词、句、问题、想法都可以填补到这些框架中。这种层级分明的分类方式和标签功能，令学习者的知识结构一目了然。

四、网盘工具

1. 百度网盘简介

　　百度网盘又称百度云盘，是北京百度网讯科技有限公司推出的一项云存储服务，是一款云存储工具，具有巨大的存储空间，属于资源型网盘，可以存储文本、图片、视频、音频等文件。百度网盘支持便捷地查看、上传、下载百度云端各类数据。通过百度网盘存入的文件，不会占用本地空间，它不会因为浏览器、网络等突发问题中途中断，大文件传输更稳定。学生可以轻松将自己的文件上传到网盘上，并可跨终端随时随地查看和分享。但百度网盘对非会员做了限速，非会员速度会远远慢于普通用户，大约在 100 kb 左右。

　　百度网盘的主要特点有：①支持在线浏览，百度网盘中文件无须下载即可在线查看，还可以通过分享链接共享资源给任何人；②多终端同步，百度网盘支持电脑端和移动端同步，方便学习者随时查看；③场景化服务，学习者可以利用百度网盘存储学习材料、相册、文库、音乐、短信、通讯录等，场景化的服务深入其生活、学习的每个角落。

2. 百度网盘使用

百度网盘作为一项云存储服务，相当于一款基于网络的移动硬盘，教师或学生可以将有价值的资源存储在百度网盘中。此类平台具备基础的资源管理功能，无论是百度网盘的 web 端、电脑端、移动端，都支持资源的上传、下载与分析。

（1）资源上传

登录账号进入百度网盘后，进入上传文件需要存放的文件夹，然后点击"上传"按钮，即可将文件上传至此文件夹，如图 9-16 所示。也可以直接将待上传资源拖拽到此页面内，资源也会自动上传到此百度网盘的文件夹中。

图 9-16　百度网盘页面

（2）资源下载

当需要下载文件时，先选中需要下载的目标文件，点击其后的功能选项，选择"下载"即可，如图 9-17 所示。或在文件上单击鼠标右键也会弹出功能快捷菜单。

图 9-17　文件操作选项页面

（3）资源分享

网盘中的文件或文件夹需要分享时，可以选中此文件或文件夹，然后点击功能列表中的"分享"，即可打开分享对话框。分享可以发给网盘好友，或分享给其他人。分享的链接可以设定有效期，如图9-18所示。然后点击"创建链接"按钮，则生成共享的链接、二维码和提取码，如图9-19所示。将此分享的链接或二维码及提取码给需要分享的人，他们登录此地址或扫二维码，再输入提取码后，就可以将分享的文件或文件夹保存到他的百度网盘中。

图 9-18　分享文件页面

图 9-19　分享文件的链接、二维码和提取码

3. 其他云库工具

（1）腾讯微云

腾讯微云是腾讯公司推出的一款智能云盘，是一款集合了文件同步、备份和分享

功能的云存储应用，属于资源型网盘，学习者可以通过腾讯微云方便地在多设备之间同步文件、推送照片和传输数据等。它可以实现预览、存储、管理与下载多种格式文件的功能，还可以实现在线办公。学习者可以独自或者多人协同在线编辑文档，云端会自动保存结果并且同步到各个应用端。腾讯微云还提供历史版本恢复功能，保证文档安全。

腾讯微云的主要特点有：①单文件大。对于网络硬盘而言，网络总容量与单个上传文件的容量同样重要，与市面上的其他同类产品的单个上传文件一般都在1G左右相比，腾讯微云首创的20G单文件上传，用户使用更方便；②文件收集。腾讯微云支持文件收集功能，用户可向任何人收集文件，对方无须登录，收集到的文件仅发起人可见；③多元化存储。腾讯微云可存储图片、音频、视频等多种文件数据。

（2）百度文库

百度文库是百度发布的供网友在线分享文档的平台。百度文库的文档由百度用户上传，需要经过百度的审核才能发布，百度自身不编辑或修改用户上传的文档内容。网友可以在线阅读和下载这些文档。百度文库的文档包括教学资料、考试题库、专业资料、公文写作、法律文件等多个领域的资料。百度用户上传文档可以得到一定的积分，下载有标价的文档则需要消耗积分。当前平台支持主流的DOC(DOCX)、PPT(PPTX)、XLS(XLSX)、POT、PPS、VSD、RTF、WPS、ET、DPS、PDF、TXT等文件格式。目前文库内容专注于教育、PPT、专业文献、应用文书四大领域。2019年11月，百度文库与首都版权产业联盟等单位联合推出版权保护"文源计划"，力求"为每篇文档找到源头"。

百度文库的主要功能特色有：①专业性资料。百度文库包含两亿篇优质文档，资源涵盖各行各业专业资料、模版、范例、经验、数据、信息、笔记、题库、论文、报告等；②支持格式转换功能。百度文库支持多种文件格式，且支持文件格式转换，包括TXT、EPUB、DOC、PPT、XLS、PDF等文件格式的互转；③提供各类学习工具。百度文库大学生版本提供多种学习工具，包括扫码看解析、拍照搜题、图转文字、语音速记等实用功能。

五、调研工具

1. 问卷星简介

问卷星支持问卷调查、在线考试等功能。用户能够利用问卷星平台导入文档创作问卷，可以套用模板制作问卷，也可以自定义制作问卷，回收的问卷平台会自动呈现初步分析结果，方便用户使用。问卷星还具有批量录入试题、控制考试时间、自动阅卷、分析成绩等功能。问卷星功能丰富，适合进行问卷调查、在线测验、投票等教学活动，可为教师或学生提供功能强大、人性化的在线设计问卷、采集数据、自定义报表、调查结果分析系列服务。与传统调查方式和其他调查网站或调查系统相比，问卷星具有快捷、易用、低成本的明显优势。

问卷星主要特点如下。①高效率。问卷星提供网页、邮件多种回收渠道，结合独特的合作推荐模式，延伸答卷数据来源范围，帮助用户在短时间内收集到大量高质量的答卷；同时，通过问卷星提供的专业的问卷调查平台，用户可以在线设计问卷，实时查看最新答卷并进行统计分析。②高质量。问卷星可指定性别、年龄、地区、职业、行业等多种样本属性，精确定位目标人群；还可以设置多种筛选规则、甄别页、配额控制等条件自动筛选掉无效答卷，同时支持人工排查以确保最终数据的有效性。③低成本。严格按效果计费，低成本获得有效问卷。

2. 问卷星使用

（1）新建问卷

登录问卷星平台后，点击左上角"创建问卷"按钮，可以选择创建问卷的类型。问卷星支持创建调查、考试、投屏、表单、360度评估、测评六大类型的文件，如图9-20所示，点击目标问卷类型即可进入创建调查问卷页面。

图 9-20　问卷类型页面

在创建新调查问卷时，先输入问卷的标题，如图9-21所示，也可以选择模板或者导入文本方式，选择好后点击"立即创建"即可。

图 9-21　创建调查问卷页面

（2）编辑问卷

问卷创建后，便可以编辑问卷内容。问卷的内容编辑主要有问卷说明和问卷题目两大部分。问卷说明就是问卷的前言，点击图 9-22 问卷编辑页面中的"添加问卷说明"即可输入问卷说明。

图 9-22　问卷编辑页面

问卷题主要分为选择题、填空题、分页说明、矩阵题、评分题、高级题型等，还可以增加分页说明内容，如图 9-23 所示。对于问卷填答者的个人信息，平台设计了自动添加相关内容的功能，如图 9-24 所示。或者直接选择编辑问卷页面的"批量添加题目"。

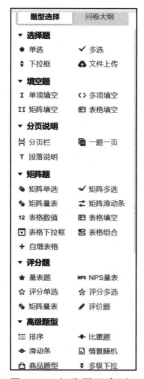

图 9-23　问卷题目类型

图 9-24　问卷个人信息内容

每一种题目都提供了丰富又便捷的编辑提示，比如多选题的编辑页面如图 9-25 所示。

图 9-25　问卷多选题编辑页面

编辑完所有题目后，可以点击右上角"预览"按钮，查看问卷显示效果，或点击右上角"完成编辑"按钮，即可完成调查问卷的编辑。

（3）发布问卷

完成编辑后，问卷处于草稿状态，若要发布，可以点击图 9-26 所示页面中的"发

图 9-26　发布问卷页面

布此问卷",即可完成问卷发布,并生成问卷链接和二维码,分享此链接或二维码即可开展问卷调查,如图 9-27 所示。问卷也可以通过微信、邮件等形式发送。

图 9-27 问卷链接与二维码

(4)分析问卷

问卷发布后,可以点击问卷列表中该问卷右侧的"停止"按钮停止问卷调查,也可以点击"分析&下载"功能中的"统计&分析"来查看问卷调查的结果,如图 9-28 所示。

图 9-28 问卷管理页面

问卷星平台可以提供多种分析结果,除了可以提供"默认报告",可以用各种图形显示问题答题结果,还可以进行"分类统计""交叉分析""自定义查询""SPSS 分析"等。而且平台还有"查看下载答卷""答案来源分析""完成率分析""数据大屏"等功能,如图 9-29 所示。问卷的结果都可以下载。

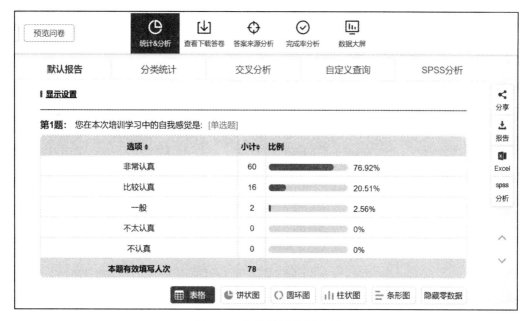

图 9-29　问卷结果分析页面

3. 其他调研工具

（1）剥豆豆介绍

剥豆豆是杭州阔知网络科技有限公司开发的一款用于课堂教学的实时测验与调查工具，各种移动终端都可以配合使用。教师可以创建测验或者调查问卷、设置题项、设置测验或者问卷的完成时间，最终生成的测验或者问卷可以通过二维码邀请学生加入。测验或者调查时屏幕上只出现一题，学生每完成一题后会出现相应的答题分析。教师可以控制题目是否继续进行，测验或者问卷的所有题项完成后会呈现总体的分析结果。

剥豆豆的主要特点有：①游戏化学习方式，剥豆豆以游戏化的学习方式丰富课堂教学，增强学生的学习兴趣，营造轻松的学习氛围；②数据化学习进度，剥豆豆后台可将课堂师生互动，数据归类统计，检查学生完成、掌握情况；③形成性评价，剥豆豆在教学进程中评价学生知识掌握的能力，引导学生进行个性化学习。

（2）Microsoft Forms

Microsoft Forms 是由微软提供的一项在线调查问卷服务，旨在帮助用户创建调查问卷、测验和投票，并自动收集和分析回答数据，是 Office365 教育的新组成部分，它允许教师和学生快速轻松地创建自定义测验、调查、问卷、注册等。教师或学生可以利用它轻松创建调查和投票，以收集客户反馈、衡量学生满意度和组织团队活动。教师可通过 Microsoft Forms 快速创建测验，并邀请学生使用浏览器或者移动设备来回复表单，待提交结果完成之后，可根据内置的分析或者导出到 Excel 的方式来评估数据统计结果来衡量学生的知识水平、评估班级进度和关注需要提升的科目，从而对下一步的教学计划作出调整。

Microsoft Forms 的主要特点有：①题项树状图，Microsoft Forms 支持题项以分支逻辑（即树状图）的形式添加到调查问卷中，以便根据对特定问题的回答进行设置，在一个分支调查或测验中，只有与应答者相关的问题才会出现，如果这些问题不适用，那么应答者将被重定向到其他一组问题或者干脆跳过这组问题；②数据可视化，Microsoft Forms 支持可视化答复数据和高级分析，同时，其"Forms design intelligence"和"Forms data ideas"功能不仅能智能分析用户设置的问题并给出建议，还能进行多种数据分析，帮助用户挖掘数据背后的价值。

六、投影工具

1. 傲软投屏

（1）傲软投屏简介

傲软投屏（Apower Mirror），是深圳市网旭科技有限公司开发的一款投屏软件，支持安卓、iOS 系统。有无线 WiFi 连接、USB 数据线连接、投屏码连接、扫描二维码这四种方式，还可以将手机与电脑、电视连接，进行投屏，并可以录屏、截图等，可对安卓设备进行控制，适用于 Windows 和 Mac 双平台。

傲软投屏主要特点有：①多平台互投，支持安卓、iOS 设备与 PC、Mac 之间互相投屏；②热点链接，在缺少无线网络的情况，支持使用移动热点链接投屏；③电脑反控手机。投屏时，教师可在电脑端对移动端进行操控。

（2）傲软投屏的使用方法

傲软投屏工具在使用时需要投屏的移动终端和屏幕都安装傲软投屏软件。安装完成后，可以利用傲软投屏工具提供的 WiFi 和 USB 两种方式进行屏幕互投。WiFi 无线连接方式需要投屏的两端设备处于同一个 WiFi 网络环境中，打开傲软投屏搜索可投射设备。安卓系统可直接点击设备投屏，苹果设备需要打开控制中心点击屏幕镜像选择投屏设备。如果用 USB 有线连接，则在电脑端打开傲软投屏，使用 USB 数据连接手机和电脑，安卓设备需要开启一下 USB 调试。进度到达 100%后，USB 投屏就成功了，手机屏幕就会在电脑上显示，如图 9-30 所示。

图 9-30　投屏页面

2. 其他投影工具

（1）AirDroid

AirDroid 是 Sand Studio 自主研发的一款远程控制软件，无须数据线，搭配 AirDroid 电脑客户端或电脑浏览器打开网页版，在局域网或远程网络环境下，通过远程控制功能操控移动设备，进行文件传输，远程管理手机等，可实现电脑对手机的在线管理。

能够在主流操作系统 Windows、Linux、Mac、Android、iOS 间进行跨平台协同操作，支持在设备间无损传输各类文件、远程操控移动设备、接收回复手机消息、手机投屏、收听设备环境音等多种功能。

AirDroid 功能特点有：①电脑端便捷支持，AirDroid 电脑端无须安装客户端，仅需浏览器就可以使用 AirDroid 所有功能管理个人设备，任何时候都可在电脑上管理设备；②屏幕镜像，AirDroid 支持移动端屏幕实时投屏到电脑上，画质清晰流畅，通过屏幕镜像也能方便地演示移动端上的画面和操作，进行应用演示等；③远程控制，无论局域网还是远程，AirDroid 通过远程控制功能就能便捷操控安卓设备，它支持远程启动移动设备摄像头、支持使用远程输入法等。

（2）AirLink

一键投影（AirLink）是深圳市创易联合科技有限公司发布的一款无线投影工具软件，支持手机和笔记本投影，适用于 Windows、Android、Mac 三大系统之间的相互投影、屏幕共享，支持 iOS 设备投影到 Windows 设备。一个软件既可以当作发送端也可以当作接收端使用，同时两者之间的切换只需一键操作。对于没有获得 Root 超级权限的设备，也可以实现图片文件的快速屏幕共享。

AirLink 主要特点有：①跨多平台，一键投影支持在 Windows 上把画面给直接投射到 Mac 设备上去，以达到方便学习使用和生活使用的目的，软件也能直接支持 Android、Windows 和 Mac 三大系统之间的相互投影及共享；②双向投影，一键投影实现了两台不同设备同时进行使用，同时能给两台不同设备进行互相投影；③多屏投影，一键投影实现多台设备的投影，一个屏幕可以同时显示四台设备投屏。

七、绘图工具

1. ProcessOn 简介

ProcessOn 是北京大麦地信息技术有限公司开发的一个在线协作绘图平台，为用户提供最强大、易用的作图工具。支持在线创作流程图、思维导图、组织结构图、网络拓扑图、BPMN、UML 图、UI 界面原型设计、iOS 界面原型设计等。ProcessOn 提供基于云服务的免费流程梳理、创作协作工具，教师和学生协同设计，实时创建和编辑文件，并可以实现更改的及时合并与同步。不管 Mac 还是 Windows，一个浏览器就可以随时随地地发挥创意，规划工作，这意味着跨时空的流程梳理、优化和确认可以即刻完成。

ProcessOn 主要特点如下。①跨平台。ProcessOn 作为一个在线的工具，具有了跨平台的特性。它屏蔽了因为不同操作系统带来的麻烦，有利于实现移动办公。②操作简单。ProcessOn 结合了 visio 之类常用绘图软件的操作特点，因此对于有绘图经验的用户，学习成本几乎为零。③在线存储。它的在线存储特性可以避免一些因意外（比如断电、蓝屏等）情况而导致的文件没有保存。④可共享。结合网络社交的特性，不同图表的作者可以轻松地在平台分享各自作品,用户也可以方便地对公开的作品进行搜索,同时还支持多人协作的功能,适合团队内部协同工作。

2. Process On 使用

(1)文档创建

用户注册登录后,便可以新建文档。点击右上角的"新建文件"即可正式使用 Process On 创建文件。该工具支持创建流程图、思维导图、思维笔记、原型图、UML、网络拓扑图、组织结构图、BPMN 等文件,同时还支持文件导入,如图 9-31 所示。创建文档后,便可编辑文档内容,此类平台的编辑操作与一般的流程图或思维导图的编辑操作类似。

图 9-31　新建文档页面

(2)文档分享

文档编辑过程中,随时可以进行文档分享。点击右上角的"分享"选项,此时弹出文档分享页面,如图 9-32 所示。在文档分享页面可以选择分享方式,平台支持创建浏览链接、嵌入到其他站点、生成在线图片地址三种分享方式。

图 9-32　文档分享页面

(3)文档协作

文档编辑过程中,可以邀请他人共同对此文档进行编辑操作。点击右上角的"协作"选项,此时弹出添加协作成员页面,如图 9-33 所示。协作成员可以是"最近联系人""小组成员""我的关注""我的粉丝"等。

图 9-33　添加协作成员页面

（4）文档下载

文档编辑完成后，可以将此文档下载到本地，方便文档的存储、传输与浏览。点击右上角的"下载"按钮，选择目标文件格式后，便可进行文档下载。如思维导图下载会弹出如图 9-34 所示的下拉框，选择文件格式便可进行下载。

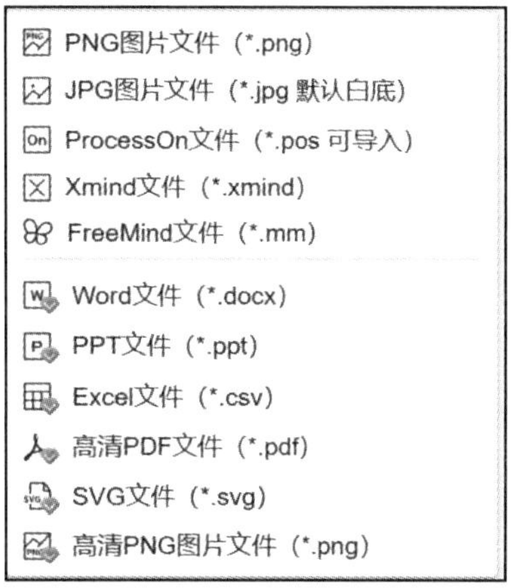

3. 其他绘图工具

（1）百度脑图

百度脑图是百度公司旗下一款免费、部分开源的 Web 版思维导图软件，是一款在线思维导图的工具。百度脑图支持云端操作、自动实时保存，省去下载安装的烦恼，同时也免除了病毒和木马的侵袭。它提供了优先级、链接、图片、备注、完成度等功能，提供简单的思维导图及模板。操作简单又极其直观的百度脑图将一些复杂的东西表现出来，使其易于理解和梳理。

图 9-34　文档下载页面

百度脑图主要特点有：①免安装，百度脑图是一款在线制作思维导图的工具，用户无须下载软件，可以直接在线登录，在线制作思维导图；②易操作，对于第一次使用的用户，百度脑图会提供简单的使用向导；③云存储，百度脑图基于百度云，制作的思维导图无须专门存储，而是存在云端，随用随存，不用考虑文件丢失和多终端同步的问题；④可分享，百度脑图可以实现在线分享，以文件共享的方式方便快捷地分享思维导图。

（2）Mind Manager

Mind Manager 是由美国 Mindjet 公司开发的一款创造、管理和交流思想的思维导图软件，专业性较强，头脑风暴、会议管理及项目管理工具可以帮助用户轻松创建思维导图，功能全面且强大。Mind Manager 界面友好功能强大，可以非常形象地表达抽象的思维及复杂概念之间的关系，帮助用户有序地组织思维、整理资料和安排工作进程。Mind Manager 提供了多种思维导图模板供使用者参考，每个主题用户都可以实现图标、标记、便签、图像、附加文件、添加链接等功能，用户还可以对导图的格式风格进行设置，制作完成的思维导图可以导出为图片、文档、HTML5 交互式导图等格式。

Mind Manager 的主要特点如下。①强大的扩展性。Mind Manager 可以自动依据关键词的内容加上表意的象征图像或调整项目间的层级或从属关系，可以将思维导图制作成 PPT、PDF 文件，甚至是一个网站。此外，它能够输出文字形态的大纲，能够与 Outlook 连结，进行计划管理。②可拆解和合并。Multi-Map 模式能够轻松地把一大张思维导图拆分，或把许多零星的思维导图合并为一个整体。③演讲者功能。Presentation Mode 功能支持随着演讲者的演讲过程可以任意地伸展每一个关键分支。

（3）XMind

XMind 是深圳市爱思软件技术有限公司开发的一款开源且跨平台的思维导图软件，旨在产生想法，激发创造力，并提高工作和生活效率。XMind 作为一款实用性较强的思维导图软件，有最先进的软件架构，能展现其易扩展、稳定性的特点，通过软件技术帮助用户提高工作效率。它不仅可以绘制思维导图，还可以绘制鱼骨图、组织架构图，并且可以进行形式上的转换，灵活定制节点，以丰富绘制的主体和样式。教师可以利用 XMind 软件进行思维导图的绘制，也可以进行课程规划等。

XMind 的主要特点如下。①结构样式丰富。XMind 不仅仅支持 Map，还支持 Org、Tree、LogicChart、Fishbone 等。同时，在 XMind 中，除了可以灵活地定制节点外观、插入图标外，还有多种样式和主题可以选择。②强调分享。XMind.net 网站本身便是一个分享思维导图的平台。在 XMind 中，用户可以直接将想要分享的思维导图上传。③自由度高。XMind 软件可以创建多个自由节点，在自由节点中增加子节点，从而产生更多的知识点。XMind 软件支持多种链接方式，也可以将文档和图片导入到 XMind 文件中，形成一个完整的数据包。

八、虚拟实验

1. 国家虚仿平台简介

国家虚拟仿真实验教学项目共享平台，是虚拟仿真实验的综合性平台，它以国家虚拟仿真实验教学一流课程共享应用为基础，依托实验课程云平台——智能实验室，为实验教学线下课程、线上课程、线上线下混合式课程等"金课"的建设、应用及共享提供在线支持环境，打造国家、省、校三级共享应用服务体系。全面推进虚拟仿真实验教学项目体系化建设，致力于推动实验教学课程与虚拟仿真实验项目的深度融合，支持高校建设具有创新性、高阶性、挑战度的实验实践类教学相关课程，助力高校孵化实验教学一流课程。

平台主要特点有：①学科种类丰富，实验空间现已收录 42 门学科，包括法学类、建筑类、马克思主义理论学、体育学类、历史学类、物理学类等学科；②权威性，实验空间以国家虚拟仿真实验教学一流课程共享应用为基础,收录了近年来各大高校通过省级评审的虚拟仿真实验,品类丰富,而且都可以使用。

2. 国家虚仿平台使用

(1)查找项目

点击实验空间首页左侧"学科分类",或点击导航栏的"实验中心",进入项目列表页面,如图 9-35 所示。即输入"项目名称""学校名称""项目负责",输入其中一项或多项后,点击"搜索"便会呈现相关信息,如图 9-36 所示。

图 9-35 实验空间首页

图 9-36 项目列表页面

(2)参与实验

在项目列表页面,选择自己感兴趣的虚拟仿真实验,单击此项目后,进入项目详情页,在该页面可查看项目信息,包括"项目简介视频""项目引导视频""项目团队""项目描述""项目特色""服务计划"等,如图 9-37 所示。

图 9-37　项目详情页面

点击"我要做实验"后，会出现此实验项目的在线虚拟仿真实验的链接，点击链接便会跳转到此虚拟仿真实验页面，同时会出现如图 9-38 所示提示窗口，根据自己的情况进行选择后，便可以开始实验。

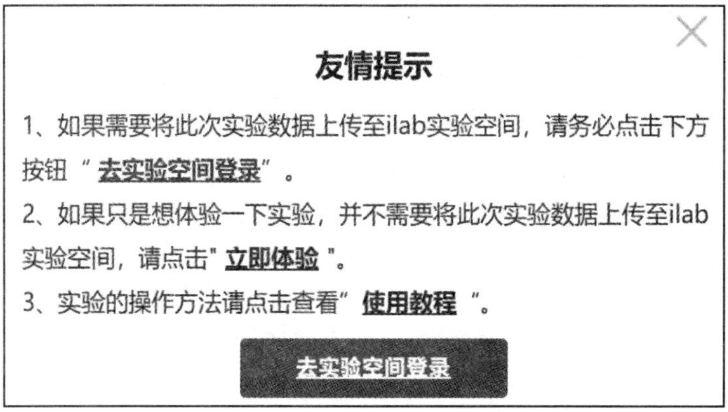

图 9-38　虚拟仿真实验页面

若已经登录实验空间平台，在参与每项实验后，都可以查看实验成绩。具体步骤为：返回实验空间主页，点击"用户名"，进入我的页面；在此页面中点击"我的项目"后，点击"我的成绩"即可。

3. 其他虚拟实验工具

（1）NOBOOK 虚拟实验室

NOBOOK虚拟实验是北京亚泰盛世科技发展有限公司开发的一款专为初高中教师打造的简单实用的教学工具软件，致力于仿真软件、实验加试、互动平台、几何画板等产品的开发，通过多媒体手段，依托学科特色，打造富有科技感的物理、化学、生物、学科虚拟仿真实验资源和应用，做到教学模式多样化、教学资源共享化、教育信息数字化，让每一位师生都轻松拥有自己的专属实验室。

NOBOOK 虚拟实验室的主要特点有：①实验＋教学系统解决方案，通过多媒体手段，实现在教室现有的多媒体设备上，进行实验操作、考试、教学演示与练习，有效提升实验教学环节中"说实验、画实验和演示实验"的效率和效果；②强调实验过程，NOBOOK 虚拟实验室系列软件涵盖了初高中物理、化学、生物全部实验及实验器材，通过实验目的、实验器材、实验步骤、实验现象模拟仿真传统实验或直接自主选择实验器材进行探究实验；③以理科实验为主，NOBOOK 虚拟实验室系列软件目前包括 NB 物理实验、NB 化学实验、NB 生物实验三个产品，NB 物理实验软件和 NB 化学实验软件，目前已开发完成，在各大软件平台都能下载。

（2）理化生虚拟实验室

理化生虚拟实验室是贝壳网专门针对小、初、高教学实验而研发设计的一个虚拟仿真实验平台。教师无须准备大量的实验器材，极大地提高教学效率，增强教学效果，降低学生对实验的理解难度。它将抽象的实验现象变得具象生动，变静态为动态，使"死"的概念、原理变成"活"的知识。让实验变得更加简单、方便，提高学生学习兴趣。

理化生虚拟实验室的主要特点有：①以理科实验为主，理化生虚拟实验室包括物理虚拟实验室、化学虚拟实验室、生物虚拟实验室、小学科学虚拟实验室。物理实验独创电学、力学、光学等引擎，支持实验器材参数的任意设置；②真实性强，采用真实模型，还原真实应用环境，将实验真实呈现在眼前，调动多种感官参与其中，视觉效果清晰震撼，让课堂通过互动实验变得生动立体。

第三节　在线课程的拓展资源

精品一流在线课程的资源工具除了在线教学的移动应用、在线课程的平台工具以外，其他资源被归入在线课程的拓展资源。本节主要介绍重要的在线教学网址、重要的在线教学名词、在线教学政策文件三大类在线教学的拓展资源。

一、重要的在线教学网址

1. 国内外知名在线学习平台

在线学习在世界范围内持续引发关注并成为教育发展与革命的突破口。各在线学习平台在课程开发上持续强化模块化设计和行业合作，在平台功能上加大对新技术的应用。基于在线学习发展的新趋势，部分国内外在线学习平台及其网址，如表 9-1 所示。

2. 在线学习教学工具网址

在线学习教学工具是在线学习资源的重要组成部分之一，当下支持开展在线学习的教学工具多样且丰富。常用的课堂教学、头脑风暴、协作学习、笔记记录、资源存储、教学评价、投屏演示、在线实验与虚拟仿真实验等代表性的教学工具及其网址，如表 9-2 所示。

表 9-1　国内外在线学习平台及其网址

平台所在地	网站名称	网址
国外	Coursera	https://www.coursera.org/
	Udacity	https://www.udacity.com/
	Edex	https://www.edx.org/
	Future Learn	https://www.futurelearn.com/
	Khan Academy	https://www.futurelearn.com/
	Harvardx	https://vpal.harvard.edu/harvardx
	Alison	https://alison.com/
	Fun	https://www.fun-mooc.fr/fr/
国内	爱课程	http://www.icourses.cn/home/
	学堂在线	https://www.xuetangx.com/
	中国大学 MOOC	https://www.icourse163.org/
	超星	https://www.chaoxing.com/
	毕博	http://www.blackboard.com.cn/
	智慧树	https://www.zhihuishu.com/
	智慧职教	https://www.icve.com.cn/portal_new/portal/portal.html
	网易云课堂	https://study.163.com/
	网易公开课	https://open.163.com/
	腾讯课堂	https://ke.qq.com/
	雨课堂	https://www.yuketang.cn/
	好大学在线 CMMOOC	https://www.cnmooc.org/home/index.mooc

表 9-2　常用的教学工具及其网址

用途	网站名称	网址
课堂教学	慕课堂	https://www.icourse163.org/mooc/main/classroom
	雨课堂	https://www.yuketang.cn/
	腾讯课堂	https://ke.qq.com/
	微助教	https://portal.teachermate.com.cn/
	云班课	https://www.mosoteach.cn/
	希沃白板	https://easinote.seewo.com/
	钉钉	https://www.dingtalk.com/
头脑风暴	百度脑图	https://naotu.baidu.com/
	MindManager	https://www.mindmanager.cn/
	Xmind	https://www.xmind.cn/
协作学习	石墨文档	https://shimo.im/
	腾讯文档	https://docs.qq.com/
	Teambition	https://www.teambition.com/
	腾讯会议	https://meeting.tencent.com/index.html
	钉钉	https://www.dingtalk.com/
	米亚圆桌	https://www.miatable.com/
	飞书	https://www.feishu.cn/
	WPS 云文档	https://plus.wps.cn/

续表

用途	网站名称	网址
笔记记录	OneNote	https://www.microsoft.com/zh-cn/microsoft-365/onenote/digital-note-taking-app/
	印象笔记	https://www.yinxiang.com
	语雀	https://www.yuque.com/
	有道云笔记	http://note.youdao.com/
	Typora	https://www.typora.io
资源存储	百度云盘	https://pan.baidu.com/
	腾讯微云	https://www.weiyun.com/
	天翼云盘	https://cloud.189.cn/
	360 云盘	https://yunpan.360.cn/
	百度文库	https://wenku.baidu.com/
教学评价	问卷星	https://www.wjx.cn/
	剥豆豆	http://get.bodoudou.com/
	班级优化大师	https://care.seewo.com/
	Microsoft Forms	https://flow.microsoft.com/en-us/connectors/shared_microsoftforms/microsoft-forms/
投屏演示	智慧职教云课堂	https://zjy2.icve.com.cn/portal/login.html
	乐播投屏	https://www.hpplay.com.cn/
	Apowermirror	https://www.apowersoft.com.cn/apowermirror-pinzhuan?apptype=aps-pin
	airdriod	https://www.airdroid.com/zh-cn
	一键投影	http://airlink.timelink.cn/
	傲软投屏	https://lightmake.cn/mirror?apptype=aps-bd-d&bd_vid=7756388793307741603
在线实验与虚拟仿真实验	NOBOOK 虚拟实验室	https://www.nobook.com/
	国家虚拟仿真实验教学项目共享服务平台	http://www.ilab-x.com/
	理化生虚拟实验室	https://res.bakclass.com/resource/laboratoryIndex
	名师 e 课	http://www.hengqian.net/mingshi/
	晟兴地球 SXEarth	http://www.sxsim.com/
	电工技能与实训仿真教学系统	http://act.jcpeixun.com/topic/20200615/
	Matlab	https://ww2.mathworks.cn/
	VEStudio	https://www.cger.com/site/18399.html

二、重要的在线教学名词

1. 学习方式类相关名词

（1）在线学习

在线学习（online learning/E-learning）是指在由通信技术、微电脑技术、计算机技术、人工智能、网络技术和多媒体技术等所构成的电子环境中进行的学习，是基于技术的学习。在线学习以多种媒体格式表现的内容，有学习过程的管理环境以及由学习者、内容开发者和专家组成的网络化社区。

（2）混合式学习

混合式学习（blended-learning）即各种学习方式的结合，把传统学习方式的优势和E-learning（即数字化或网络化学习）的优势结合起来。混合式学习是一种将面对面（face to face）教学和在线（online）学习两种学习模式有机地整合，以达到降低成本、提高效益的教学方式。

（3）移动学习

移动学习（m-learning）是一种在移动计算设备帮助下的能够在任何时间任何地点开展的学习，所使用的移动计算设备必须能够有效呈现学习内容并提供教师与学习者之间的双向交流，学生和教师通过使用移动设备（如手机等）来更为方便灵活地实现交互式教学活动。

（4）碎片化学习

碎片化学习（fragmentation learning）是指学习者在学习过程中运用全新的思维方式和学习工具，利用碎片化阅读或在碎片化的时间里来学习并挖掘有意义的知识碎片，并对知识碎片进行加工、存储、应用的建构过程。

（5）远程教育

远程教育是一种传授新知识、新技能和态度的方法，通过劳动分工与组织原则的应用以及技术媒体的广泛运用而合理化，这是一种教与学的工业化形式。远程教育是对教师和学生在时空上相对分离、教与学的行为通过各种教育技术和媒体资源实现联系、交互与整合的各类院校或社会机构组织的教育总称。

2. 教学活动类相关名词

（1）网络课程

网络课程（online course）是基于网络运行的课程。根据教育部2002年2月颁布的《现代远程教育资源建设技术规范（试行）》："网络课程是通过表现的某门学科的教学内容及实施的教学活动的总和，它包括两个组成部分：按一定的教学目标、教学策略组织起来的教学内容和网络教学支撑环境。"

（2）网络教学

网络教学（online teaching）是把网络作为教学工具、教学资源和教学环境的一种教学方式，主要包括三方面的内容：一是网络教学是通过网络进行的教学，网络作为知识与信息的载体而存在，可以视为教学的工具或媒体。二是网络教学是开发和利用网络知识与信息资源的过程，网络教学是对学习资源的开发、利用与再生。三是网络教学还把网络作为教学的一种环境。

（3）MOOC

MOOC（massive online open course），即大规模在线开放课程，是一种将分布在世界各地的授课者和同样分布在世界各地的学习者通过教与学联系起来的大规模的线上虚拟教室。MOOC 是将优质教育资源集中起来以社会媒体的方式发布，具备完整的课程要素和结构。

（4）SPOC

SPOC（small private online course），即小规模限制性在线课程，是相对于大规模开放在线课程而言的。SPOC 面向的是几十到几百个规模的学生，符合课程相应的准入条件才可以申请加入 SPOC 课程，SPOC 在规模和准入条件上有所限制，但其依旧可以采用 MOOC 的视频和平台的在线评价、讨论互动等功能。

（5）翻转课堂

翻转课堂（flipped classroom）又称颠倒课堂，是将课堂教学和学生的课外学习进行颠倒的一种教学模式。学生课前根据教师提供的任务学习单自定步调、自学教学视频或者资料，课堂上学生进行练习和训练，教师给学生答疑、对学生进行测验并对难点知识进行讲解，从而使课堂和教师的角色发生变化。

3. 教学资源类相关名词

（1）开放教育资源

开放教育资源（open education resource）是指那些通过信息通信技术向有关对象提供的可被自由查阅、改编或应用的各种开放性教育资源（联合国教科文组织，2002）。开放教育资源是置于公共领域的任何媒体形式的教学、学习和研究资料，这些资料在开放许可协议下允许使用者无限制或较少限制地获取、使用、重组、重用并重新散播（联合国教科文组织，2012）。

（2）开放课程

开放课程（open course）是指由名校提供的免费开放的、数字化的、高质量的教学资源，这些资源包括课程计划、评估工具和专题内容，授课人员将这些资源整合成一门课程并发布。每一个学习者可以在任何时间、任何地点通过网络获取学习资源，以满足自我提升的需求。开放课程向学习者提供多种形式的课程内容，主要有视频、音频、图片、文本等形式。其中，视频课件是最主要的课程内容，也是学习者运用开放教育资源进行自主学习的主要方式之一。

（3）在线开放课程

在线开放课程（open online courses）是指主要由在线平台支持的视频、动画、声音、文本、图片、网页等富媒体课程资源，适合自主学习，服务受众对象广泛的网络课程。在线开放课程是指在知识产权共享协议下，可以通过网络实现共享、获取或利用的各类课程资源，是在一定范围内开放共享的课程，强调学习对象、学习方式、学习资源等具有开放特性。

（4）精品课程

精品课程（excellent courses）是教育部于 2003 年启动的高等学校教育质量与教学改革工程中的一个重要方面，目的是打造一批高质量的网络课程。精品课程需要有一流教师队伍、一流教学内容、一流教学方法、一流教材和一流教学管理等特点的示范性课程，是由学术造诣高、经验丰富、结构合理的教师团队主持建设，以人才培养为理念，选择先进的教学内容，运用先进的教学理念和方法，依托现代信息技术使用网络进行教学和管理，教学效果显著，具有示范性和辐射推广作用。

（5）微课

微课（micro lesson）是以先进教育思想和教学理念为指导，以使学生自主学习达到最佳效果为目标，经过精心的信息化教学设计，以视频、动画等形式记录或展示教师围绕某个（某些）知识点（技能点）开展的简短、完整的教学活动。微课体现的是教师针对特定教学任务，充分、合理运用信息技术、数字资源和信息化教学环境进行教学设计和实际教学，并将教学的过程制作成为学习资源的能力。

三、在线教学政策文件

（一）发展规划类文件

1.《关于印发〈"十四五"时期教育强国推进工程实施方案〉的通知》（发改社会〔2021〕671号）

（http://www.gov.cn/zhengce/zhengceku/2021-05/20/content_5609354.htm）

2.《教育部关于一流本科课程建设的实施意见》（教高〔2019〕8号）

（http://www.moe.gov.cn/srcsite/A08/s7056/201910/t20191031_406269.html）

3.《国务院关于印发〈国家职业教育改革实施方案〉的通知》（国发〔2019〕4号）

（http://www.gov.cn/zhengce/content/2019-02/13/content_5365341.htm）

4.《教育部关于发布〈高等学校数字校园建设规范（试行）〉的通知》（教科信函〔2021〕14号）

（http://www.moe.gov.cn/srcsite/A16/s3342/202103/t20210322_521675.html）

5.《教育部关于发布〈职业院校数字校园规范〉的通知》（教职成函〔2020〕3号）

（http://www.moe.gov.cn/srcsite/A07/zcs_zhgg/202007/t20200702_469886.html）

（二）资源建设类文件

1.《教育部关于加强高等学校在线开放课程建设应用与管理的意见》（教高〔2015〕3号）

（http://www.moe.gov.cn/srcsite/A08/s7056/201504/t20150416_189454.html）

2.《教育部等十一部门关于促进在线教育健康发展的指导意见》（教发〔2019〕11号）

（http://www.moe.gov.cn/srcsite/A03/moe_1892/moe_630/201909/t20190930_401825.html）

3.《教育部等五部门关于大力加强中小学线上教育教学资源建设与应用的意见》（教基〔2021〕1号）

（http://www.moe.gov.cn/srcsite/A06/s3325/202102/t20210207_512888.html）

(三) 课程认定类文件

1.《教育部办公厅关于公布 2020 年国家精品在线开放课程(高职)认定结果的通知》(教职成厅函〔2020〕18 号)

（http://www.moe.gov.cn/srcsite/A07/moe_737/s3876_qt/202012/t20201209_504385.html）

2.《教育部办公厅关于开展 2019 年线下、线上线下混合式、社会实践国家级一流本科课程认定工作的通知》(教高厅函〔2019〕44 号)

（http://www.moe.gov.cn/srcsite/A08/s7056/201911/t20191122_409347.html）

3.《教育部高等教育司关于开展 2019 年国家精品在线开放课程认定工作的通知》(教高司函〔2019〕32 号)

（http://www.moe.gov.cn/s78/A08/tongzhi/201907/t20190702_388689.html）

参 考 文 献

[1] 敖茂尧，史洪波. 从筛选到共享：论慕诛对于高等教育公平的补偿机制[J]. 高数论坛，2019（11）：86-89.

[2] 蔡旻君，郭瑞璇，李芒. 我国高等教育教学质量改革发展之变迁——基于2000—2019年的政策文本分析[J]. 当代教育论坛，2021（4）：11-22.

[3] 陈静，杜婧. 在线课程的进化特征及主流模式分析[J]. 现代教育技术，2017，27（3）：112-118.

[4] 陈秋惠. 面向混合式教学的学习评价设计与实证研究[D]. 天津大学，2018.

[5] 陈珍芳. 在线平台环境下小学生写作水平的发展研究[D]. 福建师范大学，2018.

[6] 崔允漷. 有效教学[M]. 上海：华东师范大学出版社，2009.

[7] 董立平. 关于大学课程建设与改革的理论探讨——基于中国大学"金课"建设的反思[J]. 大学教育科学，2019（6）：15-22+120.

[8] 董雪娇. 基于认知负荷理论的高中信息技术课程教学设计研究[D]. 内蒙古师范大学，2021.

[9] 樊希明. ADDIE模型于MOOC平台下信息检索课程设计分析[J]. 河南图书馆学刊，2016，36（10）：80-82.

[10] 范文翔，马燕，冯春花，等. 基于MOOC的非正式学习研究[J]. 计算机教育，2014（9）：21-25.

[11] 高思礼. 教育部启动精品课程建设工作[J]. 中国大学教学，2003（6）：4.

[12] 顾明远. 教育运用信息技术要处理好五个关系[J]. 教育与教学研究，2020，34（2）：1-2.

[13] 顾晓薇，胥孝川，王青. 国家精品在线开放课程建设研究[J]. 现代教育管理，2020（6）：77-83.

[14] 国务院关于印发国家职业教育改革实施方案的通知（国发〔2019〕4号）. http://www.gov.cn/zhengce/content/2019-02/13/content_5365341.htm.

[15] 韩筠. 创新教与学推动新时期高校教学改革[J]. 中国大学教学，2017（6）：11-14.

[16] 何迪，崔鹏，张辅轩. 联通主义视角下MOOC的发展对地方高校教学改革的启示[J]. 商，2014（6）：41+22.

[17] 何欣忆. 国内高校在线课程建设与应用现状综述[J]. 教育现代化，2018，5（35）：176-177.

[18] 胡涛，鲍浩波，孟长功，等. 以在线开放课程为核心进行一流课程的建设与实践[J]. 大学化学，2018，33（11）：1-5.

[19] 胡玥. 混合式学习在小学英语阅读教学中的实践研究[D]. 苏州大学，2018.

[20] 黄伯平，李正光，吴严超. 以混合式灵活学习为导向的移动学习资源设计与应用研究[J]. 中国远程教育，2019（4）：82-91.

[21] 黄洁. OBE导向下二外日语课程大纲的设计[J]. 英语广场，2020（4）：85-87.

[22] 黄清芬，王瑾. 联通主义学习理论对成人教育的启示[J]. 中国成人教育，2017（2）：15-17.

[23] 黄新辉，朱潇婷，钱小龙. 面向全民终身学习的在线教育体系复杂性探究：构成元素与显著特征[J]. 继续教育研究，2021（5）：24-29.

[24] 惠恭健，曾磊. 提升高校在线教学质量的实施策略[J]. 中国教育信息化，2021（3）：78-82.

[25] 焦广兰. 浅析交互影响距离理论及其对学习支持服务的指导意义[J]. 现代教育技术，2006(2)：30-32.

[26] 教育部. 关于一流本科课程建设的实施意见[EB/OL]. http://www.moe.gov.cn/srcsite/A08/s7056/201910/t20191031_406269.html，2019.

[27] 教育部推出首批国家级一流本科课程[J]. 陕西教育（综合版），2020（12）：5.

[28] 解德渤. 高等教育强国建设需要什么样的高等教育公平[J]. 高等教育研究, 2019, 40（5）: 26-28.

[29] 芥末堆. 新东方、学而思双巨头是怎样在全国布局双师课堂的？[DB/OL]. [2018-05-30]. https://www.jiemodui.com/N/81025.html.

[30] 康艳霞. 信息技术对高校教师教学的影响[J]. 信息与电脑（理论版）, 2020, 32（1）: 229-231.

[31] 孔晶, 郭玉翠, 郭光武. 技术支持的个性化学习：促进学生发展的新趋势[J]. 中国电化教育, 2016（4）: 88-94.

[32] 孔素然. 基于OBE理念的课程标准设计与实践[J]. 中国多媒体与网络教学学报（上旬刊）, 2020, 4（12）: 225-227.

[33] 李碧春, 徐琪, 张亚妮, 等. 在线开放课程教学研究与实践的一点体会[J]. 家畜生态学报, 2019, 40（10）: 91-93+96.

[34] 李丹. 混合学习情境下反思对师范生课件制作能力的影响研究[D]. 浙江师范大学, 2018.

[35] 李红霞, 赵呈领, 疏凤芳, 等. 促进学习的评价：在线开放课程中同伴互评投入度研究[J]. 电化教育研究, 2021, 42（4）: 37-44.

[36] 李虎. 高校在线课程应用现状与建设思路[J]. 财富时代, 2020（10）: 235-236.

[37] 李金林. 移动学习发展及其绩效评价设计探究[J]. 中国电化教育, 2017（7）: 95-98.

[38] 李楠楠. 中小学教师《移动学习教学设计》在线培训课程的设计研究[D]. 内蒙古师范大学, 2019.

[39] 李森, 郑岚. 促进质量提升的课堂教学评价改革[J]. 课程·教材·教法, 2019, 39（12）: 56-62.

[40] 李松, 张进宝, 徐琤. 在线学习活动设计研究[J]. 现代远程教育研究, 2010（4）: 68-72.

[41] 李松. 现代远程高等教育课程在线学习活动分析与设计研究[J]. 黑龙江高教研究, 2017（4）: 85-88.

[42] 李向明. ADDIE教学设计模型在外语教学中的应用[J]. 现代教育技术, 2008（11）: 73-76.

[43] 李晓锋. 从精品开放课程到在线开放课程：精品课程建设理念与实践的转型[J]. 中国教育信息化, 2021（1）: 15-18.

[44] 李志义. "水课"与"金课"之我见[J]. 中国大学教学, 2018（12）: 24-29.

[45] 梁业生, 孙青霭, 郑小军. 多媒体网络教学常见误区与对策探析[J]. 高教论坛, 2012（5）: 108-110.

[46] 廖婧, 邓孟红. 基于虚拟演播室技术的慕课教学视频制作——以《数码摄影后期编辑》为例[J]. 广西广播电视大学学报, 2019, 30（6）: 46-50.

[47] 廖彦泽. 促进结构化反思的体验式学习活动设计研究[D]. 江南大学, 2020.

[48] 林世元. "互联网+"新型高等教育生态体系研究[D]. 北京师范大学, 2016.

[49] 刘璐. 基于联通主义学习理论的在线开放课程设计与开发模式研究[D]. 江南大学, 2020.

[50] 刘齐. 习近平教育公平思想的形成与实践[J]. 现代教育管理, 2019（1）: 16-22.

[51] 刘强. "双一流"建设视域下高校学科评估的价值冲突及其调适[J]. 现代教育管理, 2019（11）: 43-48.

[52] 刘婷婷. 自我导向学习理论对我国成人在线学习的启示[J]. 成人教育, 2017, 37（8）: 15-17.

[53] 刘玉姣. 基于在线学习平台的教学交互差异对学生化学学习影响的研究[D]. 天津师范大学, 2019.

[54] 刘媛媛. 信息技术对现代教学的影响与作用探究[J]. 时代教育, 2014（16）: 80.

[55] 卢文辉. AI+5G视域下智适应学习平台的内涵、功能与实现路径——基于智能化无缝式学习环境理念的构建[J]. 远程教育杂志, 2019, 37（3）: 38-46.

[56] 马玉涵. 基于ADDIE模型的高中物理微课设计与应用研究[D]. 哈尔滨师范大学, 2020.

[57] 聂建峰, 蔡佳林, 徐娜. 我国高校在线开放课程建设与应用的问题分析和改进策略[J]. 国家教育行政学院学报, 2020（4）: 60-65+79.

[58] 裴兆斌, 刘洋, 翟姝影. 辽宁省高校优质教育资源共享机制建设研究[J]. 教育现代化, 2019,

6（21）：145-147.

[59] 齐乐华，连洪程，周计明. 立足课程建设与改革探索"智·能·知"创新人才培养[J]. 中国大学教学，2020（12）：17-22.

[60] 瞿振元. 以MOOC发展为契机促进信息技术与高等教育深度融合[J]. 中国高教研究，2019（4）：1-4.

[61] 任国防. CBE 教育模式对普通学科教育的启示[J]. 河南师范大学学报（哲学社会科学版），2012，39（5）：217-219.

[62] 任锁平，刘瑞儒，王宇. 疫情期间高职院校在线教学实践及启示——以陕西职业技术学院为例[J]. 职业技术，2020，19（8）：44-50.

[63] 盛群力，张丽. 把握学习性质善用媒体促进——梅耶的多媒体学习认知观简介[J]. 浙江教育学院学报，2010（1）：1-8.

[64] 苏仰娜. 基于多元智能理论与Moodle平台活动记录的翻转课堂学习评价研究——以"多媒体课件设计与开发"课程实践为例[J]. 电化教育研究，2016，37（4）：77-83.

[65] 孙青华，尹凤祥. 现代信息化教学平台的比较研究[J]. 深圳大学学报(理工版)，2020，37(S1)：169-174.

[66] 汪存友，黄双福. 自适应学习支持下的美国高校课程设计和教师角色研究——以科罗拉多理工大学 IntelliPath 项目为例[J]. 电化教育研究，2020，41（7）：35-41+54.

[67] 汪潇潇，刘威童. 基于OBE理念的MOOC课程设计与案例分析[J]. 远程教育杂志，2017，35（6）：104-110.

[68] 王菠. 成果导向学前教育专业教育实习课程设计研究[D]. 东北师范大学，2019.

[69] 王刚. 面向泛在学习环境的移动情境学习资源设计研究[J]. 淮南师范学院学报，2020，22(3)：139-143.

[70] 王光雄. 乡村教师专业发展支持路径研究[D]. 西南大学，2018.

[71] 王景艳. 问题式学习（PBL）在高中思想政治"综合探究"课中的运用研究[D]. 云南师范大学，2021.

[72] 王磊，倪牟翠，张涵，张汉壮. 精品在线开放课建设促进高等教育公平的实践和思考[J]. 大学物理，2019，38（9）：38-42.

[73] 王楠. 在线学习活动设计模型研究[J]. 中国远程教育，2014（4）：31-34.

[74] 王乔，徐建斌，王雯. 一流本科课程建设的探索——以"中国税制"课程为例[J]. 中国大学教学，2020（12）：31-35.

[75] 王瑞. 信息化环境下移动课堂教学模式探究[J]. 中国教育学刊，2015（12）：59-62.

[76] 王坦. 合作学习简论[J]. 中国教育学刊，2002（1）：32-35.

[77] 王卫军，杨薇薇，邓茜，等. 在线课程设计的原则与理念思考[J]. 现代远距离教育，2016，（5）：54-60.

[78] 王晓珍，刘珊. 高校在线课程：起源、现状及其完善路径[J]. 煤炭高等教育，2020，38（5）：83-87.

[79] 王亚. 基于群体认知的在线学习活动设计与实施研究[D]. 浙江师范大学，2019.

[80] 王宇. 2019年全球慕课发展回顾[J]. 中国远程教育，2021（5）：68-75.

[81] 王竹立. 在线开放课程：内涵、模式、设计与建设——兼及智能时代在线开放课程建设的思考[J]. 远程教育杂志，2018，36（4）：69-78.

[82] 魏泽，邓翠菊. 中国高等教育教学改革30年：历程、成就和经验[J]. 理工高教研究，2010，2（1）：1-5.

[83] 吴霞. 实验课程线上线下相结合的教学模式设计与实践[J]. 实验室研究与探索，2019，38(5)：173-176+199.

[84] 吴岩. 建设中国"金课"[J]. 中国大学教学，2018（12）.

[85] 肖丽平. 慕课学习评价方式调查研究[D]. 江西师范大学，2016.

[86] 徐宏卓. 自我导向学习理论视角下的在线课程设计策略——以技能类新专业课程为例[J]. 成人教育，2019，39（12）：24-30.

[87] 徐苏燕. 在线教育发展下的高校课程与教学改革[J]. 高教探索，2014（4）：97-102.

[88] 严梅. 应用型院校在线课程教学管理的困境与策略[J]. 中国成人教育，2020（7）：57-59.

[89] 杨九民. 在线视频课程中教师对学习过程与效果的影响[D]. 华中师范大学，2014.

[90] 杨小微，张权力. 教学质量改进的再理解与再行动[J]. 课程·教材·教法，2016，36（7）：17-24.

[91] 杨晓宏，李运福. 我国网络课程研究热点与趋势分析[J]. 现代远距离教育，2018（3）：3-11.

[92] 杨晓宏，周海军，周效章，等. 高校在线开放课程教学质量认定标准构建研究[J].中国电化教育，2020（2）：67-74.

[93] 杨宗凯. 利用信息技术促进教育教学评价改革创新[J]. 人民教育，2020（21）：30-32.

[94] 叶红，部洪超，薛瑞，等. 高校微课拍摄与编辑研究[J]. 信息技术与信息化，2020（7）：193-195.

[95] 尹睿，刘路莎，张梦叶，等. 国外百门大规模开放在线课程设计与开发特征的内容分析：课程视角[J]. 电化教育研究，2015，（12）：30-37.

[96] 张丹，王鹊，袁金平，等. 技术赋能教学模式变革与实践[J]. 中国电化教育，2021（4）：125-1.

[97] 张国权. 核心素养下的课堂教学目标设计[J]. 新课程（下），2019（1）：52.

[98] 张乐.学习风格视角下在线学习内容设计、开发与应用研究[D]. 陕西师范大学，2017.

[99] 张丽荣，宋天佑，徐家宁，等. 精品资源共享课建设的实践与认识[J]. 中国大学教学，2014（10）：24-26.

[100] 张梅琳，黄丹. 基于MOOC学习体验的在线课程设计分析[J]. 中国教育信息化，2015（15）：38-42.

[101] 张明洁. 基于微信的混合学习模式研究[D]. 兰州大学，2016.

[102] 张伟远，王立勋. 网上教学平台的特征之国际比较[J]. 江苏广播电视大学学报，2003（5）：5-11+46.

[103] 张一春. 高校数字教学资源共建与共享[M]. 南京：南京师范大学出版社，2013.

[104] 张一春. 精品微课设计与开发[M]. 北京：高等教育出版社，2016.1.

[105] 张一春. 精品在线开放课程设计与开发[M]. 北京：清华大学出版社，2019.

[106] 张一春. 信息化教学技术与方法[M]. 北京：高等教育出版社，2013.8.

[107] 张毓龙. "金课"理念下高职院校的课程建设[J]. 江苏高教，2020（12）：152-156.

[108] 张长虹. 我国高校在线课程的回顾与展望[J]. 传播与版权，2020（9）：163-166.

[109] 赵宏，郑勤华，陈丽. 中国MOOCs建设与发展研究：现状与反思[J]. 中国远程教育，2017（11）：55-62+80.

[110] 郑勤华，李秋菊，陈丽. 中国MOOCs教学模式调查研究[J]. 开放教育研究，2015，21（6）：71-79.

[111] 郑燕林，赵长明，郭梦琪. 在线课程实施模式创新构建及其应用实践[J/OL]. 现代远距离教育：1-16[2021-04-25].

[112] 中共中央国务院印发《深化新时代教育评价改革总体方案》http://www.gov.cn/zhengce/2020-10/13/content_5551032.htm.

[113] 中国教育现代化 2035[EB/OL](.2019-02-23)[2020-02-16]. http://www.moe.gov.cn/jyb_xwfb/s6052/moe_838/201902/t20190223_370857.html.

[114] 中华人民共和国中央人民政府.国家中长期教育改革和发展规划纲要(2010—2020年)[EB/OL]. 2010. http://www.gov.cn/jrzg/2010-07/29/content_1667143.htm，2016-01-23.

[115] 钟晓流，宋述强，焦丽珍. 信息化环境中基于翻转课堂理念的教学设计研究[J]. 开放教育研究，2013，19（1）：58-64.

[116] 朱旭，周峰. 基于深度学习的高校在线课程的实施模型及检验[J]. 高教探索，2021（2）：62-69.